Das große Büchergilde-Vorlesebuch

Herausgegeben von
ULRIKE SCHULTHEIS

Mit Illustrationen von
LEONARD ERLBRUCH

BÜCHERGILDE GUTENBERG

Inhalt

Aus dem Kinderalltag

Vom Anderssein und Fremdsein

Von Tieren und der Natur

Von kleinen und großen Abenteuern

•

FÜR MARIE

Ulrike Schultheis

FÜR MEINE FAMILIE

Leonard Erlbruch

Vom Zauber des Vorlesens

Warum eigentlich noch vorlesen? Den Kindern wird heute doch so viel geboten: tolle Hörbücher, bezaubernd animierte Bilderbücher, altersgerechte Kinderbuch-Apps und aufregend interaktive Sachbücher. Und dennoch empfinden die meisten Kinder die Nähe und die Geborgenheit beim Vorlesen als etwas ganz Besonderes. Geschichten helfen beim Bewältigen und Einordnen des Alltags, sie beflügeln die Fantasie und lassen ganz eigene Bilder im Kopf entstehen, sie machen einfach nur Spaß oder lassen alle – beim Zuhören wie beim Vorlesen – zur Ruhe kommen.

Ein gutes Buch prägt nicht nur durch seinen Inhalt, sondern auch durch seine Sprache, und zwar schon von klein auf. Wer viel vorgelesen bekommt, möchte auch möglichst schnell lesen lernen, um die Zauberwelt der Geschichten selbst zu erobern. Aber wird zu diesem Zeitpunkt das Vorlesen nicht überflüssig? Gerade nicht! Denn oft folgt erst einmal der Schock: Lesen lernen geht ja so langsam! Und die ersten zu bewältigenden Geschichten sind auch oft ein bisschen langweilig und unterfordern Fantasie und Geist. Außerdem wäre es doch wirklich schade, wenn man auf das gemeinsame Leseerlebnis verzichten müsste!

Über vierzig Jahre lang habe ich die schönsten und außergewöhnlichsten Bilderbücher, Kinder- und Jugendbücher gesammelt und wie einen Schatz gehütet. In dieser Schatztruhe habe ich für das nun vorliegende Buch gestöbert und bin dabei auf viele wunderbare Geschichten gestoßen. Andere Erzählungen, an die ich mich aus eigenem Vorlesen erinnerte, habe ich hartnäckig gesucht und meistens auch gefunden. Für diese Sammlung habe ich alte, neuere und ganz neue Geschichten ausgewählt, zum Teil vollständige Erzählungen, zum Teil Auszüge aus Büchern. So tauchen Kinder in die verschiedenen Erlebniswelten von heute und damals ein und lassen sich von der Vielfalt der Erzählstile verzaubern.

Auf genauere Altersangaben habe ich bewusst verzichtet. Jedes Kind kommt in seinem eigenen Rhythmus voran. Für Kinder, die nicht gerne lange still sitzen, gibt es kurze Geschichten und für die Geduldigen Geschichten zum Langstreckenlauschen. Es gibt Texte, die zum Nachdenken anregen, und andere, die spannend oder lustig sind. Und alle sollen vor allem eins: Spaß machen beim Vorlesen, Zuhören und natürlich beim gemeinsamen Betrachten der wunderbaren, witzigen und einfühlsamen Illustrationen von Leonard Erlbruch.

Das wünscht Ihnen
Ulrike Schultheis

Durch das ganze Jahr

ULRIKE SCHULTHEIS

Wie lange ist ein Jahr?

Sophia hat heute Geburtstag. Vier Kerzen haben auf ihrem Geburtstagskuchen gebrannt, weil sie vier Jahre alt geworden ist. Am Nachmittag sind Miriam, Marc und Julia zum Feiern gekommen. Sie haben zusammen den bunten Kuchen gegessen, sie haben Topfschlagen gespielt und mit verbundenen Augen versucht, einem Schwein auf einem Plakat ein Kringelschwänzchen zu malen. Jetzt liegt Sophia im Bett. Sie ist sehr müde nach diesem schönen Tag. Die Mutter gibt ihr einen Gutenachtkuss.

»Du, Mama!« Plötzlich ist Sophia hellwach. »Wie oft muss ich noch schlafen, bis ich wieder Geburtstag habe?«

Mama seufzt. »Das dauert noch sehr lange, ein ganzes Jahr.«

»Wie lange ist ein Jahr?«, fragt Sophia und setzt sich kerzengerade auf.

»Leg dich erst einmal gemütlich hin«, meint die Mutter, »dann erzähle ich dir eine Jahreszeiten-Geschichte. Du wirst staunen, was alles geschieht, bis ein Jahr vorbei ist! Jetzt haben wir Winter. Draußen liegt Schnee. Es ist kalt und du musst dich warm anziehen, wenn du zum Schlittenfahren gehst. Am Ende des Winters ist auch der Fasching. Da dürft ihr euch alle verkleiden.«

»Ich will Prinzessin werden!«, ruft Sophia aufgeregt. »Mit einem langen rosa Kleid und einer Krone auf dem Kopf!«

»Das habe ich mir schon gedacht«, sagt die Mutter und lacht.

»Und wenn der Fasching dann vorüber ist, kommt langsam der Frühling. Die warmen Strahlen der Sonne lecken den Schnee weg und wecken die ersten Blumen aus dem Winterschlaf. Weißt du, wie sie heißen?«

»Krokusse, Primeln und Schneeglöckchen«, sagt Sophia schnell, denn mit Blumen kennt sie sich aus.

»Bald darauf blühen auch Tulpen und Narzissen – und Ostern steht vor der Tür. Am Ostermorgen suchen wir aufgeregt im Garten nach Osternestern und bunten Eiern«, erzählt die Mutter weiter. »Dabei sind wir ganz vorsichtig, damit wir den Osterhasen nicht erschrecken. Vielleicht sitzt er ja noch ängstlich im Gebüsch?«

»Und wie geht es weiter, wenn der Osterhase da war?«, will Sophia wissen.

»Jetzt bekommen die Blumen und Sträucher endlich zarte Knospen. Wenn die Sonne dann ganz kräftig scheint, werden Gärten, Wiesen und Wälder wieder saftig grün. Jetzt ist auch der Sommer nicht mehr weit.«

»Da gehe ich ohne Jacke und Mütze zum Spielen nach draußen! Und bei schönem Wetter machen wir alle zusammen eine Radtour.«

»Wenn der Sommer richtig schön warm ist, kannst du sogar im Schwimmbecken baden«, erklärt die Mutter weiter. »Weißt du noch, was wir jedes Jahr im Sommer machen? Denk mal ganz fest nach!«

»Würstl grillen oder ... draußen spielen oder ... Kuchen backen im Sandkasten oder ... jetzt weiß ich's! Wir fahren in die Ferien, stimmt's?«

»Genau«, sagt die Mutter. »Wir fahren ans Meer. Da schmeckt das Wasser ganz salzig. Und wenn wir wieder nach Hause kommen, fängt der Kindergarten wieder an. Bald darauf beginnt eine neue Jahreszeit. Weißt du, wie sie heißt?«

Sophia mag nicht mehr antworten. Sie ist müde. Trotzdem will sie unbedingt wissen, wie die Geschichte weitergeht. Die Mutter streicht ihr über die Haare und erzählt: »Es wird Herbst. Die letzten Äpfel, Birnen und Pflaumen sind von den Bäumen gepflückt worden, die Bauern haben das Korn geerntet und das Heu in die Scheunen gebracht. Im Kindergarten feiert ihr deshalb das Erntedankfest. Die grünen Blätter an den Zweigen werden langsam gelb, braun und rot. Ein kühler Wind reißt sie von den Ästen und wirbelt sie über Straßen und Wege. Jetzt ist auch der Martinstag nicht mehr weit. Da geht ihr mit euren leuchtenden Laternen durch die Dunkelheit und singt Laternenlieder. Dann kommt schon gleich der Winter mit Kälte und Nässe. Drinnen im Haus ist es warm und gemütlich. Wir backen Plätzchen und basteln zusammen für das Weihnachtsfest. Dabei brennen die Kerzen auf dem Adventskranz – erst eine, dann zwei, dann drei, dann vier. An deinem Adventskalender darfst du jeden Tag ein Türchen aufmachen. Beim fünften Türchen kommt abends der Nikolaus, und wenn du alle geöffnet hast, dann ist endlich Weihnachten. Das ist das größte und schönste Fest des Jahres, weil in dieser Nacht das Jesuskind auf die Welt gekommen ist im Stall von Bethlehem.«

»Am Abend kommt das Christkind und die Kerzen am Weihnachtsbaum brennen hell«, ruft Sophia begeistert. »Wir singen alle zusammen Weihnachtslieder – und dann darf ich endlich die Geschenke auspacken!«

»Jetzt ist das Jahr fast zu Ende«, erzählt die Mutter weiter. »An Silvester genau um Mitternacht begrüßen die Erwachsenen das neue Jahr mit einem Feuerwerk. Aber wenn du wach bist, darfst du auch dabei sein. Obwohl du dich immer ein bisschen fürchtest vor dem leuchtenden Feuerregen und besonders vor den lauten Knallern.«

»Aber dann habe ich endlich wieder Geburtstag«, seufzt Sophia und ist auch schon eingeschlafen.

Ja, dann hat Sophia wirklich wieder Geburtstag – genau achtmal schlafen nach dem Neujahrstag. ●

ANNETTE HERZOG

Schüsse auf dem Eis

Als der Mumpf am Morgen die Tür aufstieß und gerade drei Armbeugen machen wollte, um richtig wach zu werden, sah er seinen Freund, die Schneeeule, in einem schmutzigen Rest Schnee neben der Hauswand hocken.

Pling, plang tropfte das Schmelzwasser von einem Eiszapfen an der Regenrinne auf ihren Kopf.

»Ich dusche«, erklärte die Eule.

Duschen! Unter einem Eiszapfen! Das war ja mal wieder eine verrückte Idee.

Der Mumpf betrachtete das Schauspiel eine Weile und ärgerte sich ein bisschen, dass er selbst noch nie darauf gekommen war.

»Duschen ist keine Kunst«, stellte er fest. »Eisbaden ist Kunst, aber das traust du dich nicht.«

Aber da hatte er sich geirrt! Die Schneeeule, die noch ganz jung war und noch nie etwas von Eisbaden gehört hatte, traute sich nämlich eine ganze Menge.

»Doch, doch, lass uns Eisbaden gehen!«, rief sie aufgeregt und flatterte unter ihrer Dusche hervor, sodass dem Mumpf kalte

Schmelzwassertropfen ins Gesicht spritzten. Eklig war das und nass. Der Mumpf mochte eigentlich kein Wasser. Nicht jetzt jedenfalls. Nicht, wenn es fast noch Winter war.

»Später. Vielleicht nach dem Frühstück«, brummelte er, denn er gab nicht gern zu, dass er nichts Abscheulicheres kannte, als in einem eisigen See zu baden. Da hatte er sich ja was Schönes eingebrockt! Er versuchte eine Weile, das Eisbaden auf morgen oder übermorgen oder am besten auf nächste Woche oder gleich ganz auf den Sommer zu verschieben, aber die Schneeeule wollte *jetzt*. So ist das, wenn man jung ist: Dann will man immer alles gleich.

Der Mumpf mümmelte so lange an seinem Frühstücksomelett, wie er konnte, aber irgendwann ist auch das größte Omelett aufgemümmelt.

»Jetzt!«, rief die Schneeeule ungeduldig. »Können wir jetzt endlich gehen?«

Nun suchte der Mumpf noch eine Weile ein Handtuch. Er suchte und suchte, obwohl er genau wusste, wo es lag – aber dann gab es kein Aufschieben mehr. Während die Eule neben ihm herflatterte, stapfte er zum See. Knirsch, knirsch. Hier, auf dem schattigen Weg unter den Bäumen, war es der Frühlingssonne noch nicht gelungen, den Schnee vom Boden zu schlecken.

»Deine Spuren sind fast so groß wie die von einem Eisbären!«, rief die Eule vergnügt. Sie wurde überhaupt immer vergnügter, je näher sie dem See kamen. Der Mumpf dagegen bekam immer schlechtere Laune. Eisbaden fast mitten im Winter! So eine verrückte Idee. Und das Schlimmste war, dass sie von ihm selbst war.

Der See war noch ganz von Eis bedeckt. Nur an der Kante, direkt am Ufer, gluckste ein schmaler Streifen Wasser. Schwarz und ungemütlich sah er aus. Und eigentlich gluckste er auch nicht richtig, er gurgelte und schlürfte und rülpste, dass es sich gefährlich anhörte. Die Schneeeule guckte jetzt doch etwas bedenklich.

»Schade, dass wir keine Schlittschuhe mitgebracht haben«, sagte sie.

Schlittschuhe? Eine Eule auf Schlittschuhen? Das war ja mal wieder eine verrückte Idee. Aber sie war immerhin besser als Eisbaden.

»Ich kann Schlittschuhe holen«, sagte der Mumpf bereitwillig und machte sich schnell auf den Weg. Die Eule kam hinterhergeflattert. »Warte, ich komme mit! Wozu hat man sonst einen Freund?«

Der Mumpf stapfte durch den knöchelhohen Schnee zurück, aber diesmal nahm er eine Abkürzung durch den Wald. Das behauptete er zumindest. In Wirklichkeit war es ein Umweg, aber der Mumpf wollte Zeit gewinnen. Er hatte so ein ungutes Gefühl, dass die Eisdecke womöglich nicht mehr sehr dick sein könnte. Dick genug vielleicht, um eine kleine Eule zu tragen – aber ihn, einen dicken und starken Mumpf? Er würde einbrechen und in ein Wasserloch fallen – was dasselbe war wie Eisbaden. Schon bei dem Gedanken schüttelte es ihn. Aber möglicherweise waren Schneeeulen ja vergesslich? Oder vielleicht kam ihr in der Zwischenzeit eine andere verrückte Idee, die weniger gefährlich war ... Er ging also im Zickzack erst nach links und dann nach rechts, dann irrte er ein bisschen im Kreis herum und zum Schluss tat er so, als ob er sich verlaufen hätte. Aber das hatte er natürlich nicht, Mümpfe verlaufen sich nie.

Als sie zu Hause ankamen, stand die Mittagssonne hoch am Himmel und von den Eiszapfen an der Dachrinne tropfte das Tauwasser doppelt so schnell wie am Morgen. Der Mumpf schlug einen Mittagsschlaf vor, aber davon wollte die Schneeeule nichts hören. Junge Leute wollen nie Mittagsschlaf machen, man muss schon älter werden, um zu wissen, wie schön das in Wirklichkeit ist.

Stapf, stapf – der Mumpf stiefelte wieder zum See zurück, diesmal mit Schlittschuhen über der Schulter. Seine Laune wurde immer schlechter. Das hatte man nun von einem Freund, er hätte es wissen müssen! Hätte er sich keinen Freund gesucht, hätte er jetzt auch nicht Eislaufen müssen. Eislaufen mit Eisbad womöglich! Er hätte sich wenigstens einen älteren Freund suchen sollen. Ältere Freunde waren nicht ganz so verrückt.

Endlich kamen sie zum See mit seinem schwarzen, schlürfenden Wasser.

»Gib mal die Schlittschuhe«, sagte die Eule, die es in ihrem Übermut gar nicht erwarten konnte, endlich in kunstvollen Schleifen über das Eis zu gleiten. Mitten im Frühling!

Aber auf einmal gab es einen fürchterlichen Knall. Wie ein Schuss. Und dann gleich noch einen hinterher. Dem Mumpf blieb fast das Herz stehen, der Schneeeule übrigens auch. »Komm schnell weg von hier, Mumpf!«, jammerte sie. »Irgendjemand schießt auf uns!«

Sie fing schon einmal an wegzuflattern, die Schlittschuhe ließen sie liegen.

Das Herz des Mumpfs flatterte auch, aber nach dem ersten Schrecken begann es wieder ruhiger zu schlagen. Als es nun zum dritten Mal knallte, wusste er, was es war. Das Eis auf dem See brach in Stücke. Die Frühlingssonne hatte den ganzen Tag darauf geschienen, und nun fuhren Risse durch die Eisdecke und bei jedem neuen Riss knallte das Eis wie ein Schuss.

Der Mumpf eilte der Eule hinterher. »Glaubst du, es sind Jäger mit Gewehren?«, fragte die Eule, noch weißer im Gesicht, als sie von Natur aus schon war. Der Mumpf mochte nicht lügen, aber ein bisschen nicken konnte man immer. Es konnte ja sein, dass das Nicken nur vom schnellen Laufen kam. Hinter ihnen knallte es aufs Neue.

»Komm, beeil dich doch, Mumpf!«, trieb ihn die Eule an. »Nicht, dass sie uns am Ende noch treffen!«

Der Mumpf beeilte sich. Und wie er sich beeilte! Nichts passte ihm besser, als einen möglichst großen Abstand zwischen sich selbst und das Eisbaden zu legen.

Ganz verpustet und verschwitzt waren sie, als sie bei ihm zu Hause anlangten. Hier war kein Knallen mehr zu hören. Die Sonne schien, die Meisen zwitscherten friedlich und von der Regenrinne tropfte es beruhigend gleichmäßig auf die braune Erde.

»Ich glaube, ich brauche erst einmal eine Dusche«, sagte die Schneeeule und stellte sich unter einen der Eiszapfen, die seit dem Morgen viel kleiner geworden waren. Diesmal war der Mumpf nicht so dumm, etwas von Eisbaden zu erwähnen. Er trat nur einen Schritt zurück, um nicht nassgespritzt zu werden, und betrachtete das Schauspiel eine Weile. Auf einmal war er doch ganz froh darüber, dass sein neuer Freund noch so jung und unerfahren war. Denn wie hätte alles geendet, wenn die Schneeeule nicht aus lauter Angst vor den Schüssen im letzten Moment davongeflogen wäre?

Er wollte lieber gar nicht daran denken.

»Ich mache uns mal eine schöne Tasse Tee«, sagte er und ging ins Haus. ●

ELISABETH STIEMERT

Der Osterdonner

Es war an einem schönen, warmen Frühlingsmorgen, als diese Geschichte passierte. Genau gesagt, am Tag vor dem Osterfest.

Da kippte Jule den Becher um, und der Kakao floss über den Frühstückstisch. Das war eine Bescherung! Der Kakao floss wie ein Fluss, und dann tropfte er auf den Heiner.

Heiner war Jules Hase, ihr Kuscheltier, Jules Freund, der jede Nacht neben ihr auf dem Kopfkissen schlief. Jetzt hatte Jule ihn auf dem Schoß, und sein weiches, sein seidiges hellbraunes Fell hatte hässliche Flecken bekommen.

Am Tag vor Ostern war das für den Hasen ein Unglück.

Jule weinte für ihn: »Armer Heiner«, und »Ach, wie schrecklich!« und »Wie siehst du bloß aus!« und »Morgen wollten wir feiern!«

Jules Mutter sagte: »Hör auf, das ist doch nicht schlimm. Wir werden den Hasen waschen.«

Sie fasste ihn an den Ohren und ging mit ihm in den Waschkeller hinunter. Jule lief hinterher.

Die Mutter machte die Waschmaschinen-Bullaugentür auf und warf den Hasen hinein. Einfach so. Rein mit ihm. Und damit die Wäsche sich lohnte, stopfte sie allerlei hinterher. Vier weiße Strümpfe, ein hellblaues Staubtuch, einen Kissenbezug und eine Mütze. Alles zusammen rein, und dann klappte die Bullaugentür zu. Waschpulver dazu, auf den Knopf gedrückt, und los ging die Fahrt bei dreißig Grad.

Jule hockte sich vor das Fenster und sah Heiners Angsthasengesicht. Sie winkte ihm so, wie man winkt, wenn einer verreist, und sie rief auch: »Mach's gut!«

Nein, gut ging es dem Heiner jetzt wirklich nicht. Er wurde gewirbelt, gedreht und ihm wurde ganz schwindlig davon. Es sollte aufhören! Er wollte raus!

Die weißen Strümpfe kannten den Dreh. Sie fürchteten sich nicht mehr und versuchten, den Hasen zu trösten: »Dir passiert nichts, gleich ist es vorbei. Halt aus.« Sie umarmten ihn und hielten ihn fest.

Die Mütze sagte zu Heiner: »Wir sind doch bei dir.«

Endlich, endlich stand die Maschine still. Jules Mutter klappte die Tür auf, holte die Strümpfe, die Mütze, das Staubtuch und den Kissenbezug aus der Waschhöhle, und Jule zog ihren Hasen heraus.

Nun musste er mit auf die Leine. Sie war draußen quer über den Rasen gespannt.

Jule reichte der Mutter zwei rote Klammern, und die hängte den Hasen an seinen Ohren auf, genau in der Mitte zwischen den Strümpfen.

Jule stand unter der Leine und winkte: »Hallo, Heiner, geht es dir gut?«

Nein, gut ging es dem Heiner noch immer nicht. Zwar besser als in der Maschine, als in dem Wirbelsturmkarussell, aber gut ging es ihm nicht.

Die roten Klammern ziepten an seinen Ohren, und überhaupt – er fand es so peinlich, auf dieser Wäscheleine hängen zu müssen.

Die Strümpfe fanden das nicht. Sie wiegten und schaukelten sich. Sie stießen den Heiner an: »Mach doch mit! Es macht Spaß!«

Das hellblaue Staubtuch winkte ihm von links außen: »Häng nicht so rum! Beweg dich, mein Lieber. Umso schneller bist du dann trocken!«

Nein, nein, das wollte der Plüschhase nicht. Er war schließlich kein hellblauer Lappen.

Bis Jule zu tanzen anfing. Sie tanzte unter ihm auf dem Rasen, sprang vom linken Bein auf das rechte und drehte sich im Kreis.

Dazu sang sie: »Ich freue mich, weil morgen Ostern ist, ich freue mich, weil morgen Ostern ist!« Sie sang es so fröhlich, dass Heiner davon angesteckt wurde.

Er fing an, an der Leine zu tanzen, vor und zurück, vor und zurück. Und ganz leise, damit es die Strümpfe nicht hörten, sang er mit Jule mit: »Ich freue mich, weil morgen Ostern ist.«

Bald fühlte der Hase sich besser. Die Sonne schien warm, er konnte ganz weit über den Gartenzaun schauen, und was am wichtigsten war: Jetzt war er trocken.

Jule rief ihre Mutter: »Ich möchte meinen Hasen Heiner wiederhaben!«

Die Mutter antwortete ihr: »Gleich nehm' ich ihn ab, ich muss nur noch den Osterkuchen anrühren!«

Als der Kuchen im Ofen war, rief Jule: »Ich möchte meinen Hasen Heiner wiederhaben!«

Die Mutter antwortete ihr: »Gleich hol ich ihn von der Leine. Ich muss nur noch die Backschüsseln abspülen!«

Als die Backschüsseln sauber im Schrank standen, rief Jule: »Ich möchte meinen Hasen Heiner wiederhaben!«

Die Mutter antwortete ihr: »Gleich geb' ich ihn dir. Will nur einen Moment meine Beine hochlegen!«

Als die Mutter sich ausgeruht hatte, rief Jule wieder. Aber die Mutter hatte immer noch keine Zeit. Sie hatte so viel zu tun, weil morgen das Osterfest war, und inzwischen war es schon spät am Nachmittag.

Da passierte es plötzlich. Es kam wie aus heiterem Himmel. Erst kam der Blitz, und dann kam der Donner. Und dann regnete es. Ach, es regnete nicht, es goss von dem Himmel herunter, von dem eben noch der Sonnenschein strahlte. Es goss, und es goss.

Heiner, der Hase, die Strümpfe, das Tuch und der Kissenbezug und die Mütze wurden pitschnass. Sie tropften nur so von der Leine.

Jule, die sich untergestellt hatte, rief in den Regen: »Ich will meinen Hasen Heiner wiederhaben!«

Die Mutter kam aus dem Haus und sagte zu ihr: »Jetzt geht es nicht, Jule, jetzt ist er zu nass.«

Am Abend, als Jule ins Bett gehen musste, war der Hase noch immer zu nass, und Jule musste ohne ihn schlafen.

Heiner, die Strümpfe, die Mütze, das Tuch und der Kissenbezug blieben auch während der Nacht auf der Leine. Der Wind wiegte sie alle. Hin und her und her und hin. Aber schlafen konnten sie nicht.

Da erzählten sie Frühlingsgeschichten, von Tulpen und Primeln, von Amseln und Schwalben und Veilchenduft. Sie erzählten die ganze Nacht, und als der Morgen kam, als es hell wurde und die Amsel zu singen begann, war es Ostern.

Bald kam Jule nach draußen gelaufen. Sie rannte über den Rasen und rief: »Ich möchte meinen Hasen Heiner wiederhaben!«

Und dann wäre sie fast gestolpert. Auf dem Rasen, direkt unter der Leine und ganz genau unter dem Hasen lagen fünf Ostereier .

Da staunte die Jule und sagte: »Mein lieber Heiner, du bist vielleicht einer!« ●

TILDE MICHELS

Von den Maikäfern

»Ohle!«, ruft Poldi. »Schau mal, auf meinem Teller sitzt ein Maikäfer.«

Der Großvater kommt an den Frühstückstisch und bewundert den dicken braunen Maikäfer aus Schokolade, der neben Poldis Honigsemmel liegt.

»Ja, richtig!«, sagt er, »heut ist der erste Mai. Da gibt's Schokolademaikäfer.«

»Ist es wahr, Ohle, dass Maikäfer Glück bringen?«, fragt Poldi.

»Die aus Schokolade ganz bestimmt«, antwortet der Ohle.

»Ich hab noch nie einen lebendigen Maikäfer gesehn«, sagt Poldi.

»Es gibt kaum mehr welche«, sagt der Ohle. »Bei uns jedenfalls nicht, weil sie ausgerottet worden sind.«

»Warum denn ausgerottet?«, fragt Poldi. »Die sehen doch so lustig aus.«

»Als ich klein war, habe ich sie auch lustig gefunden. Damals gab es sie noch in großen Scharen. Aber mein Vater hat immer gewettert und gesagt, dass Maikäfer Schadensviecher sind.«

»Schadensviecher?«, wiederholt Poldi.

»Na ja, weil sie alles kurz und klein fressen.«

»Was fressen sie denn alles?«, will Poldi wissen.

»Hauptsächlich Blätter«, sagt der Ohle. »Am liebsten zartes, junges Grün von Eichen und Buchen. In meiner Kinderzeit gab es richtige Maikäferjahre, da sind sie zu Tausenden in den Bäumen herumgekrabbelt und haben alles kahl gefressen.«

»Und deshalb sind sie Schadensviecher«, sagt Poldi.

»Genau deshalb«, bestätigt der Ohle. »Aber das Blätterfressen ist noch nicht das Schlimmste. Bevor sie Maikäfer werden, richten sie noch viel größeren Schaden an. Da leben sie nämlich als Engerlinge in der Erde und knabbern die Wurzeln der Pflanzen ab.«

»Was ist das, ein Engerling?«, fragt Poldi. »Wie sieht der überhaupt aus?«

»Wie eine fette, bleiche Raupe«, erklärt der Ohle.

»Fett und bleich ist aber nicht schön, oder?« Poldi versucht, sich den Engerling vorzustellen. Nach einer Weile sagt er: »Du, Ohle, richtig versteh ich das aber nicht mit dem Maikäfer und dem Engerling. Erzähl mir das mal von Anfang an!«

»Du willst wissen, wie der Engerling in die Erde kommt und wie dann ein Maikäfer daraus wird?«

Poldi nickt, und der Ohle sagt: »Dann muss ich dir das mal erklären. – Also, die Maikäfer legen ihre Eier in die Erde. Aus den Eiern schlüpfen die Engerlinge aus. Zuerst sind sie natürlich klein, aber sie wachsen schnell, weil sie ungeheuer gefräßig sind. Und stell dir vor, die kommen nie ans Licht. Sie bleiben immer unter der Erde. Vier Jahre lang!«

»Vier Jahre? Was machen die so lang da unten?«

»Hab ich ja schon gesagt: Die fressen sich dick und voll. Und sie suchen sich nur das Beste heraus, zum Beispiel Wurzeln vom

Getreide, vom Gemüse und vom Gras. Die Pflanzen sterben dann natürlich ab.«

»Vier Jahre tun die nichts als fressen?«, wundert sich Poldi.

»Im Sommer fressen sie, und im Winter verkriechen sie sich tief in den Boden, damit sie nicht erfrieren.«

»Wie tief?«, will Poldi wissen.

»Ungefähr einen Meter tief«, sagt der Ohle. »Und dann, wenn die Engerlingjahre um sind, verpuppen sie sich.«

»Genau wie die Raupen von den Schmetterlingen!«, ruft Poldi. »Die verpuppen sich auch.«

»Genau so«, sagt der Ohle. »Als Puppen liegen sie noch ein paar Wochen still in der Erde. Sie rühren sich nicht und fressen auch nicht mehr. Aber innen in der Puppe geht etwas vor. Da bilden sich dünne Beinchen und Flügel und ein Kopf mit Fühlern – ein ganzer Maikäfer. Wenn er fertig ist, schlüpft er aus.«

»Und im Mai kriecht er aus der Erde«, ergänzt Poldi. Er bleibt eine Weile stumm und überdenkt alles noch einmal genau. Dann fragt er: »Hast du die Maikäfer auch mal gefangen?«

»Natürlich hab ich das«, antwortet der Großvater.

»Maikäfer zu fangen war für alle Kinder eine Lieblingsbeschäftigung. Jeder von uns hatte einen Schuhkarton mit Luftlöchern, in dem hat es gekrabbelt und gesummt von Maikäfern.«

»Was habt ihr denn mit denen gemacht?«

»Wettfliegen zum Beispiel. Wir haben uns Maikäfer auf die Fingerspitzen gesetzt. Dann haben wir gewettet, welcher zuerst startet. Bevor sie abgeflogen sind, haben sie eine Weile die Flügeldecken auf- und zugeklappt und Luft gepumpt.«

»Wieso gepumpt?«, will Poldi wissen. »Wozu pumpen die denn Luft?«

»Damit sie besser fliegen können«, erklärt der Ohle. »So ein dicker

Käfer braucht ziemlich viel Kraft zum Fliegen. Du holst ja auch tief Luft, bevor du etwas Schweres hebst.«

Das kann Poldi verstehen. Er nickt, und dann sagt er: »Weiter! Was habt ihr sonst noch mit ihnen gemacht?«

»Getauscht haben wir sie«, sagt der Großvater. »Maikäfer sehen nämlich nicht alle gleich aus. Manche sind schokoladenbraun, manche ganz hellbraun. Einige haben rötliche, andere schwarze Beine. Auch der Halsschild – du weißt schon, die harte Stelle zwischen Kopf und Flügeln – ist ganz verschieden in der Farbe. Kannst du dir übrigens vorstellen, wie die Fühler der Maikäfer aussehen? Wie winzig kleine Fächer. Die Weibchen haben ganz kurze Fühler mit drei Fächerblättchen. Für die bekam man nichts. Alle wollten nur die schönsten Männchen, die einen Fächer mit fünf oder sechs Blättchen hatten.

Wenn genug Maikäfer in der Schachtel waren, wurden sie genau untersucht; und dann ging der Tausch los. Wir hatten sogar Namen für sie: Müller, Kaiser und Schornsteinfeger. Die mit den schwarzen Beinen waren die Schornsteinfeger und ein Müller hatte helle Flügeldecken und einen weißlichen Flaum auf der Brust.«

»Und ein Kaiser?«, erkundigt sich Poldi.

»Ein Kaiser musste natürlich besonders groß sein, viel größer als die anderen. Er musste dunkelbraune Beine, rötliche Flügeldecken und ganz lange, dichte Fühler haben. Für einen Kaiser bekam man leicht fünf Müller und drei Schornsteinfeger.«

»Fünf Müller und drei Schornsteinfeger!«, wiederholt Poldi. Er tut einen tiefen Schnaufer. »Wenn ich einen Kaiser hätt, den würd ich überhaupt nicht hergeben. – Du, Ohle, ich hätt so gern mal einen lebendigen Maikäfer! Vielleicht finde ich doch mal einen. Vielleicht sind sie gar nicht alle ausgerottet. – Ich wünsch mir, dass wieder mal ein Maikäferjahr kommt!« ●

PETTER LIDBECK

Vinni macht Ferien

Die Lehrerin

Die Lehrerin fragt viel. Sie fragt, wo wir wohnen, ob wir ein Auto haben und, falls ja, von welcher Firma. Man könnte meinen, dass sie schnüffeln will, aber ich bin mir da nicht so ganz sicher. Die Lehrerin ist nämlich nicht an den Antworten interessiert. Sie steht einfach mit gefalteten Händen da und sieht religiös aus.

Mit religiös meine ich, dass sie blinzelt und gleichzeitig lächelt. Und dann nickt sie zu allem, was man sagt. Die Lehrerin lächelt fast die ganze Zeit. Nur nicht an dem Tag, als ich erzählen sollte, was ich denn in den Sommerferien machen würde.

»Vinni, was machst du in diesen wunderbaren Sommerferien?«, fragte sie lächelnd und schloss die Augen, um zu allem zu nicken, was ich sagen würde.

»Ich fahre zu Papa auf Sonntag«, sagte ich.

Die Lehrerin stutzte. Sie öffnete die Augen und runzelte die Stirn für einen kleinen Augenblick. Dann lächelte sie wieder.

»Nein, Vinni«, sagte sie nachsichtig, »es heißt *am* Sonntag, und ich habe dich gefragt, was du diesen *Sommer* machst.«

»Ich besuche Papa auf Sonntag«, wiederholte ich.

»*AM* Sonntag! Kleine Vinni, du antwortest mir nicht auf meine Fragen«, sagte sie streng. »Alle Kinder haben erzählt, was sie machen werden. Warum musst du dich nun so querstellen? Niemand hier findet das lustig.«

Ich sah zu meinen Freunden. Sie sahen durchaus so aus, als ob sie das ziemlich lustig fänden.

»Ich besuche Papa auf Sonntag«, sagte ich.

»*AM* Sonntag! Ja, aber danach? Was machst du den Rest der Sommerferien?«

»Sonntag ist eine Insel in den Schären«, sagte ich. »Papa wohnt da. Ich bin die ganzen Sommerferien bei ihm.«

Die Lehrerin sah mich an. Sie hatte aufgehört zu lächeln.

»Ach so«, sagte sie.

Sonntag

Manchmal sage ich einfach, dass ich zu Papa aufs Land fahre. Dann gibt es keine Missverständnisse wegen Sonntag. Doch eigentlich ist das auch falsch, da Sonntag eine Insel ist.

Um dorthin zu kommen, muss ich entweder das Fährboot nehmen, oder Mama fährt mich zu einem Parkplatz ganz weit draußen. Papa holt mich dann mit dem Ruderboot ab.

Auf der Insel gibt es nämlich keine Autos.

Papa rudert gern, weil er glaubt, er wird dann muskulös und schön.

»Ahoi«, sagt er und legt sich in die Riemen, bis er zu schwitzen anfängt. Ich sitze vorne und zeichne mit meinem Zeigefinger ins Wasser.

»Pass auf, dass du nicht reinfällst«, sagt Papa. Das sagt er immer. Obwohl ich schwimmen kann und eine Schwimmweste anhabe.

»Ich bin doch schon neun Jahre alt«, sage ich. »Auf jeden Fall fast.«

»Spielt keine Rolle«, sagt Papa. »Man kann nie vorsichtig genug sein.«

Papa ist ein bisschen blöd.

»Das kommt, weil er keine Frau hat«, glaubt Olle.

Olle wohnt auch auf der Insel. Zusammen mit seiner Mama und seinem Papa und einer kleinen Schwester, die Jessica heißt. Sie quengelt die ganze Zeit.

Das Boot

Olles Familie wohnt am Strand. Sie haben einen eigenen Steg mit Aussicht über die Schären. Da gibt es immer was zu sehen.

An einem Morgen, als ich da war, sah ich etwas Weißes draußen beim Leuchtturm. Olle holte das Fernglas von seinem Papa. Da sahen wir, es war ein Boot, das mit der Unterseite nach oben auf den Wellen schaukelte.

Olles Papa fuhr raus und bugsierte das Boot an den Strand. Dann kam mein Papa und half, es umzudrehen. Das Boot war

total kaputt. Die eine Seite war weg und das Fenster am Steuer war zerbrochen. Der Benzintank hing lose herunter und die Motorhaube war aufgerissen.

»Stell dir vor, wenn er angeschwemmt wird«, sagte Olle.

»Wer denn?«, fragte ich.

»Der, der das Boot gefahren ist«, sagte Olle. »Stell dir vor, wenn er tot ist und ganz aufgequollen an Land gespült wird. So etwa!«

Olle blies seine Backen auf und hielt seine Arme über den Kopf.

»Warum glaubst du, dass es ein Junge ist?«, fragte ich.

»Weil nur Jungs Boot fahren«, sagte Olle. »Mädchen können das nicht.«

»Können wir doch. Mädchen können alles, außer einer Sache.«

»Und was soll das sein?«

»Mädchen können nicht im Stehen pinkeln«, erklärte ich. »Aber das können auch viele Jungs nicht. Jedenfalls nicht ohne zu kleckern.« ●

JANOSCH

Kaspers falscher Geburtstag

Kaspers Lieblingstag im ganzen Jahr war sein Geburtstag. Das ganze Jahr über ging er seiner guten Oma auf die Nerven und fragte mindestens einmal am Tag oder meistens fünfmal: »Bitte, und wie lange und wie oft und wie viel Mal muss ich noch schlafen, liebe Oma, bis ich Geburtstag habe, oder hab ich das schon gefragt?«

»Das hast du gestern schon elfmal gefragt und heute schon dreimal. Ich kaufe dir morgen einen Kalender, und den hängst du dir über das Bett, und dann kannst du selbst zählen, du dummer Junge.«

Am Geburtstag nämlich bekam er von der lieben Oma einen Kuchen und von der lieben Gretel auch einen Kuchen und von der Tante Erni auch einen Kuchen, weil Kuchen seine Leibspeise war.

Also gut. Am nächsten Tag brachte die Oma ihm aus der Buchhandlung einen Kalender mit und machte auf dem Blatt, wo er Geburtstag hatte, einen roten Punkt. »Jeden Tag, wenn du aufstehst«, sagte sie, »musst du ein Blatt abreißen. Und wenn du

19
August
Montag
Freitag
13.
Januar
14
Freitag
20
Mai
9.
April
Donnerstag

zählen könntest, könntest du auch die Tage bis zu deinem Geburtstag zählen. Aber du kannst ja nicht zählen.«

Er konnte nämlich nicht zählen. »Und wenn du lesen könntest, bräuchte ich keinen roten Punkt hinzumalen, weil du's dann lesen könntest, nämlich hier oben August. In der Mitte 19 und unten Montag.«

Aber er konnte nicht lesen.

In den ersten drei Tagen saß der Kasper den ganzen Tag vor seinem Kalender und wartete, ob so ein Blatt vielleicht von alleine abfiele. So wie die Blätter im Herbst von den Bäumen fallen. Dann hätte er sich einen Tag Warten gespart. Aber es fiel keines herunter.

In der Nacht versuchte er, besonders tief und fest zu schlafen, weil er meinte, er könne dadurch in einer Nacht den Schlaf von zwei Nächten schlafen und sich dadurch einen Tag Warten ersparen. Aber nein. Wenn er aufwachte, war wieder nur eine Nacht herum. Er ging den ganzen Tag herum und überlegte, wie er besonders schlau die Zeit verkürzen könnte, denn bis zum roten Punkt waren es noch viele Kalenderblätter.

Und dann hatte er's!

Eines Tages stand er schon eine Stunde früher auf als die Oma; denn geheime Taten müssen im Morgengrauen getan werden. Und dann riss er alle Blätter säuberlich und einzeln herunter, denn die Oma hatte doch gesagt: »Wenn der Tag mit dem roten Punkt auf dem Kalender ist, dann hast du Geburtstag.«

Riss sie also bis zum Tag mit dem roten Punkt ab, weckte die Oma und sagte, er habe heute Geburtstag.

Man kann sich denken, was war. Nämlich nichts. Die Oma hat's gemerkt. Weil sie selber auch einen Kalender hatte, und da stand es drauf. ●

FRIDA NILSSON

Hedvig! Das erste Schuljahr

Bei Hedvig zu Hause

Das ist die Geschichte von Hedvig. Sie ist sieben Jahre alt. Bald kommt sie in die erste Klasse.

Die Schule ist in Hardemo, einem kleinen, kleinen Dorf, das so weit am Ende der Welt liegt, dass sich fast nie jemand dorthin verirrt. Aber Hedvig schon. Sie hat eine Ewigkeit darauf gewartet, dass es mit der Schule endlich losgeht und sie sich in den Bus setzen und nach Hardemo rumpeln kann. Mit dem Fahrrad würde sie das nämlich nie schaffen, dafür wohnt sie viel zu weit weg. Hedvig wohnt nicht einmal am Ende der Welt. Sie wohnt dahinter.

Das Haus, in dem Hedvig wohnt, ist rot, es heißt Ängatorp. In der Küche steht Mama und wechselt gerade den Staubsaugerbeutel. Sie ist müde, weil sie die ganze Nacht im Krankenhaus gearbeitet hat, aber Hedvig kommt es so vor, als wäre ihre Mama zum Putzen nie zu müde. Manchmal fragt sie sich, ob Mama schwindelt, wenn sie behauptet, es wäre lästig, den Putzeimer rauszuholen. Hedvig vermeidet Sachen, die sie lästig findet, wann immer es geht. Zähne putzen zum Beispiel oder

Fisch essen, die Unterhose wechseln und schlafen gehen. Ganz besonders vermeidet sie es aufzuräumen. Sie hat den Verdacht, dass Mama insgeheim findet, Aufräumen wäre das Lustigste, was man sich nur vorstellen kann.

Papa sitzt oben in seiner Kammer und schreibt. Er hat es eilig. Schon in einer Stunde muss er sich in den blauen Saab setzen und mit seinem Artikel in die Stadt zum Zeitungshaus brummen. Er ist Journalist und hat sich schon viele Male im Dienste der Nachrichten geopfert.

Einmal sollte ein Artikel darüber in der Zeitung erscheinen, wie man ohne Proviant in der Wildnis überleben kann. Da ist Papa in den Wald gegangen und hat mit bloßen Händen eine Elster gefangen! Er hat sie über offenem Feuer gegrillt und aufgegessen. Hinterher hat er in der Zeitung von seinen Erlebnissen berichtet.

Die Elster hat fast wie Hühnchen geschmeckt.

Rund um das rote Haus rauscht der Wald und im Stall auf dem Hof blökt das Schaf. Im Entenhaus sitzen die Enten und schnattern, und die Hühner spazieren in Mamas Beeten herum und verteilen überall Schiethäufchen. Im Holzschuppen hockt ein Truthahn und nimmt sich vor dem Fuchs in Acht, und im Keller hausen tausend Spinnen und warten darauf, auf Hedvigs Pulli springen zu dürfen.

Im Welpenhaus hängen Schaufeln und Rechen. Die Welpen sind längst zu ihren neuen Familien gezogen, jetzt ist nur noch ihre alte Mama da. Sie heißt Tacka und ist ganz schwarz mit einer weißen Schwanzspitze. Sie hat noch nie einen Menschen gebissen. Aber wenn Hedvig ihr das Halsband anlegen will, um einen schönen Spaziergang zu machen, rennt sie in den Wald und versteckt sich für Stunden. Hedvig findet das seltsam. Wenn

sie ein Hund wäre, würde sie das Halsband den ganzen Tag anhaben wollen. Wo es doch so schick ist!
Zwei gestreifte Katzen wohnen auch auf dem Hof: Havanna und Pinne. Havanna ist lieb, sie liegt abends gerne auf Hedvigs Schoß und schnurrt, aber Pinne ist hinterhältig. Wenn er hungrig ins Haus kommt, muss Hedvig sich so schnell wie möglich im Klo verstecken. Wenn nämlich kein Futter im Katzenschälchen ist, versucht Pinne, stattdessen Hedvig aufzufressen. Dann hängt er sich an ihr Bein und nagt an ihr.

»Mama, du musst die Katzen füttern!«, heult Hedvig und strampelt wie wild, um Pinne abzuschütteln, bis endlich das Rascheln der Katzenfutter-Schachtel aus der Küche ertönt. Dann rast Pinne wie der Blitz los, und Hedvig kann aufatmen.

Aber wenn Pinne schließlich dick und satt vor der Heizung liegt und schläft, schleicht Hedvig sich zu den Schälchen und klaut sich ein paar der kleinen, trockenen Futterstückchen, die übrig geblieben sind. Sie stellt sich hinter den Vorhang im Wohnzimmer und knabbert die Stückchen heimlich selbst. Mama findet,

Hedvig sollte lieber Klöße und Dillfleisch essen, aber Hedvig liebt Katzenfutter. Es schmeckt fast wie Chips.

In diesem Sommer hat Hedvig jeden Tag im Garten herumgelungert. Abends hat sie ferngesehen, *Die Kinder von Bullerbü*. Hedvig ist furchtbar neidisch auf Lisa vom Mittelhof. Sie wohnt so verflixt geschickt, mit Britta und Inga als Nachbarn auf der einen und Ole und Kerstin als Nachbarn auf der anderen Seite. Hedvig wohnt Nachbar mit niemand. Nur mit einem Mann namens Alf, der Bagger fährt.

»Mir ist laaaangweilig«, jammert sie. Papa legt den Kopf schief. »Kleine Krabbe«, sagt er tröstend und wuschelt ihr durch die Haare. Dann sagt er, dass sie nie wieder Langeweile haben wird, wenn die Schule erst angefangen hat. Hedvig sehnt sich so sehr danach, dass sie fast zerspringt.

Der schwarze Bus

Eines Tages, als Hedvig draußen auf der Wiese steht, kommt ein schwarzer Bus die Straße entlanggeholpert. Er hat dunkle

Scheiben und kriecht ganz langsam am Haus vorbei. Mama sitzt auf der Treppe und pflanzt Blumen in Blumentöpfe. Sie findet, dass der Bus sich verdächtig benimmt. Bestimmt sind es Diebe, die Häuser ausspionieren, um später dort einzubrechen!

Der Bus wendet in der Kurve und kommt schon wieder angerollt. »Lauf rein und hol Papier und einen Stift«, sagt Mama zu Hedvig. »Dann schreiben wir das Nummernschild auf.«

Endlich passiert hier draußen, wo sich Fuchs und Hase Gute Nacht sagen, etwas, das wenigstens ein bisschen gefährlich ist.

Hedvig flitzt in die Küche und ist eine Sekunde später mit Papier und Bleistift zurück.

»Schleich dich an den Zaun und schreib das Nummernschild auf«, flüstert Mama. Sie hockt unter dem Vordach und späht mit zusammengekniffenen Augen auf die Straße.

Hedvig pirscht sich im Schutz der Fliederhecke vorwärts. Am Briefkasten duckt sie sich ins Gras und will gerade die Buchstaben abschreiben, das kann sie nämlich schon, als der Bus stehenbleibt und die Scheibe heruntergekurbelt wird! Ein Typ mit braunen lockigen Haaren und Kautabak im Mund steckt den Kopf aus dem Fenster.

Neben dem Lockigen sitzt noch ein zweiter Dieb. Er hat eine Kappe auf und trägt eine Lederjacke. Hedvig spürt, wie die Angst in ihr aufsteigt. Starr vor Schreck schaut sie zur Veranda hinüber.

Aber Mama kommt schon angerannt, so schnell die Holzclogs sie tragen, den spitzen Blumenrechen in der rechten Faust.

»Bist du Hedvig?«, fragt der Lockige.

Mama bleibt der Mund offen stehen.

»Ja«, piepst Hedvig.

Da freuen sich die Männer. Dann erklären sie, dass sie schon seit einer Stunde durch die Gegend irren und Hedvigs Haus suchen. Sie sind nämlich die Fahrer des Schulbusses, mit dem Hedvig bald jeden Tag fahren soll. Mama sieht fast ein wenig enttäuscht aus, aber dann lässt sie den Blumenrechen ins Gras fallen und gibt den beiden die Hand.

»Ach, wie nett, wie nett«, sagt sie und lächelt freundlich. Sie bleibt noch lange stehen und plaudert mit den Busfahrern.

Schließlich wendet sich der Lockige an Hedvig. »Was hattest du eigentlich mit dem Bleistift und dem Papier vor?«, fragt er.

Da findet Mama, dass sie schon viel zu lange geplaudert haben. Sie und Hedvig müssen schnell rein und Essen kochen, zackpeng. Die beiden Männer dürfen fahren.

Hedvig steht am Fenster und sieht den Bus zwischen den Zweigen verschwinden. Jetzt kann es nicht mehr lange dauern. ●

SIRI MELCHIOR

Rita & Kroko suchen Kastanien

In Ritas Badewanne wohnt ein Krokodil ...
Eines Morgens zieht Rita ihre allerwärmsten Sachen an.

»Komm, Kroko!«, sagt sie. »Wir gehen in den Wald, Kastanien sammeln.«

Rita und Kroko nehmen den Bus raus zum Wald.

»Wenn wir im Wald sind, ist es wirklich wichtig, dass du auf dem Weg bleibst, Kroko!«, sagt Rita. »Sonst verirrst du dich und wirst niemals wiedergefunden!« Rita sieht Kroko streng an. »Und vielleicht gibt es dort Wölfe!«, flüstert sie. »Und die fressen am liebsten Krokodile!«

Rita und Kroko folgen dem Pfad in den Wald hinein. Der Wind rüttelt an den Baumkronen, es knarrt und knackt.

»Viele Kastanien gibt es hier aber nicht gerade«, sagt Rita. »Wie viele hast du schon gefunden, Kroko?«

»Kroko?« Rita schaut sich um. Auf dem Pfad ist kein Krokodil zu sehen. »Kroko?«, sagt Rita noch einmal.

Rita schaut nach rechts und nach links, nach hinten und nach vorne. Am Ende schaut sie nach oben.

Kroko ist auf einen Kastanienbaum geklettert!

»Kroko, wenn ich die ganze Zeit nach dir suchen muss, kommen wir gar nicht dazu, Kastanien zu sammeln!«, sagt Rita.

Rita nimmt ihren Schal ab und knotet ihn um Krokos Hals. »Da muss ich dich wohl an die Leine nehmen!«, sagt sie.

Der Herbstwind pustet Rita und Kroko fast um. »Hui!«, sagt Rita und hält ihren Hut fest.

Da bleibt Rita plötzlich stehen. Auf dem Waldboden zwischen den Bäumen liegen jede Menge Kastanien. Viel mehr als auf dem Pfad.

»Warte hier«, sagt Rita zu Kroko. »Und pass auf meine Tasche auf. Ich bin gleich zurück.« Damit verlässt Rita den Pfad, und Kroko bleibt stehen und traut sich kaum vom Fleck.

Rita stopft sich Kastanien in die Taschen. Sie achtet überhaupt nicht darauf, wo sie langgeht, aber bald sind ihre Taschen randvoll mit Kastanien.

»Ich sollte wohl langsam mal zu Kroko zurückgehen«, seufzt Rita. »Aber von wo bin ich gekommen?«

Sie geht eine Weile in die eine Richtung ... und dann in die andere. War sie hier schon mal? Rita setzt sich auf einen Stein, um nachzudenken. Hauptsache, ich finde zurück zum Weg, ehe Kroko wieder verschwindet!

Aber Kroko steht brav auf dem Pfad und wartet.

Wo bleibt Rita nur?

Irgendwann verlässt er doch den Weg und begibt sich zwischen die Bäume, um Rita zu suchen.

Als Erstes findet Kroko einen großen Wolf.

Als Nächstes findet er Ritas Hut.

Und als Drittes findet er Rita.

Kroko bekommt eine dicke Umarmung. »Aber Kroko!«, ruft Rita

plötzlich. »Die Tasche ist ja ganz leer! Hast du alle Kastanien verloren? Und übrigens ...«, sagt sie, » ... was hast du hier eigentlich zu suchen? Ich hab doch gesagt, du sollst den Weg nicht verlassen! Jetzt hast du dich verirrt.

Und ich bin mir nicht sicher, ob ich alleine wieder zum Pfad zurückfinde!«, murmelt sie.

Kroko lächelt nur. Und dann folgen Rita und Kroko der Spur aus Kastanien, die Kroko auf der ganzen Strecke vom Pfad bis zu Rita hat fallen lassen.

»Kroko«, sagt Rita. »Großes Ehrenwort, dass ich mich niemals mehr ohne dich verirre.« ●

OLE SCHULTHEIS

Der Zirkus auf dem Bauernhof

Auf der Wiese hinter dem Dorf herrscht buntes Treiben. Ein kleiner Zirkus ist gestern angekommen und hat sein Zelt aufgebaut. Die beiden Dorfkinder Susi und Florian haben noch nie einen Zirkus besucht. Neugierig laufen sie hinüber und bestaunen die bunten Wagen. Der Clown Pedro sitzt auf der Treppe zu seinem Wohnwagen und bemalt sich das Gesicht. Susi schaut ihm mit großen Augen zu. »Ich wäre so gern ein Zirkuskind«, sagt sie seufzend.

Pedro blickt sie ernst an. »Das Leben im Zirkus ist nicht immer so lustig, kleines Mädchen. Wir müssen hart arbeiten, bis wir ein Kunststück vorführen können. Oft haben wir große Sorgen. Der Winter steht vor der Tür. Wir haben noch keinen Platz gefunden, wo wir unsere Tiere bis zum Frühjahr unterbringen können.«

»Wie wär's, wenn ihr alle bei uns wohnt?«, ruft Florian aufgeregt. »Unsere Eltern haben einen großen Bauernhof. Wir wollen sie gleich fragen, wenn wir heimkommen.«

Susi ist begeistert. »Eure Tiere werden im Stall untergebracht, die Wagen stellt ihr zu Vaters Traktoren und Erntemaschinen, und du kannst mein Zimmer haben. Ich schlafe bei Florian.«

Pedro schüttelt den Kopf. »Das ist lieb von euch, Kinder. Doch so einfach wird das wohl nicht sein. Aber jetzt muss ich mich beeilen, denn gleich beginnt die Vorstellung.«

Susi und Florian laufen schnell nach Hause zu ihren Eltern. Ob der Zirkus wohl auf dem Bauernhof überwintern kann?

Am nächsten Tag schon besucht der Vater den Zirkusdirektor, Herrn Ruffino, in seinem Wohnwagen. Er spricht auch mit Frau Ruffino, die gerade ein Äffchen füttert. Und auch die Kinder Pina und Alfredo geben ihm die Hand. Der Vater redet lange mit Herrn Ruffino, dann ist es klar: Die Zirkusfamilie und alle Tiere dürfen den Winter auf dem Bauernhof verbringen.

Die Ruffinos wollen dem Vater beim Reparieren der Landmaschinen und beim Ausbessern der Ställe helfen. Pedro kann vielleicht im Nachbarhaus dem Bauern zur Hand gehen.

»Herzlich willkommen!«, rufen Susi und Florian aufgeregt, als der Zirkus dann einige Wochen später auf dem Bauernhof einzieht. Inzwischen ist es kalt geworden. Die Blätter sind schon von den Bäumen gefallen. Mit ausgebreiteten Armen eilt Herr Ruffino auf die Eltern zu.

Stolz reiten Pina und Alfredo auf dem großen Elefanten ihren neuen Freunden entgegen. Frau Ruffino hält vorsichtig den Traktor an, der den Wagen mit dem Nilpferd Cleopatra zieht. Das Äffchen sitzt neben ihr auf dem hohen Sitz.

Die Pferdchen laufen gleich zur Scheune. Mit ihren feinen Nasen schnuppern sie das Heu, das dort gelagert ist. Dann gibt es eine große Begrüßung untereinander. Später fahren Herr Ruffino und Pedro die Wohnwagen auf die angrenzende Wiese. Da können sie den Winter über stehen.

Tatsächlich ist dann auch über Nacht der Winter gekommen.

Er hat den Dächern weiße Mützen aufgesetzt und den frierenden Bäumen warme Mäntel angezogen. Vater hat sein Auto gestern nicht in die Garage gefahren. Jetzt ist es unter einem Schneeberg fast ganz verschwunden.

»Gleich werdet ihr erleben, welche Riesenkraft ein Elefant hat«, ruft Herr Ruffino den Kindern zu. »Er wird das Auto ganz alleine aus dem Schnee ziehen!« Er spannt den Elefanten vor das Auto.

Rana schwenkt den Rüssel, Herr Ruffino hebt die Peitsche. »Los, Rana, geh vorwärts!«

Das Seil spannt sich, ein Ruck, und ohne Mühe zieht der Elefant den Wagen auf den geräumten Weg. Es scheint ihm großen Spaß zu machen.

»Die Tiere brauchen jeden Tag Bewegung«, erklärt Herr Ruffino, »sonst werden sie zu faul. Auf der Reise, wenn wir unsere Zirkusvorstellungen geben, müssen sie täglich in der Manege arbeiten. Das fehlt ihnen während des Winters.«

Dem Kamel ist es jetzt zu kalt. Nur ungern lässt es sich von Frau Ruffino im Hof herumführen. Es geht sehr vorsichtig, damit es auf dem Schneeboden nicht ausrutscht und hinfällt. Die Pferdchen aber toben vergnügt auf der verschneiten Wiese um die Wohnwagen herum.

Den Sonntagvormittag verbringen alle in dem großen und gemütlichen Bauernhaus. Frau Ruffino kocht das Mittagessen. Es gibt Spaghetti mit Tomatensoße. Das kann sie besonders gut, sie ist Italienerin.

»Habe ich einen Hunger!«, ruft der Vater, der gerade aus dem Stall zurückkommt.

Auf einem Bauernhof gibt es auch am Sonntag viel Arbeit. Die Tiere haben Hunger und Durst, die Kühe müssen gemolken, der Stall muss, wie jeden Tag, sauber gemacht werden.

Nach dem Mittagessen versammelt sich die Zirkusfamilie in der Scheune. Sie ist leer geräumt. Jetzt ist genug Platz zum Üben. Pina hat mit dem Clown Pedro ein lustiges Kunststück auf dem Seil probiert. Dabei ist sie heruntergefallen. Der Fuß tut ihr ein bisschen weh.

»Macht nichts«, tröstet ihre Mutter sie, »wenn du fleißig übst, fällst du nicht mehr so leicht herunter.« Florian bewundert Pina.

Alfredo kann schon drei Ringe auf einmal in die Luft werfen. Bis jetzt ist noch keiner auf den Boden gefallen.

Übermütig turnt das Äffchen auf den hohen Scheunenbalken herum.

»Geht von dem Heu weg!«, schimpft Herr Ruffino seine Tiere. Widerwillig gehorchen die Pferdchen. Nur der Elefant und das Nilpferd rupfen sich ein dickes Büschel nach dem anderen aus dem großen Berg: Da knallt der Zirkusdirektor drohend mit der Peitsche. Das wirkt. Die Probe kann weitergehen. Die ganze Nacht über hat Cleopatra, das Nilpferd, gebrüllt. Weder die Menschen noch die Tiere konnten schlafen. Herr Ruffino ist bei Cleopatra im Stall geblieben. Er hat gleich gesehen, dass die Backe dick angeschwollen war.

»Arme Cleopatra, du musst furchtbares Zahnweh haben!«, flüstert er leise dem kranken Nilpferd ins Ohr. Immer wieder legt er nasse, kalte Tücher um Cleopatras mächtigen Kopf.

Ganz früh am Morgen ist dann der Vater mit dem Auto in das Dorf gefahren, um den Tierarzt zu holen. »Ich habe noch nie ein Nilpferd behandelt«, meint der Doktor, als er von dem Unglück hört. »Wenn ich dem Nilpferd einen Zahn ziehen muss, dann packe ich am besten meine größte Zange ein.«

Er steigt in Vaters Auto. Ein bisschen fürchtet er sich schon vor Cleopatra.

Die ganze Familie ist jetzt im Stall versammelt. Herr Ruffino streichelt beruhigend Cleopatras dicken Hals. Vorsichtig öffnet der Doktor das riesengroße Maul des Nilpferds. Kein Mucks ist zu hören. Sogar die Kühe haben aufgehört, ihr Heu zu kauen.

»Der Backenzahn hat ein großes Loch, ich muss ihn mit der Zange herausziehen«, sagt der Tierarzt. »Doch damit es nicht wehtut, gebe ich Cleopatra erst eine Spritze.«

Cleopatra merkt, dass der Doktor ihr helfen will. Ganz still hält sie und sperrt ihr Maul weit auf. Dann holt der Tierarzt die große Zange aus seiner Tasche. Vorsichtig umfasst er den kranken Zahn und zieht ihn mit einem Ruck heraus! Vor lauter Schreck vergisst Cleopatra zu brüllen. Es hat aber auch kein bisschen wehgetan.

Staunend betrachten alle den riesigen Backenzahn. Selbst der Doktor hat noch nie so einen großen Zahn gesehen. Er ist stolz, dass alles so gut gegangen ist. »Morgen wird Cleopatra wieder ganz gesund sein. Sie darf heute aber nichts mehr zu fressen kriegen«, sagt er, bevor er geht.

Endlich ist Weihnachten.
Die Tiere sind schon am Nachmittag gefüttert worden. So konnten sich alle in Ruhe auf den Heiligen Abend vorbereiten. Susi und Alfredo haben der Mutter beim Melken der Kühe geholfen.

Jetzt sitzen die beiden Familien im festlich geschmückten Wohnwagen der Ruffinos. Pedro ist aus dem Nachbarhaus herübergekommen. Herr Ruffino spielt auf der Geige Weihnachtslieder aus seiner italienischen Heimat. Er hat sich gewünscht, das Weihnachtsfest in seinem Wohnwagen zu feiern.

Er setzt die Geige ab. »Es bedeutet für meine Familie und mich sehr viel, dass ihr heute Abend unsere Gäste seid«, sagt er zu den Eltern. »Ihr habt uns geholfen, als wir in großer Not waren. Das werden

wir euch niemals vergessen.« Herr Ruffino macht eine Pause. »Wir, die Zirkusfamilie, haben uns überlegt, was wir euch zu Weihnachten schenken könnten. Wir sind arm, aber wir sind reich an Fantasie. Davon leben wir. Ihr sollt die Ersten sein, denen wir unser neues Zirkusprogramm zeigen, und mit euch dem ganzen Dorf. Bevor wir wieder auf Reisen gehen, geben wir eine kostenlose Zirkusvorstellung für alle.«

Einige Wochen später proben die Kinder mit den Tieren vom Bauernhof. Alfredo spielt den Zirkusdirektor. Von seinem Vater hat er sich den Zylinder ausgeliehen. Eine Decke ist sein Umhang. Susi hat sich aus einer alten Gardine ein Zirkusröckchen genäht. Florian hat in der großen Faschingskiste auf dem Speicher gewühlt und sein Torerokostüm vom vorigen Jahr angezogen.

»Was macht ihr denn da?«, fragt Susis Vater und schaut neugierig zum Scheunentor hinein. »Erwachsenen ist der Zutritt verboten!«, ruft Pina streng.

»Schon gut, kleine Zirkusprinzessin, lasst euch nicht stören«, antwortet lachend der Bauer.

Martina, die Gans, zieht aufgeregt schnatternd die Miezekatze im Puppenwagen. Doch der scheint es keinen so großen Spaß zu machen. Die Schleife um ihren Hals kitzelt sie an den Barthaaren. Sie würde viel lieber auf Mäusejagd gehen.

Pollux, der Hofhund, ist sehr gelehrig. Er balanciert einen Ball auf seiner Nase. Als er klein war, haben Susi und Florian oft mit ihm Ball gespielt. Dabei hat er gelernt, die Bälle mit der Schnauze aufzufangen und hoch in die Luft zu werfen. Pinki, das Schweinchen, sitzt sehr bequem auf seinem runden Po. Später, wenn es einmal ausgewachsen und dick ist, wird das nicht mehr so einfach sein.

Den ganzen Nachmittag üben die Kinder mit den Tieren. Viel Zeit bleibt ihnen nicht mehr. Der Frühling ist nicht mehr fern. Seine Vorboten, die Stare, sind schon eingetroffen. Der Tag der großen Vorstellung rückt immer näher. Endlich ist der Frühling da. In Windeseile haben die warmen Sonnenstrahlen den Schnee weggeleckt. Die Natur erwacht aus ihrem Winterschlaf. Auf den Feldern rund um das Dorf arbeiten die Bauern. Sie sitzen auf ihren Traktoren und pflügen die schwere, feuchte Erde für die Frühlingssaat um.

Auf dem Bauernhof herrscht Aufbruchsstimmung. Nach dem langen Winter werden die Zirkuswagen geputzt und mit frischer Farbe bemalt. Zirkuswagen müssen bunt sein, denn mit ihren lustigen Farben sollen sie die Leute anlocken.

Bis zum Abend muss alles fertig sein. Morgen soll das Zirkuszelt auf der Dorfwiese aufgebaut werden. Herr Ruffino hat gestern noch einige Löcher im Zeltdach entdeckt und zugenäht.

Bald heißt es Abschied nehmen vom Bauernhof mit seinen Tieren, von Susi, Florian und den Eltern. Als der kleine Zirkus im

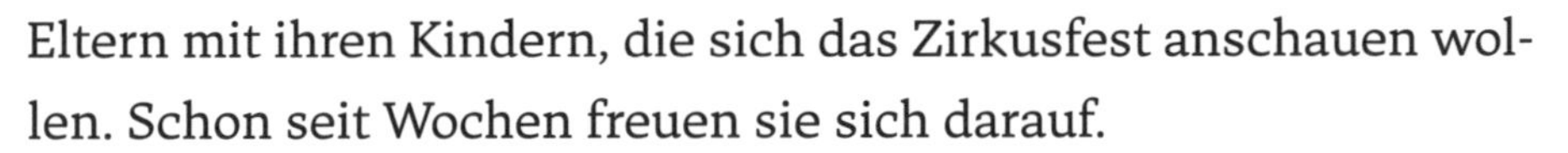

Herbst gekommen war, hatte er sein Zelt auf einer Wiese vor dem Dorf aufgebaut. Jetzt steht es mitten auf dem Dorfplatz.

Gleich beginnt die große Abschiedsvorstellung. Fast alle Sitzplätze sind schon besetzt. Noch immer kommen Eltern mit ihren Kindern, die sich das Zirkusfest anschauen wollen. Schon seit Wochen freuen sie sich darauf.

Mit seinem langen Rüssel saugt Rana Wasser aus einem Eimer und sprüht es sich ins Maul.

»Spritz mich ja nicht nass!«, mahnt Alfredo, der als Inder verkleidet auf Ranas breitem Nacken sitzt. Ungeduldig scharren die Pferdchen mit den Hufen. Die buntenÜltersträuße auf ihren Köpfen wackeln hin und her.

»Der Bürgermeister und seine Frau kommen!«, ruft Frau Ruffino ihrem Mann zu.

»Dann können wir anfangen«, sagt Pedro.

Ein langer Trommelwirbel ertönt. Bunte Scheinwerfer tauchen die Manege in farbiges Licht. Frau Ruffino stellt das Tonbandgerät an, schmetternd beginnt die Musik zu spielen. Die Dorfbewohner erleben ein Zirkusprogramm, wie sie es noch nie gesehen haben. Das harte Üben hat sich gelohnt. Jedes Kunststück gelingt. Sogar Pinki, das Schweinchen, ist dabei und setzt sich folgsam auf seinen Po. Die Zuschauer klatschen begeistert Beifall. Herr Ruffino verbeugt sich. Er ist stolz auf seine Familie und seine Tiere.

Morgen ziehen die Zirkusleute weiter. Als Fremde sind sie gekommen. Als Freunde verlassen sie das Dorf. ●

ALFONS SCHWEIGGERT

Die Geschichte vom beschenkten Nikolaus

Einmal kam der heilige Nikolaus am 6. Dezember zum kleinen Klaus. Er fragte ihn: »Bist du im letzten Jahr auch brav gewesen?« Klaus antwortete: »Ja, fast immer.« Der Nikolaus fragte: »Kannst du mir auch ein schönes Gedicht aufsagen?« – »Ja«, sagte Klaus:

»Lieber, guter Nikolaus,
du bist jetzt bei mir zu Haus,
bitte leer die Taschen aus,
dann lass ich dich wieder raus.«

Der Nikolaus sagte: »Das hast du schön gemacht.« Er schenkte Klaus Äpfel, Nüsse, Mandarinen und Plätzchen. »Danke«, sagte Klaus. »Auf Wiedersehen«, sagte der Nikolaus. Er drehte sich um und wollte gehen. »Halt!«, rief Klaus. Der Nikolaus schaute sich erstaunt um. »Was ist?«, fragte er. Da sagte Klaus: »Und was ist mit dir? Warst du im letzten Jahr auch brav?« – »So ziemlich«, antwortete der Nikolaus. Da fragte Klaus: »Kannst du mir auch ein schönes Gedicht aufsagen?«

»Ja«, sagte der Nikolaus:
»Liebes, gutes, braves Kind,
draußen geht ein kalter Wind,
koch mir einen Tee geschwind,
dass ich gut nach Hause find.«

»Wird gemacht«, sagte Klaus. Er kochte dem Nikolaus einen heißen Tee. Der Nikolaus schlürfte ihn und aß dazu Plätzchen. Da wurde ihm schön warm. Als er fertig war, stand er auf und ging zur Türe. »Danke für den Tee«, sagte er freundlich. »Bitte, gern geschehen«, sagte Klaus. »Und komm auch nächstes Jahr vorbei, dann beschenken wir uns wieder.« – »Natürlich, kleiner Nikolaus«, sagte der große Nikolaus und ging hinaus in die kalte Nacht. ●

HISAKO AOKI

Die Weihnachtsgeschichte, erzählt vom Weihnachtsmann

»Nicht viel los in so einem Winterwald«, denkt der Fuchs. »Nur Schnee. Nirgends ein Hühnchen zu sehen. Aber da? Hinter dem Baum?«

Es riecht pelzig. Und neugierig schleicht der Fuchs näher.

Halt! Da sitzt doch der Weihnachtsmann! Sitzt einfach so da und schläft. Er schnarcht dabei sogar ein bisschen.

»Du meine Güte«, denkt der Fuchs. »Der Weihnachtsmann ist schon da. Hurra!«

Schnell läuft der Fuchs davon, um es allen Tieren zu erzählen: »Der Weihnachtsmann ist da!«

Ist das eine Aufregung im Wald. »Was, der Weihnachtsmann? Was, schon Weihnachten?«

Aufgeregt stehen sie da und schauen dem Weihnachtsmann beim Schlafen zu. »Wirklich, es ist der Weihnachtsmann!«

So ganz aus der Nähe sieht man ihn selten.

Endlich wacht er auf. »He, was macht ihr denn alle da?«, fragt er sie, und sie fragen ihn: »Ja, was machst du denn da, ist denn schon Weihnachten?«

»Und wo sind die Geschenke?«, fragt der Fuchs.

»So weit sind wir noch nicht «, antwortet der Weihnachtsmann.

»Ich bin nur dabei, mich für Weihnachten in Form zu bringen. Ich bin durch den Wald gelaufen und dabei müde geworden. Ich bin nicht mehr der Jüngste, wisst ihr, ich werde schnell müde in letzter Zeit ... und jedes Jahr mehr Geschenke ... Sie wünschen sich allerhand, die Leute, wisst ihr«, brummt der Weihnachtsmann. »Das schafft einen ganz schön jedes Jahr.«

Dabei erschrecken die Tiere. Was, was sagte er da gerade?

»Kann es sein, dass du einmal zu müde für Weihnachten sein wirst?«, fragt der Fuchs.

»Aber nein, natürlich wird es immer Weihnachten geben«, sagt der Weihnachtsmann. »Das Wichtigste an Weihnachten bin doch nicht ich! Kennt ihr eigentlich die Weihnachtsgeschichte? Setzt euch hin, ich werde sie euch erzählen:

Es geschah vor langer Zeit an einem weit entfernten Ort, der Bethlehem hieß.

Es war Nacht, die Hirten hatten ihre Schafe zusammengetrieben. Einige Hirten saßen da und redeten miteinander, die anderen hatten sich schon zum Schlafen niedergelegt. Es war sehr still. Da stieg auf einmal ein schöner, heller Stern am Himmel auf, und wie die Hirten da standen und staunten, hörten sie eine Stimme:

»Fürchtet euch nicht, ich habe eine gute Nachricht: Gerade jetzt wurde das Christkind geboren, der Sohn Gottes. Gott hat seinen Sohn auf die Welt gesandt, um den Menschen zu zeigen, dass er sie liebt und sie nicht alleine lässt. Geht dem Stern nach, er führt euch zum Christkind!«

Da brachen die Hirten auf und folgten dem Stern. Der Weg führte über Hügel und durch Täler, über Brücken und vorbei an kleinen Dörfern, in denen die Menschen, die noch nichts vom Christkind wussten, schliefen.

Und immer heller schien der Stern, bis er über einem kleinen Stall haltmachte. In diesem Stall in einer Krippe lag das neugeborene Kind. Es war das Christkind, der Sohn Gottes. Die Hirten knieten nieder und beteten. Ihre Herzen waren voller Freude.

Jetzt habt ihr gehört, was damals in Bethlehem geschehen ist und wie das Christkind zu uns auf die Welt kam. Und jedes Jahr feiern wir wieder den Geburtstag des Christkindes. Deshalb sind wir so froh jedes Jahr zu Weihnachten, und deshalb wünschen wir einander immer fröhliche Weihnachten um diese Zeit. Alle sollen fröhlich sein zu Weihnachten, weil der arm dran ist, der sich nicht freuen kann. Das ist schöner und wichtiger als alle Geschenke zusammen. Ich bin nur ein Mann mit einem roten Mantel, roten Stiefeln, einer roten Pelzmütze und einem weißen Bart«, sagt der Weihnachtsmann.

Dabei steckt er die Hände in seine Manteltasche und schmunzelt. »Wie dumm wir waren«, sagt da der Fuchs. »Wir haben alle geglaubt, dass Weihnachten nur etwas mit Geschenken zu tun hat.«

»Aber jetzt wisst ihr es besser«, sagt der Weihnachtsmann und reibt sich dabei vergnügt die Hände. »Immer wenn ich diese Geschichte erzähle, wird mir ganz warm ums Herz.«

»Nun muss ich mich aber beeilen«, sagt der Weihnachtsmann, »es gibt noch eine ganze Menge zu tun. Ein paar Geschenke will ich auch diesmal verteilen. Wollt ihr mir dabei helfen?«

Und der Weihnachtsmann stapft über Wiesen und Felder durch den Schnee bis zu seinem Haus. Die Tiere folgen ihm alle.

Und am Heiligen Abend sitzen sie wieder zusammen, im Haus des Weihnachtsmanns.

Sie feiern Weihnachten. Wie gemütlich und warm es hier ist.

Sie spüren, dass sie einander sehr lieb haben, und freuen sich sehr. Und noch einmal erzählt der Weihnachtsmann seine Lieblingsgeschichte:

»Es geschah vor langer, langer Zeit an einem weit entfernten Ort, der Bethlehem hieß ...«

Dann war es ruhig im Haus des Weihnachtsmanns.

Der Weihnachtsmann ist heute der Glücklichste von allen, denn er weiß: Das schönste Weihnachtsgeschenk ist doch Weihnachten selbst. ●

π · r² / 180°
(2a²+4b²) = ?

Zum Staunen und Lachen

ANNE UND PAUL MAAR

Die Erfindungsmaschine

Professor Monogrohm, der berühmte Erfinder der fünfeckigen Kugel, der wasserdichten Windhose und der Frühstücksmaschine, sagte an einem sonnigen Mittwochvormittag beim Frühstück zu seiner Frau: »Es ist höchste Zeit, dass ich wieder einmal eine meiner genialen Erfindungen mache. Leider habe ich nicht die geringste Idee, was ich erfinden könnte.«

»Das hast du schon oft gesagt«, antwortete seine Frau. »Und dann ist dir meistens doch etwas eingefallen. Vielleicht sollten wir erst mal in aller Ruhe frühstücken.«

Das taten sie. Nach dem Frühstück fragte der Professor seine Frau: »Ist dir etwas eingefallen?«

Seine Frau schüttelte den Kopf. »Nein.«

Professor Monogrohm sagte: »Mir auch nicht.«

Darauf dachten beide ziemlich lange nach.

Nach einer Weile fragte Frau Monogrohm: »Ist dir inzwischen etwas eingefallen?«

»Nein«, sagte ihr Mann.

Frau Monogrohm sagte: »Mir leider auch nicht.«

Und sie überlegten sehr lange weiter.

Gegen Mittag sagte Frau Monogrohm: »Wie wäre es mit einer neuen Maschine?«

»Das hast du mir schon oft vorgeschlagen«, antwortete er. »Aber was für eine Maschine? Das ist doch gerade die Schwierigkeit. Ich denke und denke und denke ...«

»Du denkst und denkst und denkst?«, sagte seine Frau. »Du bist ein berühmter Professor! Hast du das wirklich nötig? Warum tust du das und baust keine Maschine, die dir das abnimmt?«

»Großartig!«, rief er. »Eine geniale Idee. Schade, dass sie nicht von mir ist.«

Sofort zog er seinen weißen Erfindermantel an, ging in seine Erfinderwerkstatt, setzte sich an seinen Erfindertisch und begann, die Denkmaschine zu erfinden.

Es dauerte sechs Wochen, dann war die Maschine fertig. Stolz schob er sie ins Wohnzimmer und führte sie seiner Frau vor. Oben war eine Tastatur eingebaut, darauf tippte er die erste Frage ein:

WIE VIEL IST SIEBEN PLUS ZWÖLF???

Kaum hatte er das dritte Fragezeichen getippt, schob sich vorn aus der Maschine schon ein Papierstreifen mit der Antwort heraus. Professor Monogrohm nahm seine Fernbrille ab und setzte seine Lesebrille auf. Dann las er seiner Frau die Antwort vor:

ALBERNE FRAGE! NATÜRLICH NEUNZEHN.

»Die Maschine ist ganz schön hochmütig«, stellte der Professor verärgert fest. »Ich muss ihr wohl eine schwierigere Frage stellen.«

Er dachte zehn Minuten nach, dann tippte er:

WENN DREI NASHÖRNER AN ZWEI TAGEN SIEBEN KILO HACKFLEISCH FRESSEN, WIE VIEL KILO HACKFLEICH FRESSEN DANN NEUN NASHÖRNER AN FÜNF TAGEN?

Wieder brauchte die Maschine keine zwanzig Sekunden, dann hatte sie schon die Antwort geschrieben. Professor Monogrohm zog das Papier heraus und las vor:

NASHÖRNERN SIND PFLANZENFRESSERN UND FRESSEN ÜBERHAUPT KEIN HACKSFLEISCH, ALTER TROTTEL!

»Die Maschine ist nicht nur hochmütig, sie ist sogar ausgesprochen frech«, sagte der Professor. »Sie scheint allerdings eine Rechtschreibschwäche zu haben. Egal. Sie soll ja denken, nicht korrekt schreiben. Jetzt werde ich ihr eine Frage stellen, an der sie ordentlich zu kauen hat. Ich wollte sagen: zu denken hat.«

Nun musste er mindestens zwanzig Minuten überlegen, bevor er sich die nächste Frage ausgedacht und sie eingetippt hatte:

WIE VERTEILT MAN ZWEI ORANGEN, ZWEI ÄPFEL UND EINE BANANE GERECHT UNTER DREI KINDERN?

Diesmal dauerte es einige Sekunden länger, bis die Maschine die Antwort ausspuckte und der Professor sie seiner Frau vorlesen konnte:

MAN WIRFT DIE FRÜCHTEN IN EINE SAFTPRESSEN, MACHT DARAUS OBSTSAFT UND GIBT JEDEM KIND EIN GLAS DAVON.

»Hm«, machte der Professor. »Diese Maschine scheint wirklich auf alles eine Antwort zu haben. Das ist allerdings kein Wunder. Schließlich ist sie meine Erfindung.«

Noch während er sprach, spuckte die Maschine einen weiteren Papierstreifen aus. Professor Monogrohm war verblüfft. »Merkwürdig. Ich habe ihr doch gar keine Frage gestellt«, sagte er zu seiner Frau.

»Da steht aber etwas drauf!«, sagte sie. »Lies doch mal vor, was sie geschrieben hat.«

Professor Monogrohm putzte erst mal seine Brille mit einem Zipfel seines weißen Erfindermantels, dann las er vor:

NUN MÖCHTE ABER ICH MAL ZUR ABWECHSLUNG EINEN FRAGEN STELLEN: WAS IST DER UNTERSCHIED ZWISCHEN EINEM HUHN UND EINEM PIANISTEN?

»Nun, das Huhn ist ein Vogel, auch wenn es nicht besonders gut fliegen kann, und ein Pianist ist ein männlicher Musiker, der auf einem Klavier oder einem Flügel zu spielen pflegt«, sagte Professor Monogrohm zu seiner Frau. »Soll ich das eintippen?«

»Ich glaube nicht, dass dies die richtige Antwort ist«, sagte seine Frau. »Darf ich die Antwort schreiben?«

»Nur zu gerne«, sagte der Professor und trat beiseite, damit seine Frau schreiben konnte:

EIN HUHN HAT ZWEI FLÜGEL, DER PIANIST NUR EINEN.

Die Maschine schien zu überlegen, denn erst mal geschah nichts. Nur ein leises Summen war zu hören. Dann hatte sie sich endlich entschlossen, eine Antwort auszudrucken. Auf dem Zettel, den sie ausstieß, stand:

ANTWORT UNGWÖHNLICH, ABER GENEHMIGT. ERWARTE NÄXTE INTELLIGENTE FRAGE VON FRAU MONOGROHM!

»Darf ich noch mal?«, fragte Frau Monogrohm ihren Mann.

»Nur zu!«, sagte er. Man sah ihm an, dass er leicht verärgert war. »Wenn die Maschine allerdings weiter so frech ist, sehe ich mich gezwungen, ihr den Stecker herauszuziehen.«

Frau Monogrohm dachte kurz nach und tippte dann ein:

MEIN MANN WEISS IMMER NICHT, WAS ER ERFINDEN SOLL. WAS SOLL PROFESSOR MONOGROHM ERFINDEN?

Die Antwort wurde sofort ausgedruckt. Herr und Frau Monogrohm lasen sie gemeinsam. Sie lautete:

WENN PROFESSOR MONOGROHM NICHT WEISS, WAS ER ERFINDEN SOLL, DANN SOLL ER DOCH EINE ERFINDUNGS-

MASCHINEN ERFINDEN, DIE IHM VORSCHLÄGT, WAS ER ERFINDEN SOLL!

»Auch wenn die Maschine ausgesprochen frech und manchmal sehr vorlaut ist: Denken kann sie«, sagte Professor Monogrohm. »Genau das werde ich jetzt tun. Ich werde eine Erfindungsmaschine erfinden, die Erfindungen erfindet.«

Wieder zog er seinen weißen Erfindermantel an, ging in seine Erfinderwerkstatt, setzte sich an seinen Erfindertisch und begann, die Erfindungsmaschine zu erfinden.

Gestern ist die Maschine fertig geworden. Alle vierundvierzig Minuten schreibt sie einen neuen Erfindungsvorschlag auf und spuckt ihn aus. Professor Monogrohm braucht nur in seine Erfinderwerkstatt zu gehen und das zu bauen, was sich die Maschine ausgedacht hat. Denn, wie gesagt, das Schwierige beim Erfinden ist nicht das Erfinden selbst. Schwieriger ist es, sich Sachen auszudenken, die bis jetzt noch nicht erfunden sind.

Hier sind einige der ersten Erfindungsvorschläge, die Professor Monogrohms Maschine ausgedruckt hat:

- BRILLE MIT SCHEIBENWISCHER
- VIERECKIGE ÄPFEL, DIE SICH BESSER IN KISTEN VERPACKEN LASSEN
- JACKE, DIE IM SOMMER KÜHLT UND IM WINTER AUFHEIZT
- EINE GELDBÖRSE, DIE NIE LEER WIRD
- AUTOMATISCHER FÜLLFEDERHALTER, DER VON ALLEIN HAUSAUFGABEN SCHREIBT
- EIN AUFBLASBARES GUMMI-AUTO
- MANTELKRAGEN, DER SICH BEI WIND AUTOMATISCH HOCHKLAPPT

- SPINAT, DER WIE SCHOKOLADE SCHMECKT
- SCHULUHR, DIE WÄHREND DES UNTERRICHTS SCHNELL GEHT, WÄHREND DER PAUSEN GANZ LANGSAM
- ZUSAMMENROLLBARER, TRAGBARER PARKPLATZ
- EIN FAHHRAD, DAS

Leider ist mitten im letzten Erfindungsvorschlag der Strom ausgefallen. Angeblich soll eine Schwarzpelzmaus einen Kurzschluss verursacht haben, als sie sich durch das städtische Hauptstromkabel durchfraß. Bis der Schaden behoben ist und die Maschine wieder arbeiten kann, wird wohl einige Zeit vergehen.

Aber vielleicht fallen dir in der Zwischenzeit ein paar Erfindungsvorschläge ein! Professor Monogrohm würde sich bestimmt darüber freuen. ●

CHRISTINE NÖSTLINGER

Eine glückliche Familie

Die Oma sagt, nachdem ihr die Suppenschüssel aus den Händen gefallen ist: »Ist ja noch ein Glück, dass keine Suppe drin war!«

Der Vater sagt, nachdem er mit dem Auto in den Straßengraben gefahren ist: »Ist ja noch ein Glück, dass sich der Wagen nicht überschlagen hat!«

Die Mutter sagt, nachdem man ihr die Geldbörse gestohlen hat: »Ist ja noch ein Glück, dass die Scheckkarte nicht drin war!«

Der Opa sagt, nachdem er gestürzt ist und sich die Knie blutig geschlagen hat: »Ist ja noch ein Glück, dass ich mir nichts gebrochen habe!«

Das Kind sagt, nachdem es alles gehört hat: »Ist ja noch ein Glück, dass das Unglück allen in der Familie Glück bringt!« ●

BRIGITTE WERNER

Kotzmotz, der Zauberer

Der Zauberer Kotzmotz stand in seiner Zauberküche und stampfte mit dem Fuß auf.

Er war wütend, er war zornig, er war sozusagen essiggurkensauer. Genau genommen hatte er eine riesige, kellerschwarze, stachelige Stinkwut.

Und deshalb schrie und stampfte und tobte er so, dass sein ganzes Haus wackelte.

»Sauschwartenschweinerei!«, schrie er.

»Warzenschleim mit Senfsoße!«, schrie er.

»Verpickelte Bananenpampe!«, schrie er.

Und sein liebstes Schimpfwort brüllte er, so laut er konnte, und das war SEHR laut, und er schrie es gleich dreimal hintereinander:

»Verstinkter Affenhintern in Pupssuppe!«

Und dann schmiss er sein Zauberbuch auf den Boden und trampelte so lange darauf herum, bis er es zu Konfetti zerstampft hatte.

Und dann brüllte er noch:

»Heute klappt aber auch gar nichts, gar nichts, gar nichts!«

Und dann ging ihm die Luft aus: PFFFFFF!

Und dann war es still. Kein Mucks war zu hören.

Die Spinnen hatten sich hinter den Möbeln verkrochen und rührten sich nicht.

Und die Tiere im Wald liefen in ihre Verstecke und drückten sich eng aneinander.

Und die Bäume und die Farne und die Pilze und alles andere, was im Wald so wächst, selbst die Stinkmorchel, hielten die Luft an und schauten in die Wolken.

Nur der kleine, immer zerzauste Hase mit dem Knick im Ohr war ziemlich unbeeindruckt. »Warum tobt er so?«, fragte er das Eichhörnchen, das sich die Augen zuhielt. »PSSSSST!«, flüsterte das erschrocken. »Ich bin unsichtbar.«

Und es sprang schnell einen Baum weiter. Dort hielt es sich gleich wieder die Pfoten fest vor die Augen.

»Ooh«, staunte der kleine zerzauste Hase. »Wenn ich dich nicht sehen möchte, muss ich mir also nur die Augen zuhalten. Stimmt, dann bist du unsichtbar. Alles klar!«, rief der kleine Hase, »jetzt weiß ich Bescheid!« Dann fragte er die alte Eiche: »Kannst du mir sagen, warum der Zauberer so tobt?«

»Psssst!«, raschelte der Baum mit seinen tausend Blättern, »psssst!«, und reckte seine Arme stumm und weit in den Himmel.

»He, du grüner Käfer«, fragte der zerzauste Hase, »warum tobt er so?«

»Pssssst«, huschelte der und rannte mit seinen sechs Beinchen so schnell er konnte unter das nächste Blatt.

Er muss ziemlich verärgert sein, dachte der kleine Hase mit dem Knick im Ohr, wenn er diese wütenden Wörter brüllt, wo es doch so viele wunderschöne Wörter gibt.

»LIBELLENFLÜGELPERLMUTT«, summte er.

»FROSCHBACKENPOSAUNENMUSIK«, sang er.

»SAMTKÄTZCHENDUFTGESTREICHEL«, erfand er.

»HIMBEERROSASCHNÜRSCHUHTÄNZCHEN«, kicherte er und hopste dabei einmal rechts und zweimal links und einmal im Kreis herum, und ZACK BUMM PENG stieß er mit seinem kleinen, weichen Hasenpopo rückwärts gegen die Tür des Hauses vom Zauberer Kotzmotz.

»Lauf weg! Lauf weg!«, kreischte die Elster und flatterte wild mit den Flügeln und flog weit in den Wald hinein. Ihr Schrei war so schrill und heftig und plötzlich, dass der kleine zerzauste Hase eine Gänsehaut bekam und sein letztes schönes Wort »MAMABAUCHKUSCHELWEI ...!« ihm im Halse stecken blieb.

Da flog die Tür des Hauses vom Zauberer Kotzmotz weit auf, und ein riesiger Schatten warf sich über den zerzausten Hasen wie ein dunkler, kalter Mantel.

Da wuchs ihm die Gänsehaut bis in seine Ohrenspitzen, und erschrocken drehte er sich um und sah – und er musste sehr hoch blicken – direkt in die zornglutfunkelnden Augen des wütenden Zauberers.

AU!

»Entschuldige!«, sagte der kleine Hase, »könntest du wohl ein kleines bisschen zur Seite treten, du stehst nämlich direkt vor der Sonne, und dein Schatten ist groß und kalt.« Der Zauberer traute seinen Augen nicht. Da stand ein Winzling von einem zerzausten Hasen vor seinem Haus und wich nicht eine Kieselsteinlänge vor ihm zurück.

Und dieser Winzling von einem zerzausten Hasen, dessen Ohren es noch nicht einmal schafften, auf gleicher Höhe zu stehen, wollte, dass ER, der Zauberer Kotzmotz, aus der Sonne ging?

Und er reckte sich noch höher, sodass der kleine Hase noch kleiner und noch tiefer unter ihm stand, und schrie: »DU-HÄSSLICHSTER-WICHT-VON-EINEM-HASEN-DEN-DIE-WELT-JE-GESEHEN-HAT-VERSCHWINDE-SONST-MACH-ICH-SCHNECKENSCHISS-AUS-DIR!«

»Oooh!«, staunte der zerzauste Hase, der nichts, aber auch nicht eine einzige Silbe von dem langen Wort verstanden hatte.

»Oooh!«, sagte er, »dieses lange Wort habe ich noch nie gehört, aber ich muss dir sagen, es klingt gar nicht gut. Willst du mal ein ganz, ganz langes hören, das viel schöner klingt?«

Er reckte sich hoch auf, knickte sein Knickeohr kerzengerade nach oben, schaute dem Zauberer direkt in seine funkelnden Augen, sodass der auf der Stelle zu blinzeln begann, und sagte langsam und deutlich:

»SEEROSEN-INNENLICHT-GEFLIRR-IM-SONNENMORGEN-TAU-GEGLITZER!«

Der Zauberer Kotzmotz traute seinen Ohren nicht. Dieser Mickerling von einem zerzausten Hasen gab ihm Widerworte, genau genommen das längste Widerwort, das er je in seinem Leben gehört hatte und das dazu noch so seltsam klang, dass er davon eine Gänsehaut bekam und einen Schauer im Herzen.

Und noch nie, noch niemals nie in seinem langen Zaubererleben, und das war SEHR lang, war eine solche Ungeheuerlichkeit vorgekommen.

Er holte tief Luft und wollte gerade ein frisch erdachtes, äquatorlanges, sumpfiges Schimpfwort über den kleinen Hasen spucken, da war dieser auch schon geradewegs an ihm vorbei in das Haus gehoppelt.

Und dort blieb er so plötzlich stehen, als wäre er gegen eine unsichtbare Wand gestoßen. Er starrte und blinzelte und starrte.

»Oooh«, flüsterte der zerzauste Hase erschrocken. So etwas hatte er noch nie gesehen: Das Haus hatte alle Farben verschluckt.

Da gab es kein Rot, das an Mohnblumen im Wind erinnerte, kein Gelb, wie die Sprenkel der Sumpfdotterblumen am Bachufer, keines von den tausend Grüns der vielen Blätter im Wald, kein Blau, kein Rosa und kein Violett.

Da war nur viel, viel Grau und ganz viel Schwarz. Und das tat WEH! Der kleine Hase spürte einen festen, harten Druck auf seinem Bauch, und er musste tief Luft holen. Dann blickte er zu dem immer noch sprachlosen Zauberer hoch und sagte:

»Alles klar! Jetzt weiß ich, warum du so tobst. Wenn ich in einem solchen Haus wohnen müsste, würde ich auch schreien und toben. Alles klar! Jetzt weiß ich Bescheid!«

Der Zauberer Kotzmotz bekam den Mund nicht mehr zu. Dieser Winzling von einem zerzausten Hasen war einfach in sein Haus getreten und sprach mit ihm, als hätte er nicht einmal ein Gramm von einem Federchen Angst. Und das war noch nie, NIEMALS, in seinem ganzen langen Zaubererleben vorgekommen.

Das war eine Ungeheuerlichkeit.

Doch das Ungeheuerlichste war, dass ihm vor lauter Überraschung kein weiteres Schimpfwort mehr einfiel. Kein einziges! Und das war ihm noch nie passiert.

Er ließ sich erschöpft vom vielen Schreien und Toben und Verwundern in den großen tintenschwarzen Sessel sinken, und die Mäusefamilie, die dort gerade ein Picknick machte, sprang quietschend in ihr Mauseloch unter dem Schrank.

»Können wir die Fensterläden öffnen?«, bat der zerzauste Hase, und ehe der Zauberer auch nur JA oder NEIN oder WEHE WENN ... sagen konnte, hatte er schon den linken und den rechten Fensterladen aufgeklappt, und das Sonnenlicht fiel und stolperte in das Zimmer, und all die grauen und schwarzen Dinge reckten sich und bekamen goldene Ränder. Und in den schrägen Sonnenstrahlen tanzten eine Million Staubkörnchen wild durcheinander. »Ooh, ist das schööön«, staunte der kleine Hase. »Wo haben sie das bloß gelernt? Sie tanzen und schweben und fliegen und gleiten und schwilben und schwalben und ...« Und dann breitete er weit seine Vorderpfoten aus und versuchte, es den Staubkörnchen nachzumachen. Er hüpfte und kreiselte, er hob das linke Bein und das rechte, er schloss die Augen und drehte sich dreimal im Kreis, dass die Ohren zu Flügeln wurden, und er wirbelte wie ein Propeller mit vier Pfoten hierhin und dorthin, er segelte und jauchzte, und dann machte es RUMMS!!!

Und als er vor Schreck die Augen wieder aufriss, war er aus Versehen dem immer noch sprachlosen Zauberer geradewegs auf seinen fledermausgrauschwarzen Mantel gehüpft.

»Ooooh«, wollte der zerzauste Hase gerade sagen, da hatte der Zauberer ihn auch schon am Genick gepackt und schüttelte ihn so heftig hin und her, dass sich sein zerzaustes Fell noch wilder in alle vier Himmelsrichtungen sträubte.

»Mehr, mehr!«, quietschte der kleine Hase und zappelte wild mit allen vier Pfoten in der Luft herum, mitten durch die tanzenden Staubkörnchen.

»Ich schwebe«, quietschte er entzückt, »ich fliege, ich ...« Und ZACK BUMM PENG flog er auch schon mit einem harten RUMMS auf den harten staubgrauen Küchenboden, mitten hinein in die verstreuten Konfettireste des zerstampften Zauberbuches.

»AU!«, sagte der kleine zerzauste Hase und rieb seinen Popo. »Du hast mich zu früh losgelassen. Du musst Bescheid sagen, sonst kann ich nicht richtig landen. Wir machen es noch mal. Du lernst das schon!«

Und er kletterte schnurstracks an dem Sessel hoch, kletterte dem verblüfften Zauberer auf seinen zerknitterten, düsteren Mantel, schaute erwartungsvoll zu ihm hoch und wollte gerade »Los, fang an!« sagen, da merkte er, dass etwas nicht stimmte.

Die Augen des Zauberers waren gewitterwolkenschwarz, und wilde Blitze zuckten darin hin und her.

»Oooh«, sagte der zerzauste Hase und legte seine Stirn in kummervolle Falten. »Entschuldige, ich merke gerade, dass es dir gar keinen Spaß macht. Das tut mir leid!«

Er kletterte ein kleines Stückchen höher.

»Das muss an diesem Haus liegen, weißt du. Das macht einfach wütend oder traurig oder müde oder alles zusammen, und nichts, nichts macht mehr Freude. Daran kann man gar nichts machen, stimmt's?«

Und er kletterte weiter an dem fledermausgrauschwarzen Mantel hoch, reckte vorsichtig und langsam eine Vorderpfote nach oben und streichelte dem Zauberer ein ganz kleines bisschen übers Gesicht.

»MONAROSADELLA!«, flüsterte er und schaute dabei dem Zauberer tief in die Augen.

Und da passierte etwas sehr Merkwürdiges, und so etwas war dem Zauberer in seinem ganzen langen Zaubererleben noch NIE passiert. Seine gewitterdunklen Augen wurden sommernachtsamtschwarz, und die Blitze verwandelten sich in tanzende Glühwürmchensterne. Und seine Augen wurden sanft und müde.

Und so ein merkwürdiges Wort hatte er noch nie gehört, das dazu noch so seltsam klang, dass er davon eine Gänsehaut bekam und einen Schauer im Herzen.

»Sag es noch einmal«, krächzte er, denn seine Stimme war vom vielen Schreien ganz heiser geworden.

Und der zerzauste Hase reckte sich zu ihm hoch und flüsterte:

»MONAROSADELLA!«

Ein brunnentiefer Seufzer stieg in dem Zauberer hoch, und dann schloss er die müden Augen und krächzte: »Das tut gut!«

Und nach dem nächsten Seufzer murmelte er:

»Bleib noch etwas da!«

Und nach dem dritten, tiefen, tiefen Seufzer war er eingeschlafen, und die vielen Zornesfalten auf seiner Stirn wurden glatt und ruhten sich aus.

»Ich pass auf dich auf«, flüsterte der zerzauste Hase und rollte sich auf dem Schoß des Zauberers zusammen und achtete sehr sorgfältig auf dessen Atemzüge.

Alles klar, dachte der kleine Hase. Ich weiß Bescheid. Er war einfach zu lange allein ...

Und ehe er sich versah, war auch er tief und fest eingeschlafen.

Und auch die tanzenden Staubkörnchen waren müde geworden und legten sich auf die Möbel und auf die Nasenspitze des Zauberers und rührten sich nicht mehr. ●

SYLVIA ENGLERT

Fleischbällchenernte

Finn geht gern zur Schule, nur leider ist die ein ganzes Stück weg. Zwanzig Minuten läuft er jeden Morgen, und am Nachmittag zwanzig zurück. Die kommen ihm manchmal vor wie zwanzig Stunden, weil niemand aus seiner Klasse 2b auf dem Weg wohnt. Jedenfalls niemand, den er nett findet. Und alleine gehen ist sehr langweilig.

»Kann ich nicht wenigstens mit dem Roller fahren?«, fragt Finn seine Mama. »Dann bin ich schneller da.«

»Damit warten wir besser bis nächstes Jahr«, sagt sie nur.

Das nervt. Finn hat schlechte Laune, als er an diesem Morgen die Haustür hinter sich zumacht und losmarschiert. Er geht den Bürgersteig entlang und denkt darüber nach, wie er seine Eltern überreden kann, dass sie ihm einen Roller erlauben. Deshalb dauert es einen Moment, ehe er merkt, dass er nicht mehr allein ist. Eine Art Hund trippelt neben ihm her. Oder ist es doch kein Hund? Und wo ist der auf einmal hergekommen? Ein Halsband hat er nicht, und es ist niemand in der Nähe, dem er gehören könnte.

»Warum schaust du mich so an?«, fragt das Tier und blickt zu ihm hoch.

»Du bist kein Hund, oder?«, meint Finn. »Hunde können nämlich nicht reden. Bist du ein Werwolf?«

»Nee!«, sagt das Tier stolz. »Ich bin ein Warumwolf!«

Finn muss lachen. »Cool«, sagt er.

Übermütig springt der Warumwolf auf eine Gartenmauer und versucht, nach einem Apfel zu schnappen.

Knirsch! Das war leider ein Ast. Beim nächsten Versuch erwischt er einen Apfel – und verzieht die Schnauze. »Wäh! Warum wachsen auf Bäumen eigentlich keine Fleischbällchen?«, fragt er und spuckt ein Stück Apfel aus.

Finn grinst, da fällt ihm doch gleich eine super Antwort ein. »Hier gibt's solche Bäume nicht. Die sind in Europa ausgestorben.«

»Warum?« Der kleine Wolf spitzt die Ohren.

»Ist doch klar, wegen der fleischfressenden Pflanzen«, erklärt Finn. »Die haben – zack, zack, zack – alles abgefressen! Aber in Australien, da gibt es noch Bäume, auf denen Würstchen wachsen. Und Sträucher mit Schnitzeln dran. Ab und zu kann man auch Fleischbällchen ernten, aber die werden erst im Winter reif. Wenn es kühl ist, halten sie länger.«

»Oh!«, sagt der Warumwolf. »Da müssen wir mal hinfahren. Warum sind die Bäume denn in Australien nicht ausgestorben?«

»Dort gibt es ganz viele Krokodil-Bienen«, meint Finn und hüpft fröhlich über den Bürgersteig. »Die passen auf die Bäume auf, weil sie so tolle Schinkenblüten haben. Mit diesen Bienen legen sich die fleischfressenden Pflanzen lieber nicht an.«

Da sind sie auch schon an der Schule angekommen. Wölfe dürfen leider nicht mit rein. »Holst du mich später ab?«, fragt Finn.

Er kann kaum glauben, dass er schon da ist, er ist doch eben erst losgegangen! Seine Füße sind ganz von selbst gelaufen, er hat es kaum gemerkt.

»Warum nicht?«, meint der kleine Wolf. Dann sieht er eine Katze, die eine Maus im Maul trägt, und wird ganz aufgeregt. »Warum magst du Mäuse?«, ruft er ihr zu. »Warum trägst du die herum? Warum kommst du nicht mit nach Australien, wo die Fleischbällchen wachsen?«

Doch die Katze sagt nur »Mmpf« und kriecht unter einem Zaun durch. Wahrscheinlich kann man mit einer Maus im Maul nicht so gut reden.

Finn winkt dem Warumwolf zum Abschied und rennt in sein Klassenzimmer, in dem seine Lehrerin Frau Klein schon wartet und ihm freundlich zulächelt. Finn begrüßt Fabio und Lina, die er beide gerne mag, dann setzt er sich an seinen Platz und kramt nach seinem Mäppchen. Ob der kleine Wolf ihn nachher wirklich abholt? Vielleicht vergisst er es, so wie sein Opa mal vergessen hat, Finn aus dem Kindergarten abzuholen. Oder vielleicht sucht der Warumwolf sich ein anderes Kind, das mehr Zeit hat, sich mit ihm zu unterhalten.

Finn zieht ein Blatt Papier und ein paar Stifte heraus und beginnt, den Warumwolf zu malen, bevor der Unterricht losgeht. Als Frau Klein herumgeht, schaut sie ihm über die Schulter. »Das ist aber ein hübscher Hund«, sagt sie.

»Es ist kein Hund«, sagt Finn. »Sondern ein Warumwolf.«

Frau Klein muss lachen »Ein was?«

»Ich hab ihn heute getroffen«, erklärt Finn. »Er ist wirklich ein Wolf, und er ist irre neugierig.«

»Hier in der Gegend gibt es keine Wölfe«, erklärt Frau Klein ihm geduldig.

Warumwölfe schon, denkt Finn. Die leben bestimmt überall dort, wo ihnen jemand Fragen beantworten kann. Und Fragen beantworten, das kann Finn ja wohl. Wieso hat er seinen neuen Freund nicht mal gestreichelt? Dabei hätte er gemerkt, ob er ihn sich nur vorstellt. Einbildungen haben kein Fell.

Eigentlich findet Finn Freitage gut, weil sie da Werken und Sport haben. Aber heute kann er kaum erwarten, dass die Schule endlich aus ist. Hat Frau Klein Recht, gibt es den Warumwolf gar nicht? Gleich wird er es wissen, denn etwas, was es nicht gibt, kann ja wohl kaum draußen auf ihn warten.

Schnell setzt Finn sich seinen Ranzen auf und stürmt mit einem »Tschüss« aus dem Klassenzimmer. Am Eingang der Schule schaut er sich mit klopfendem Herzen um. Auf den ersten Blick sieht er nur jede Menge andere Kinder, die alle nach Hause wollen und sich aufs Wochenende freuen. Doch dann entdeckt er bei den Fahrradständern zwei graue Ohren – und eins davon winkt ihm zu!

Finn drängt sich zum Warumwolf durch und strahlt ihn an. »Toll, dass du da bist! Darf ich dich mal streicheln?«

»O ja, hinter den Ohren bitte«, sagt der Warumwolf.

Finn streicht ihm über das dichte Fell und krault ihn hinter den seidenweichen Ohren. »Stell dir vor, Frau Klein hat gedacht, dass es dich gar nicht gibt«, erzählt er.

»Warum?« Der Warumwolf macht große Augen.

»Ich glaube, weil du noch nie im Fernsehen warst«, erklärt Finn. »Und in der Zeitung auch nicht, oder im Radio. Erwachsene sind manchmal komisch, weißt du?«

»Ach so«, sagt der Warumwolf.

Dann machen sie sich auf den Weg nach Hause. ●

NACH EINEM RUSSISCHEN MÄRCHEN

Das Rübchen

Großvater hat ein Rübchen gesteckt und sagt zu ihm: »Wachse, mein Rübchen, wachse, werde süß! Wachse, mein Rübchen, wachse, werde fest!«

Das Rübchen wächst und wird süß und fest und groß – riesengroß.

Großvater geht, die Rübe zu ernten. Er zieht und zieht – er kann sie nicht herausziehen.

Großvater ruft die Großmutter.

Großmutter fasst den Großvater, Großvater fasst die Rübe. Sie ziehen und ziehen – sie können sie nicht herausziehen.

Großmutter ruft das Enkelchen.

Das Enkelchen fasst die Großmutter, Großmutter fasst den Großvater, Großvater fasst die Rübe. Sie ziehen und ziehen – sie können sie nicht herausziehen.

Das Enkelchen ruft das Hündchen.

Das Hündchen fasst das Enkelchen, das Enkelchen fasst die Großmutter, die Großmutter fasst den Großvater, Großvater fasst die Rübe. Sie ziehen und ziehen – sie können sie nicht herausziehen.

Das Hündchen ruft das Kätzchen.

Das Kätzchen fasst das Hündchen, das Hündchen fasst das Enkelchen, das Enkelchen fasst die Großmutter, die Großmutter fasst den Großvater, Großvater fasst die Rübe. Sie ziehen und ziehen – sie können sie nicht herausziehen.

Das Kätzchen ruft das Mäuschen.

Das Mäuschen fasst das Kätzchen, das Kätzchen fasst das Hündchen, das Hündchen fasst das Enkelchen, das Enkelchen fasst die Großmutter, die Großmutter fasst den Großvater, Großvater fasst die Rübe.

Sie ziehen und ziehen … und heraus ist die Rübe. ●

URSULA WÖLFEL

Die Geschichte von den beiden Heuhüpfern

Einmal haben zwei Heuhüpfer sich gezankt. Der eine hat gesagt: »Ich bin der beste Heuhüpfer! Ich kann viel höher hüpfen als du!« Und er ist auf einen hohen Baum gehüpft.

Der andere Heuhüpfer hat gesagt: »Nein! Ich bin der beste Heuhüpfer! Ich kann viel weiter hüpfen als du!« Und er ist mit einem riesigen Sprung über die ganze Wiese gehüpft.

Der Heuhüpfer auf dem Baum hat geschrien: »Sieh mich! Sieh mich! Wie hoch ich hüpfen kann!«

Und der Heuhüpfer in der Wiese hat geschrien: »Sieh mich! Sieh mich! Wie weit ich hüpfen kann!« Aber keiner hat den anderen gesehen und keiner hat den anderen gehört. Der eine hat viel zu hoch oben im Baum gesessen und der andere hat viel zu weit weg im Gras gesessen.

Den ganzen Tag haben sie geschrien und geschrien, und das war sehr langweilig. Am Abend ist der eine endlich wieder vom Baum gehüpft und der andere ist endlich wieder über die Wiese zurückgehüpft.

Der eine hat gesagt: »Du bist der beste Weithüpfer!«

Und der andere hat gesagt: »Du bist der beste Hochhüpfer!« Und sie haben sich wieder vertragen. ●

ULRIKE SCHULTHEIS

Maximilian, das Gespensterkind

Maximilian ist ein Gespensterjunge. Er wohnt mit seiner Mama und seinem Papa in einer alten, verfallenen Burg oben auf einem grünen Hügel. Von hier aus kann man wunderbar nach unten auf die hell erleuchtete Stadt schauen.

Das macht Maximilian sehr oft. Denn es ist schrecklich langweilig auf der alten Burg. Es gibt keine anderen Gespensterkinder zum Spielen, und Geschwister hat Maximilian auch nicht.

Eines Nachts sitzt Maximilian wieder einmal einsam und traurig auf der höchsten Spitze des Turms und starrt auf die funkelnden Lichter der Stadt. Aufregend sieht das aus und abenteuerlich!

Wie gerne würde er einmal nach unten fliegen und sich alles genau anschauen. Aber Mama und Papa sind so schrecklich ängstlich. Alles, was richtig spannend ist, finden sie gefährlich. Besonders vor den Menschen haben sie Angst. Menschen jagen nämlich Gespenster und vertreiben sie aus ihren gemütlichen Verstecken.

»Gemein«, seufzt Maximilian. »Da muss ich wohl wieder mit den Fledermäusen spielen!«

Die Fledermäuse hängen mit dem Kopf nach unten an den Dachbalken im Turm. Maximilian holt ganz tief Luft, sodass seine Backen fast platzen, und pustet mit aller Kraft.

Hui, wie sich die Fledermäuse erschrecken und aufgeregt zum Fenster hinausflattern! Das macht ziemlich Spaß, aber mit der Zeit wird auch dieses Spiel langweilig.

Wenn es doch nur ein anderes Gespensterkind auf der Burg gäbe! »Vielleicht sollte ich in der Stadt nach einem Menschenkind suchen«, denkt Maximilian. »Mama und Papa sind einfach viel zu ängstlich!«

Und wusch!, fliegt Maximilian fort von seiner sicheren Burg hinunter in die hell erleuchtete Stadt.

Puh, ist das anstrengend. So lange ist Maximilian noch nie geflogen. Bald ist er völlig erschöpft.

»Hilfe, ich stürze ab!«

In letzter Sekunde erwischt Maximilian den Wipfel eines Baumes mitten in einem kleinen Park.

»Uhuuu, was machst du denn hier?«, heult eine Stimme neben ihm.

Beinahe wäre Maximilian vor Schreck von seinem Ast gefallen, aber dann sieht er, dass es eine Eule ist. Eulen gibt es genug auf einer Burg – die machen einem kleinen Gespenst doch keine Angst! Zum Glück ist es nicht die alte Burg-Eule Luise, die hätte sicher bei den Gespenster-Eltern gepetzt!

»Ich suche ein Menschenkind zum Spielen«, erzählt Maximilian. »Kannst du mir helfen?«

»Lass das bloß sein«, warnt ihn die Eule. »Menschen sind sehr gefährlich. Flieg schnell nach Hause und komme nie wieder hierher!«

Aber Maximilian hat keine Lust mehr auf besorgte Ratschläge und flattert lieber weiter, hinaus aus dem Park und auf die große Straße zu.

Obwohl es tiefe Nacht ist, sind noch ein paar Autos unterwegs.

»Mama, Hilfe! Da sind große Ungeheuer mit funkelnden Augen!«, piepst Maximilian voller Panik und flüchtet in einen dunklen Höhleneingang.

Natürlich gibt es in einer Stadt keine Höhlen, aber das weiß das Gespensterkind nicht.

Hektisch flattert Maximilian immer tiefer in einen U-Bahn-Schacht hinein. Unten auf dem Bahnsteig fährt gerade ein Zug ein, und viele Menschen drängen in die Wagen.

Maximilian gerät völlig außer sich! »Ein Drache, ein Drache!«, schreit er. »Er frisst alle Menschen auf!« Zitternd vor Angst quetscht er sich hinter einen Mauervorsprung.

Dort findet ihn eine freundliche Ratte.

Vor Ratten fürchtet sich Maximilian nicht. Die gibt es mehr als genug auf seiner Burg!

»Hör auf zu weinen«, schnarrt sie. »Das war kein Drache. Das ist nur ein Zug. Damit können die Menschen unter der Erde fahren. Komm, ich zeige dir den Weg nach draußen. Folge mir einfach durch diese Röhre! Aber sei vorsichtig und bleib ganz nah an der Wand.«

Zitternd schwebt Maximilian hinter der dicken Ratte nach draußen.

Er möchte jetzt nur noch nach Hause zu seiner Mama und seinem Papa. Es ist ihm auch egal, wenn sie mit ihm schimpfen und er vielleicht Burgarrest bekommt.

Aber – o Schreck! Er weiß den Weg nicht mehr. Ganz verzweifelt fliegt er schließlich los, irgendwohin.

Er fliegt und fliegt, und langsam verlassen ihn alle Kräfte. Er ist müde, traurig und schrecklich allein. Um sich ein wenig auszuruhen, landet er in einem kleinen, friedlichen Garten auf dem Rasen.

Da kommen zwei glühende Punkte auf ihn zu!

Sie gehören dem Hauskater Moritz. Zum Glück ist Moritz ein freundlicher Kater. Er kennt zwar den Weg zur Burg auch nicht, aber er erzählt dem unglücklichen Gespensterkind von den Menschen, und das klingt ganz anders als alles, was Maximilian bisher gehört hat.

»Meine Menschen sind sehr lieb. Sie geben mir zu fressen, sie kraulen mich am Hals und das kleine Mädchen spielt immer mit mir. Es heißt Klara. Manchmal erlaubt es mir sogar, bei ihm im Bett zu schlafen, aber das dürfen seine Mama und sein Papa nicht wissen! Klara kann dir bestimmt helfen!« Ob Maximilian der Katze trauen soll?

Durch die Katzenklappe lässt Moritz das kleine Gespenst ins Haus. Ganz fremd ist es hier und unheimlich! Außerdem hat Maximilian von all den Anstrengungen furchtbaren Durst bekommen. Gibt es nicht vielleicht irgendwo eine Tonne mit frischem Regenwasser?

»Komm mit«, schnurrt Moritz. »Klara hat heute Abend ihr Glas nicht leer getrunken. Du kannst dir den Rest nehmen.«

Vorsichtig nimmt Maximilian das Glas und kippt den roten Saft in sich hinein. Aber was ist das? Moritz bekommt riesengroße Augen. Weil das Gespenst durchsichtig ist, sieht man, wie der rote Saft durch die Speiseröhre in den Magen läuft.

Maximilian sieht aus wie eine Leuchtkugel! Wie praktisch, da kann er sich gleich den Weg in Klaras Zimmer leuchten.

Moritz hat ihm begeistert von der Hilfsbereitschaft des kleinen Mädchens erzählt. Aber dennoch fürchtet sich Maximilian noch ein bisschen vor dem fremden Menschenkind.

Im Kinderzimmer springt der Kater auf Klaras Bett und stupst sie mit der Pfote an. Das macht er immer so, wenn er sie wecken will.

Klara wacht auch sofort auf. Verschlafen blinzelt sie ins Dunkel und entdeckt das leuchtende Gespenst. Mit einem Schrei setzt sie sich im Bett auf.

Auch Maximilian ist furchtbar erschrocken.

»Bitte tu mir nichts!«, rufen alle beide voller Angst. Nur Moritz schnurrt zufrieden.

Wenn ihr Kater keine Furcht zeigt, kann es ja nicht so schlimm sein, denkt Klara, und redet sanft auf das zitternde Gespenst ein.

Da fasst auch Maximilian Mut und erzählt von seinem Unglück.

Und tatsächlich weiß Klara, wie ihr neuer Freund wieder nach Hause finden kann.

Sie öffnet ihr Fenster. »Schau, da drüben auf dem Hügel kannst du eure Burg sehen. Sie ist die ganze Nacht hell erleuchtet. Du brauchst nur aus meinem Fenster und dann immer geradeaus zu fliegen, dann kommst du direkt zu deinen Eltern.«

Maximilian kann es kaum glauben. Da liegt wirklich seine Burg! Warum hat er sie bloß vorher nicht gesehen?

Vor lauter Glück umarmt er Klara ganz fest. Für Klara fühlt sich das ganz komisch an. Als würde sich ein feuchter Schleier um ihre Schultern legen!

Klara ist ganz traurig, dass Maximilian gleich losfliegen möchte. Aber er ist so müde, dass er sonst vielleicht den Weg vor Sonnenaufgang nicht mehr schafft.

Seine neue Freundin will er aber unbedingt wiedersehen. »Besuch mich doch auf der Burg. Ich stelle mir in der nächsten Zeit meinen Wecker, damit ich den Tag nicht verschlafe. Ich warte immer zum Fünf-Uhr-Schlag der Kirchturmuhr hinter dem kleinen Wachhäuschen auf dich!«

Bevor Maximilian davonschwebt, muss er schnell noch ins Gebüsch. Jetzt ist der rote Saft wieder draußen und Maximilian leuchtet nicht mehr. Wie ein zartes Wölkchen erhebt er sich in die Luft und winkt mit seiner Hand wie mit einem weißen Taschentuch.

Bis bald, Klara! ●

HEINRICH HANNOVER

Das Pferd Huppdiwupp

Es war einmal ein Pferd, das hieß Huppdiwupp und konnte ganz hoch springen. Es stand auf einer Wiese, aber da war gar nichts hoch genug zum Drüberspringen. Da sagte es zu einer Maus:

»Mach mal einen ganz großen Buckel, ich will über dich springen!« Und die Maus strengte sich an und machte einen ganz großen Buckel. Das Pferd Huppdiwupp sprang huppdiwupp drüber hinweg.

»Ach, du bist ja viel zu klein«, sagte das Pferd.

Da sah es einen Hund.

»Mach mal einen Buckel, ich will über dich springen!« Und der Hund machte einen Buckel, und das Pferd sprang drüber hinweg. Aber auch der Hund war viel zu klein. Da sagte das Pferd zu einem Kalb:

»Mach mal einen Buckel, ich will über dich springen!« Und das Kalb machte einen Buckel, und huppdiwupp sprang das Pferd Huppdiwupp drüber hinweg. Aber auch das Kalb war ihm noch zu klein. Da sagte es zu einer Kuh:

»Mach mal einen Buckel, ich will über dich springen!« Und die Kuh machte einen Buckel, und das Pferd sprang drüber hinweg.

»Das war schon besser«, sagte Huppdiwupp, »aber ich kann noch viel höher springen.«

Da sah das Pferd ein Haus stehen. Es war Großmutters Häuschen, und die Großmutter saß gerade bei Tisch und aß Kuchen mit Schlagsahne.

»Ich kann so hoch springen«, sagte das Pferd, »ich will über Großmutters Haus hinwegspringen.« Und es nahm einen Anlauf und sprang – huppdiwupp – los.

Aber das Haus war doch höher, als Huppdiwupp springen konnte; das Pferd verhedderte sich mit den Beinen in der Fernsehantenne und – rumskadabums – sauste es durch die Dachziegel hindurch mitten ins Zimmer hinein, wo die Großmutter saß. Mit dem linken Vorderfuß landete es in der Kakaotasse, mit dem rechten im Apfelkuchen, mit dem linken Hinterfuß blieb es in der Milchkanne stecken, und mit dem rechten Hinterfuß platschte es mitten in die Schlagsahne.

»Nanu«, sagte die Großmutter, »was sind denn das für Sitten?«

»Ja, ich wollte über dein Haus springen«, sagte das Pferd, »und hab es nicht ganz geschafft.«

»So, so«, sagte die Großmutter, »dann wollen wir es noch einmal gemeinsam versuchen; aber vorher musst du dich ein bisschen stärken.«

»Au fein«, sagte das Pferd, »ich habe nämlich heute noch gar nicht gefrühstückt.«

Die Großmutter wischte dem Pferd Huppdiwupp die Schlagsahne vom rechten Hinterfuß, und dann aßen sie gemeinsam, was noch übrig war.

»Jetzt fühle ich mich stark«, sagte das Pferd, als der Kuchen bis zum letzten Krümel aufgegessen war.

»Ja, ich auch«, sagte die Großmutter. »Jetzt wollen wir zusammen über das Haus springen.«

Und dann stieg die Großmutter auf das Pferd und ritt die Treppe hinunter. Sie nahmen einen noch größeren Anlauf und – huppdiwupp –, da sausten sie durch die Luft.

Aber – ich weiß nicht, vielleicht hatten sie doch zu viel Schlagsahne gegessen – das Pferd schaffte es auch diesmal nicht und blieb mit dem Bauch oben auf dem Schornstein hängen.

Da hing nun das Pferd auf dem Schornstein von Großmutters Häuschen, und die Großmutter saß oben drauf. Zuerst fanden sie das beide ganz lustig, die Großmutter freute sich über die schöne Aussicht, und dem Pferd war es von dem Rauch am Bauch schön warm. Aber weil der Rauch nicht so richtig aus dem Schornstein herauskonnte, ging unten in Großmutters Häuschen der Ofen aus. Und dann wurde es ungemütlich. Zum Glück kam gerade der Schornsteinfeger vorbei. Er hat eine lange Leiter angestellt, und darauf ist die Großmutter heruntergeritten. Das Pferd wollte gleich noch einmal über das Haus springen. Aber die Großmutter sagte: »Nein, danke, jetzt ist der Ofen aus und der Kuchen alle und das Dach kaputt, mir reicht's für heute.« ●

REINER KUNZE

Der Löwe Leopold

Leopold war ein Spielzeuglöwe, der auf einem Brettchen mit vier Rädern stand, und Nele, ein kleines Mädchen mit kurzen Zöpfen, zog ihn an der Schnur hinter sich her.

An einem Sonntag spielte Nele mit dem Löwen Karussell: Sie hielt die Schnur in der Hand, drehte sich im Kreis, und der Löwe schwebte mit dem Kopf nach unten durch die Luft. Doch die Schnur entglitt ihr, und sie konnte eben noch sehen, wie der Löwe aufs Garagendach fiel. Nele weinte nicht. Sie lief auch nicht zu ihrer Mutter oder bat den Nachbarn, der im Hof Holz hackte, ihr den Löwen vom Dach zu holen. Sie ließ ihn liegen und vergaß ihn. Das war so ihre Art: Wo ihr ein Spielzeug aus der Hand fiel, dort ließ sie es liegen, und im nächsten Augenblick hatte sie es vergessen. Bald lag auf der Kellertreppe ihre Kasperpuppe, bald im Bäckerladen ihre Sandschaufel, und ihr großer blauer Ball, der im Geäst eines Baumes hängen geblieben war, fiel eines Morgens auf einen vorüberbrausenden Lastwagen und wurde nie mehr gesehen.

Diesmal aber geschah etwas, wovon später niemand recht sagen konnte, wie es geschehen war. Auf dem Garagendach herrschte eine Hitze wie in Afrika, die Sonne brannte und brannte, und da spürte der Löwe Leopold, wie sich seine Tatzen vom Brettchen ablösten: zuerst die linke Vordertatze, dann die rechte, und als er sie bewegen konnte, stand er auch schon auf allen vieren und war mit einem Satz auf der Erde.

Er lief dreimal um die Garage, aber er fand Nele nicht. Vielleicht hat ihre Mutter sie zum Milchmann geschickt, überlegte er und machte sich auf den Weg zum Milchgeschäft, wohin ihn Nele manchmal mitgenommen hatte. Er blieb nirgends stehen, damit nicht jemand denken konnte, Nele hätte ihn vergessen. Er wollte nicht wieder in eine Bodenkammer eingesperrt werden, denn da war es einmal schrecklich langweilig gewesen. Da hatte er neben einer eingerollten Fahne gelegen, die nicht mehr wehen sollte. Doch Nele war weder im Milchgeschäft noch beim Bäcker noch auf dem Sandplatz, und so ging Leopold nach Haus, stellte sich vor der Wohnungstür auf die Vordertatzen und drückte mit der Schwanzspitze auf den Klingelknopf.

Nele staunte, als sie Leopold vor der Tür stehen sah, aber dann sagte sie: »Na, komm herein«, denn wenn man spielt, ist es ja dasselbe, ob einem ein Spielzeuglöwe nachgelaufen ist oder ob man sich nur denkt, er sei einem nachgelaufen. Neles Mutter sagte: »Bei deinem Löwen fehlt ja das Brettchen.« Nele antwortete: »Das stört ihn doch beim Gehen.« Neles Vater aber sagte: »Wenn er gehen kann, muss er auch gefüttert werden, wer geht, bekommt Hunger.« Und Neles Vater musste es wissen, denn er war Briefträger. Leopold hatte aus Neles Hand immer nur gedachtes Gras gefressen, weil Nele der Meinung gewesen war, Löwen fräßen Gras. Nun bekam er ein richtiges Abendbrot, und als Spielzeuglöwen schmeckten ihm Makkaroni mit Schinken ebensogut wie Vanillepudding mit Himbeersaft. Auf einem kleinen Gutenachtspaziergang erzählte dann der Vater Nele etwas von den Löwen in Afrika, und vor dem Einschlafen berichtete sie Leopold, der in der Spielzeugkiste lag und die Ohren spitzte, was sie sich davon gemerkt hatte.

»Die Löwen, die kein Spielzeug sind, aber auch lebendig«, sagte sie, »die leben in der Steppe. Zwischen einem hohen Berg und einem großen See ... Du denkst, die fressen die Steppe, weil die aus Gras ist, aber die Löwen fressen Gnus ...

Ein Gnu ist eine wilde Kuh. Die ist aber sehr wild, sage ich dir, da hätte ich Angst ... Oder manchmal fressen sie ein Zebra. Aber niemand kocht ihnen ... Und dann sind sie sehr stark. Sie nehmen ein Kalb ins Maul und springen über einen Zaun ...« Und schon im Halbschlaf sagte Nele: »Bin ich froh, dass du ein Spielzeuglöwe bist!« ●

Aus dem Kinder-alltag

ELISABETH ZÖLLER

Oma und der wilde Wolf

Manchmal ruft meine Oma: »Wo ist denn meine Schmusekatze?«

Dann verstecke ich mich ganz schnell. Ich bin keine Schmusekatze. Oma sucht mich. Sie ruft: »Hat meine süße Maus sich versteckt? Mach mal piep, kleine Maus!«

Aber die kleine Maus macht nicht piep. Ich bin keine kleine Maus. Das weiß ich ganz genau. Darum mach ich auch nicht piep.

Oma denkt nach. Ich warte. Plötzlich fällt Oma etwas ein.

»Ich altes Schaf«, ruft sie. »Ich alter Esel. Wie konnte ich das vergessen! Du bist ja gar keine kleine Maus! Du bist ja die Mira!«

Gut, dass sie das noch weiß!

»Komm, wir spielen«, ruft sie.

Ich krabbel aus meinem Versteck. Mit Oma kann man gut spielen!

Oma ruft: »Ich bin der wilde Wolf!«

Sie will mich fangen. Aber ich bin auch ein wilder Wolf. Ich brülle laut und laufe ihr entgegen. Ich falle ihr in die Arme. Wir sind beide wilde Wölfe. Wir tanzen und toben. Wir heulen und knurren. Wir machen einen Wolfstanz.

Dann fängt Oma mit einer Geschichte an. Sie sagt einen Satz. Ich sage den nächsten Satz. So erfinden wir Geschichten. Geschichten von wilden Wölfen. Denn wilde Wölfe können einfach alles erfinden! ●

ELISABETH STIEMERT

Von dem Jungen, der das Fahrrad nicht anhalten konnte

Wie gut, dass die Geschichte mit dem Fahrrad im Garten passierte.

Christian hatte Mutters Fahrrad genommen. Er wollte Rad fahren lernen.

Auf dem Weg, der um das ganz große Blumenbeet führte, versuchte er es. Zuerst rollerte er mit dem Rad. Rund um das Blumenbeet herum rollerte er. Dann hat er beim Rollern auch den anderen Fuß auf das zweite Pedal gestellt. Das Rad wackelte ein bisschen, als er das tat. Aber dann fuhr es plötzlich mit ihm.

Christian stand auf den Pedalen, er trat, und das Rad fuhr einfach rund um das Beet. Zuerst war Christian ein bisschen erschrocken. Doch gleich danach freute er sich. Er lachte ganz laut und schrie auch »Juhuu«, weil er jetzt Rad fahren konnte. Er fuhr um das Beet und zählte die Runden.

Als er es zwölfmal geschafft hatte, da wollte er anhalten. Doch er wusste nicht, wie man das machte. So fuhr er die 13. Runde, die 14. Runde rund um das Beet, und bei der 15. Runde wusste er immer noch nicht, wie er das Rad anhalten sollte.

Da rief er laut nach der Mutter. Die kam auf den Balkon und sah den Christian Rad fahren.

»Fein«, rief die Mutter, »fein, ich hole schnell Vater!« Sie lief in das Zimmer zurück und sagte dem Vater, dass er sich doch ansehen sollte, wie Christian Rad fahren konnte. Dann kamen beide zurück.

Christian fuhr schon die 18. Runde im Garten. Er weinte jetzt, weil er mit dem Rad nicht anhalten konnte. Jetzt schrie er: »Vater!«

»Ja«, rief der Vater zurück, »ich sehe, mein Junge. Wir holen den Dieter!« Dieter war Christians Bruder, und der war schon groß.

Die Mutter lief zu Dieter ins Zimmer, und der Vater lief zu Dieter ins Zimmer.

»Komm auf den Balkon«, sagten beide, »sieh es dir an. Der Christian kann Rad fahren.«

Dann kamen die drei. Sie guckten in den Garten. Christian fuhr jetzt schon die 20. Runde.

»Dieter«, schrie er, »komm, hilf mir! Ich kann doch nicht anhalten!« Da rannte Dieter gleich los. Vom Balkon durch die Stube, über den Flur auf die Treppe, die Treppe hinunter und schnell in den Garten. Gleich hinter Dieter rannte der Vater, und hinter dem Vater rannte die Mutter. Sie rannten ganz schnell in den Garten zu Christian.

Dieter hielt das Fahrrad an. Er packte den Sattel und lief neben dem Rad. Dann hielt er es fest.

Als Christian abstieg, war er 25 Runden gefahren. Er weinte noch immer ein bisschen. Aber gar nicht mehr lange. Morgen würde Dieter ihm zeigen, wie man anhalten kann. ●

GUDRUN MEBS

Vertauschte Rollen

»Oma«, schreit der Frieder und zupft an Omas Rock. »Oma, ich mag nicht immer Frieder sein, ich mag mal Oma sein!«

»Ja, lässt du mich gleich los, Bub!«, zetert die Oma. »Jetzt sei froh, dass du ein Bub bist. Kinder habens besser!«

»Gar nicht«, sagt der Frieder und greift sich Omas Hut, den grauen, und Omas Tasche, die schwarze. »Omas habens besser, das ist doch klar!«

»Ja, bist du denn verrückt?«, ruft die Oma und will nach ihrem Hut greifen. Da klapst ihr der Frieder einfach auf die Finger, rückt den Hut gerade auf seinem Kopf und befiehlt: »Marsch, ab mit dir ins Kinderzimmer. Ich bin jetzt die Oma, und damit Schluss!«

»Ja, wie redest du denn mit mir?«, wundert sich die Oma und will nach ihrer Tasche greifen. Die zieht der Frieder aber schnell weg, und er macht eine ganz tiefe Stimme und befiehlt noch mal: »Ab mit dir ins Kinderzimmer, habe ich gesagt! Da spiel schön. Aber ordentlich, haben wir uns verstanden? Ich geh in die Küche!« Und damit marschiert er würdevoll ab und lässt die verblüffte Oma stehen.

Die guckt, schüttelt den Kopf und murmelt dann: »Lausebengel, verflixter. Na, warte!« Und sie verschwindet im Kinderzimmer und macht die Tür fest zu.

Der Frieder steht in der Küche, Hut auf dem Kopf und Tasche in der Hand. Er schaut sich um. Dann legt er erst mal den Hut auf den Küchentisch und die Tasche daneben. So. Nun ist er also in der Küche. Als Oma. Was macht die Oma in der Küche? Sie wäscht ab. Aber Abwaschen ist langweilig, und überhaupt hat die Oma längst abgewaschen. Nichts steht rum. Blitzblank ist die Küche. Was macht sie denn noch? Sie kocht, ganz klar.

Also muss er jetzt kochen. Am besten Reisbrei. Den mag er so gerne.

Zum Reisbrei brauchts Reis und Milch und Zimt und Zucker. Das weiß der Frieder längst.

Der Reis steht im Küchenschrank. Frieder holt sich den Küchenhocker, steigt rauf, öffnet die Küchenschranktür, und dann reißt er die Reistüte so heftig hervor, dass sie platzt und die Reiskörner auf den Boden rieseln. Macht nichts. Das kann man ja zusammenfegen.

Jetzt holt er den Zucker. Der Zuckertopf steht auch im Küchenschrank. Vorsichtig holt ihn der Frieder heraus und steigt vorsichtig vom Küchenhocker und will ihn vorsichtig auf den Küchentisch stellen, da kippt der Zuckertopf beinahe von selber um, und der Zucker rieselt in Omas Hut und in Omas Tasche. Blöd.

Na ja, dann holt er eben jetzt mal den Zimt. Aber den findet er nicht. Auch wenn er sämtliche Schüsseln, Teller und Töpfe aus dem Küchenschrank räumt, der Zimt bleibt verschwunden.

Na gut, der Zimt kann warten, jetzt erst mal die Milch. Frieder holt aus dem Kühlschrank die Milch, schüttet sie in einen Topf.

Leider schwappt die Hälfte daneben. Macht nichts, kann man ja aufwischen.

Nun muss die Milch auf den Herd. Frieder stellt also den Milchtopf auf den Herd.

Nun muss aber auch ein Feuer drunter. Frieder sucht nach Zündhölzern, sucht und sucht und findet sie nicht. Zündhölzer braucht er aber. Weils sonst kein Feuer gibt. Und ohne Feuer kocht die Milch nicht, das ist klar. »Oma«, schreit der Frieder und reißt die Tür auf. »Oma, bring mir Zündhölzer, aber schnell!«

»Ja, bin ich denn dein Diener?«, schreit die Oma zurück. »Ich bin im Kinderzimmer und spiel schön, dass dus nur weißt!«

Der Frieder horcht auf. Was tut die Oma? Sie spielt schön? Das muss er sehen.

Frieder saust aus der Küche und ins Kinderzimmer. Da sitzt die Oma und hat alle seine Spielsachen um sich herum verstreut. Die Rennautos liegen im Bett, die Legosteine, alle, aber auch wirklich alle, halb unterm Bett, halb auf dem Tisch. Die Malsachen liegen auf dem Boden, die Plüschtiere auf dem Stuhl, und gerade ist die Oma dabei, die Schachtel mit den Bauklötzen auszuleeren.

»So!«, sagt sie zufrieden, steht auf und marschiert am Frieder vorbei in die Küche.

Der Frieder staunt. Das Zimmer sieht vielleicht aus! So eine Unordnung! Das hat er ja noch nie geschafft! »Oma!«, brüllt er empört, »mein Zimmer ist ja ein Schweinestall!«

»Wie du mir, so ich dir!«, brüllt die Oma zurück. »Meine Küche, die ist auch ein Schweinestall! Und überhaupt, mit Zündhölzern sollst du nicht zündeln, wie oft soll ich dir das noch sagen!«

»Und überhaupt«, schreit der Frieder, »mit meinen Spielsachen sollst du nicht so rumschmeißen, wie oft soll ich das noch sagen!«

»Na geh«, sagt die Oma und steckt den Kopf zur Küchentür raus, »ich hab halt schön gespielt. Omas als Frieder spielen halt so!«

»Und ich«, sagt der Frieder und grinst dabei, »ich hab halt schön gekocht. Frieders als Oma kochen halt so.«

»Leider!«, sagt die Oma und grinst auch, und dann gibt sie dem Frieder einen Schmatz auf die Backe und sagt: »Weißt was? Jetzt bin ich wieder die Oma, und du bist wieder der Bub. Und ich räum auf in meiner Küche, und du räumst auf in deinem Zimmer, ja? Und dann koche ich uns was. Einen Reisbrei, ja?«

Der Frieder nickt und der Frieder seufzt und dann fängt er an, die Bauklötze wieder einzusammeln und die Legosteine und die Plüschtiere und ... und ... und ...

Und eigentlich ist er jetzt doch lieber wieder der Frieder. Wenn er an die verschüttete Milch denkt und an den Zucker in Omas Hut ...

Die Oma seufzt und stöhnt und schnauft und wischt und fegt und räumt auf.

Und endlich ist sie fertig.

Der Frieder auch.

Ja, und dann haben Oma und Frieder zusammen Reisbrei gekocht. Mit Zimt und Zucker. Die Oma hat den Zimt sofort gefunden. Weil sie ja weiß, wo er steht.

Ja, und dann haben Oma und Frieder zusammen gespielt. Mit den Legosteinen. Und sie haben ein sehr schönes, sehr großes Haus gebaut. Weil der Frieder ja weiß, wie so was geht. ●

UTE ANDRESEN

Mitten in der Nacht

»Was stimmt hier nicht? Irgendetwas stimmt hier nicht!«, murmelt Mama. Mitten in der Nacht sitzt sie steif im Bett.

Mama ist wach, weil ein Krach sie geweckt hat. So ein Krach! Und mitten in der Nacht! Mama hat Angst. Ihr ist unheimlich, so unheimlich schaurig, so schaurig sonderbar. Mama hat eine Gänsehaut.

Woher kam dieser Krach mitten in der Nacht? Kam er aus dem Bad? Kam er aus dem Flur? Kam er aus dem Hof? Jetzt ist nichts mehr zu hören. Es ist totenstill im ganzen Haus.

Leise, leise steht Mama auf und schaut aus dem Fenster in den Hof. Da ist nichts zu sehen, nichts als das Mondlicht, das hat den ganzen Hof voll Silber gegossen.

Leise, leise schleicht Mama zur Tür, öffnet sie leise, leise und schaut in den Flur. Da ist nichts zu sehen, nur die roten Stiefel von Julia liegen mitten im Flur.

Mama hat kalte Füße. Sie würde so gerne ins Bett schlüpfen, ins mollige Bett. Aber vorher muss sie wissen, woher der Krach kam mitten in der Nacht.

Leise, leise geht Mama zum Bad. Die Tür steht offen. Auch im Bad ist nichts zu sehen, nur Silberlicht und die kleine Ente von Julia.

Mama holt tief Luft: Aus der Küche! Bestimmt ist der Krach aus der Küche gekommen! Warum nur ist die Tür zur Küche

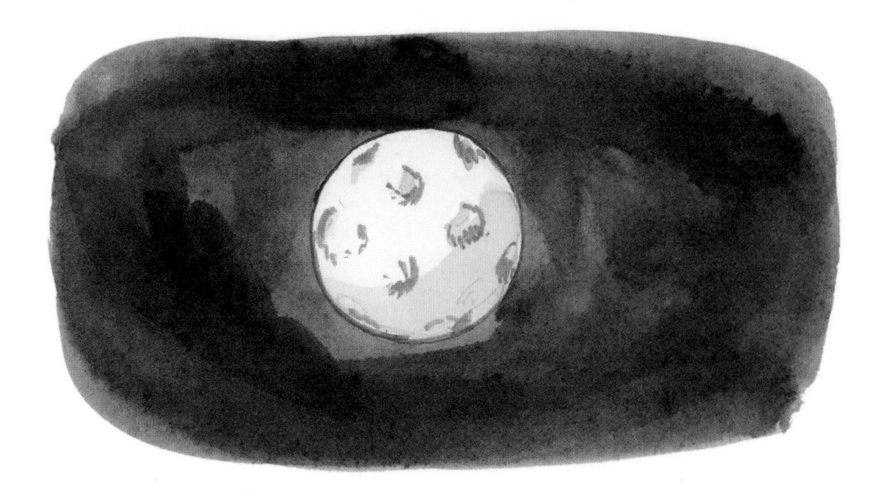

heute zu? Sonst steht die Tür nachts immer offen! O wie gruselig!

Leise, leise drückt Mama die Klinke runter. Die Klinke quietscht. Leise, leise öffnet Mama die Tür zur Küche. Die Tür knarrt. Wer ist in der Küche? Wer?

Mama hält die Luft an. Sie wagt es kaum, in die Küche zu blicken. Aber als sie es tut, ist da nichts zu sehen als Julias Katze, die sitzt da und putzt sich. Warum tut sie das mitten in der Nacht? Sonst liegt sie doch um diese Zeit bei Julia im Bett und wärmt ihr die Füße.

»Ach so«, sagt Mama, »das konntest du nicht. Die Tür war zu.« Und Mama streichelt die Katze. Die Katze schnurrt.

Und jetzt auf einmal sieht Mama die blauen Scherben am Boden neben dem Tisch. Und da weiß sie, was für ein Krach das war mitten in der Nacht.

»Mulle, Mulle«, sagt Mama fröhlich, »wolltest du wieder Milch aus dem Topf schlecken?« Und sie nimmt die Katze auf den Arm. »So ein Schreck für Mulle mitten in der Nacht!«

Und dann nimmt sie Julias Katze mit in ihr Bett, in ihr molliges Bett, und legt sie sich auf die Füße. Mulle ist warm und zufrieden. Jetzt ist nichts mehr zu hören im ganzen Haus, nur Mulle schnurrt leise. ●

DANIELA KULOT

Tausche kleine Schwester gegen ...

Benni hat eine kleine Schwester. »Die ist ja sooo süß!«, sagen alle – außer Benni. Der findet das nicht. Seit seine kleine Schwester Tinchen da ist, heißt Benni nicht mehr Benni, sondern Benjamin. Er ist jetzt der große Bruder und muss öfter mal auf Tinchen aufpassen.

Heute ist schon wieder so ein Tag.

»Also gut«, brummt Benni, »wir bauen Holztürme.« WUMMMMM – Tinchen fährt mit ihrem Bobby Car mitten hinein.

Ist das ätzend!

Man sollte einen Knopf haben und sie ausschalten können, denkt Benni, so wie das Raumschiff mit der Fernsteuerung von Micha. Mannomann – Micha hat's echt gut, der hat keine kleine Schwester!

Da fällt Benni etwas ein. Schnell, ans Telefon! »Hallo, Micha, ich möchte gern dein Raumschiff mit der Fernsteuerung haben, du kriegst dafür meine Schwester.«

Micha will eigentlich schon gern eine kleine Schwester haben. Aber jetzt gleich? Und dafür sein tolles Raumschiff hergehen?

»Nein, lieber nicht.«

»Du bekommst noch eine Tafel Schokolade dazu und drei Lakritzschnecken.«

»Das klingt schon besser«, überlegt Micha. »Also gut, wir tauschen.«

Benni ist schon unterwegs, mit Tinchen, einer Tafel Schokolade und drei Lakritzschnecken.

Micha wartet auch schon. Mit dem Raumschiff in der Hand. »Super!«, sagt Benni, als er das Raumschiff nimmt, und »Süüß!«, sagt Micha, als er die Schokolade, die drei Lakritzschnecken und Tinchen nimmt.

Benni fliegt gleich los. Zuerst die Treppen hinauf. Das ist klasse! Und zu Hause durch das ganze Zimmer ...

Oh, Mist! Genau in die Ritterburg hinein, die er mit Papa gebaut hat. Alles kaputt! Und dann fährt das Raumschiff auch noch unter den Sessel und kommt von allein nicht mehr raus.

Jetzt fährt Benni nur noch ganz vorsichtig. Ein bisschen vorwärts, ein bisschen rückwärts. Aus – ein. Ein – aus.

»Mensch, ist das laaaaaangweilig!«

Aus – ein. Schnurrrrr ... noch mal in die Ritterburg hinein. So was Doofes! Da war's mit Tinchen doch viel besser.

Und Micha?

Der findet auch, dass es mit Tinchen viel besser ist. Mit Tinchen Türme Bauen, das ist super. Und Türme Umwerfen noch viel mehr!

Gerade will Micha Tinchen sein allerschlimmstes King-Kong-Gesicht zeigen, da klingelt es an der Tür.

Es ist Benni. »He, Micha, ich will Tinchen wiederhaben! Dein Raumschiff ist doof und stinklangweilig.«

»Nee«, sagt Micha, »Tinchen kriegst du nicht. Getauscht ist getauscht – wiederholen ist gestohlen!«

Da fängt Tinchen auf einmal an zu weinen. Erst leise und dann immer lauter.

»Und was machen wir jetzt?«, fragt Micha. »Kann man sie nicht einfach ausschalten?«

Benni überlegt. »Doch«, sagt er dann. »Das kann man schon. Aber das geht nur bei mir zu Hause.«

»Einverstanden«, sagt Micha, und zusammen bringen sie Tinchen nach Hause.

Dort legt Benni Tinchen in ihr Bett.

Tinchen brüllt und brüllt.

»Und wo ist jetzt der Knopf zum Ausschalten?«, fragt Micha.

»Hier«, sagt Benni und drückt auf den kleinen roten Knopf auf der Spieluhr über dem Bett. Die Musik beginnt zu spielen, und Tinchen hört auf zu schreien.

»Puuh!«, sagen Micha und Benni wie aus einem Mund. »Das ist ja gerade noch mal gut gegangen.«

»Und wann bekomme ich Tinchen wieder zurück?«, fragt Micha.

»Gar nicht«, sagt Benni, »zurückgegeben ist zurückgegeben – wiederholen ist gestohlen. Aber du kannst ja immer zu uns kommen. Und dann können wir zu dritt einen Ausflug machen und in deinem Raumschiff zum Mars fliegen!« ●

ULRIKE SCHULTHEIS

Mit Jule durch den Tag

Jule schläft noch, ihr Tiger Tom auch.

»Guten Morgen, Jule! Guten Morgen, Tom!«

Mama kommt ins Zimmer und weckt beide.

Tiger Tom will nicht aufstehen.

Jule auch nicht. Sie möchte heute nicht in den Kindergarten gehen, aber Mama schickt sie trotzdem ins Badezimmer.

Papa und Jules kleiner Bruder Till sind auch schon da. Verschlafen wäscht sich Jule Gesicht und Hände und putzt sich die Zähne.

»Papa, müssen Tiger auch Zähne putzen?«, fragt sie. »Klar«, ruft Papa aus der Dusche.

Endlich gibt es Frühstück. Tiger Tom sitzt schon hungrig in seinem Puppenhochstuhl.

»Mama, ich will zu Hause bleiben!«, quengelt Jule. »Kati war gestern so gemein zu mir, ich will nie wieder in den Kindergarten!« Da kippt auch noch ihr Becher mit Milch um. So ein blöder Tag! »Jule, beeil dich, wir kommen zu spät!« Papa ist schon vom Tisch aufgestanden. Er muss zur Arbeit. Vorher bringt er Jule jeden Morgen in den Kindergarten.

Im Flur zieht Jule ihre Jacke und ihre Schuhe an. Sie kann die Schuhe schon ganz allein zubinden! Papa gibt Till noch einen Abschiedskuss, und dann kann es losgehen.

Da muss Jule unbedingt noch einmal aufs Klo, sonst schafft sie es unmöglich bis in den Kindergarten. Endlich ist sie fertig.

Papa und Tiger Tom warten schon im Treppenhaus auf sie.

»Ich will aber doch lieber nicht in den Kindergarten. Till darf auch zu Hause bleiben!«, mault Jule.

Aber Papa hat es eilig und hört gar nicht richtig zu.

Im Kindergarten sind die meisten Kinder schon da. Kati wartet in der Puppenecke auf Jule. Sie möchte unbedingt mit ihr auf dem Puppenherd kochen. Da sind Jule und Kati wieder die besten Freundinnen. Wie gut, dass Jule in den Kindergarten gekommen ist!

Jetzt ist Frühstückspause. Jule holt ihr Brot aus ihrer Kindergartentasche. Dabei muss sie auf einmal an Mama und Till denken. Till hat Mama jetzt ganz für sich alleine. Was sie wohl machen, wenn Jule im Kindergarten ist?

Mittags kommen Mama und Till und holen Jule vom Kindergarten ab.

»Du, Mama, heute war es soo schön«, ruft Jule. »Ich habe die ganze Zeit mit Kati gespielt. Sie ist meine allerbeste Freundin!«

Mama freut sich und gibt Jule einen dicken Kuss.

Zu Hause wartet schon das Mittagessen. Till ist müde und quengelt in seinem Hochstuhl herum. Dabei patscht er wütend mit seinem Löffel in die guten Nudeln.

Weil Jule schon eine große Schwester ist, kann sie Mama beim Füttern helfen. Sie lässt jeden Löffel mit lautem Gebrumm wie ein Flugzeug in Tills Mund fliegen. Das gefällt Till.

Nach dem Essen muss Till ins Bett. Da hat Mama endlich Zeit für Jule. Sie spielen zusammen Memory. Mama verliert ständig, weil Jule sich die Bilder viel besser merken kann. Da klingelt das Telefon.

»Hallo, Julemaus«, sagt Papas Stimme aus dem Hörer. »Wie war es heute im Kindergarten?«

»Ganz toll«, sagt Jule. »Wann kommst du nach Hause?«

»Ich muss erst noch ein bisschen Häuser bauen, aber heute Abend komme ich zum Essen«, meint Papa.

Was Papa wohl den ganzen Tag macht, wenn er Häuser baut?

Nach Tills Mittagsschlaf gehen alle auf den Spielplatz. Jule rutscht zuerst ein bisschen, dann möchte sie unbedingt auf die Schaukel. Aber da schaukelt schon die ganze Zeit Lena von nebenan. Lena ist blöd, denn sie lässt nie die anderen Kinder dran. Zum Glück ruft Lenas Mama. Jetzt kann Jule endlich schaukeln.

Till sitzt im Sandkasten und haut mit der Schaufel auf den Sand, dass es nur so spritzt.

Jetzt ist es fast Abend. Jule schaut sich gemütlich ihr Lieblingsbilderbuch an. Tiger Tom sitzt still auf dem Sofa, nur Till macht ständig Krach und stört. Mama versucht inzwischen ihre E-Mails zu beantworten. Damit Mama keine Fehler macht, muss Till bei Jule bleiben.

Ob Papa jetzt endlich kommt? Jule schaut aus dem Fenster auf die Straße.

Sie sieht Frau Ortner mit ihrem Dackel Lise. Jule darf Lise manchmal Gassi führen, aber nur mit Leine, weil Lise überhaupt kein bisschen folgt. Da endlich steigt Papa aus dem Bus.

Jule schleicht sich leise in den Flur und versteckt sich in Mamas Mantel, der an der Garderobe hängt. »Huuuh!«, schreit sie, als Papa zur Tür hereinkommt. Oh, wie sich Papa erschreckt!

Till will auf Papas Arm, da muss Jule auch ganz schnell zu ihm rennen. Gut, dass Papa für jedes Kind einen Arm hat!

Inzwischen macht Mama in der Küche Abendessen. Jule hilft ihr. Den Tisch deckt sie fast ganz alleine.

Endlich sitzen alle um den Tisch: Mama, Papa, Jule, Till und Tiger Tom.

Heute hat es Mama eilig. Sie geht nämlich mit einer Freundin zum Sport.

Da muss Papa Till und Jule ins Bett bringen.

Gut, dass Jule schon so groß und vernünftig ist!

»Ab in die Badewanne!«, ruft Papa. Es stört ihn kein bisschen, dass die Küche noch nicht aufgeräumt ist.

Papa lässt nur wenig Wasser in die Wanne, damit Till nicht ertrinken kann. Aber zum Spielen und Plantschen reicht es auch so. Zuerst hebt Papa Jule in die Wanne, dann setzt er Till dazu. Nur Tiger Tom darf nicht mit, er muss auf dem Waschbecken sitzen bleiben.

Endlich sind Till und Jule im Bett. Papa liest noch ein Kapitel aus *Die kleine Hexe* vor. Das macht er richtig gerne, denn er findet die Geschichte genauso lustig und spannend wie Jule.

Till liegt in seinem Gitterbett und nuckelt an seiner Teeflasche. Die braucht er unbedingt zum Einschlafen. Jule braucht nur ihren Tiger Tom.

Jetzt gibt Papa Till, Jule und Tiger Tom einen Gutenachtkuss und macht das Licht aus. Aber die Tür muss einen Spalt offen bleiben, damit etwas Licht aus dem Flur hereinkommen kann. Sonst fürchtet sich Tiger Tom zu sehr.

Jule hört noch, wie Papa in der Küche mit dem Geschirr klappert. Dann ist sie auch schon eingeschlafen.

Gute Nacht, Jule! ●

KIRSTEN BOIE

Juli und das Monster

Immer, wenn Juli aufs Klo geht, sitzt da ein Monster und wartet auf ihn. Man kann es nicht sehen, aber es ist da: Monster sind nämlich manchmal unsichtbar.

»Es gibt gar keine Monster, mein Schatz«, sagt Mama und wechselt dem Baby die Windeln.

Aber das Monster im Klo gibt es, und vielleicht greift es mal nach Juli und beißt ihn in den Po.

»Komm schnell noch mal aufs Klo, bevor du zum Kindergarten gehst«, sagt Mama. Aber im Klo sitzt das Monster und wartet auf Juli.

Da zieht Juli sich lieber seine Schuhe an und kneift die Beine zusammen und trampelt von einem Fuß auf den anderen. »Ich muss ja gar nicht«, sagt Juli.

»Ich seh doch, dass du musst!«, sagt Mama. Das Baby zappelt so, dass sie fast die Windeln nicht zugeklebt kriegt. »Nun mach schon, Juli, und dann gehen wir los.«

Aber Juli sagt: »Nein, nein, weißt du doch gar nicht!«, und so zuckt Mama mit den Achseln und zieht sich auch ihre Schuhe an.

Sie legt das Baby in die Karre und geht mit Juli zum Kindergarten. »Aber nicht, dass unterwegs was in die Hose geht«, sagt Mama. Das kann sie ja leicht sagen, aber der Weg ist wirklich ziemlich weit und wenn Juli nicht schon so groß wäre und wenn nicht so viele Autos unterwegs wären und Leute und Schulkinder, dann würde er sich doch vielleicht einfach irgendwo hinter einen Baum stellen, so dringend fühlt es sich an. Aber so geht das natürlich nicht. Da gehen eben leider ein paar ganz winzig kleine Tropfen in die Hose, das muss Mama ja nicht wissen.

Im Kindergarten muss Mama ihm natürlich wieder einen Abschiedskuss geben, und das Baby schreit immerzu: »Aguuu!

Aguuu!« und streckt die Arme aus, und da sagt Mama, dass Juli sich auch von ihm ganz lieb verabschieden soll.

Aber dann gehen sie Gott sei Dank endlich nach Hause, und da zieht Juli sich blitzschnell seine Straßenschuhe aus und die Kindergartenschuhe an. Jetzt geht Juli aufs Kindergartenklo, das ist besser.

Natürlich kann man nicht wissen, ob nicht auch im Kindergarten Monster auf dem Klo hocken. Das Kindergartenklo hat drei Kabäuschen, da könnte sich natürlich auch ein Monster verstecken. Es könnte sogar aus Julis Klo dahingeschwommen kommen, unterirdisch, durch die Kanalisation. Nur um auf Juli zu warten. So gemein ist das Klomonster nämlich. Aber im Kindergarten sind Monster nicht so gefährlich. Weil man da nämlich nicht alleine gehen muss.

»Arne?«, ruft Juli und streckt den Kopf durch die Gruppenraumtür. »Kommst du mit aufs Klo?«

»Zuerst wird hier mal Guten Morgen gesagt«, sagt die Erzieherin und schüttelt Juli die Hand. »Und du weißt ganz genau, dass ihr alleine aufs Klo gehen sollt, zusammen ist verboten.«

Aber gestern ist Juli heimlich mit Nina und Katrin gegangen, und das war schön. Da haben sie sich zu dritt in ein Kabäuschen gequetscht, und zuerst hat Nina gepinkelt, und dann hat Katrin gepinkelt und zuletzt auch noch Juli. Und Juli musste ein bisschen lachen, als Nina sich aufs Klo gesetzt hat und als Katrin sich aufs Klo gesetzt hat, und als er dann dran war, haben die Mädchen gelacht. Da hat Juli das Monster ganz vergessen, und bei so viel Gelache hat es sich natürlich sowieso nicht getraut.

Aber die Erzieherin hat sich getraut! Sie hat das Lachen gehört und die Kabäuschentür aufgerissen und so laut geschimpft, dass das Monster vor Schreck bestimmt wieder in die Kanalisation zurückgeschwommen ist. Und zu Juli hat die Erzieherin lauter unfreundliche Sachen gesagt. Mit den Mädchen geht Juli vielleicht nicht mehr aufs Klo.

»Flori?«, flüstert Juli, und jetzt muss er die Beine schon fast über Kreuz machen, so grässlich fühlt es sich an. »Kommst du mit mir zum Klo?«

Aber Flori muss Lego bauen, und Arne muss Puzzles stecken, und Richard traut sich nicht und im Klo sitzt bestimmt wieder das Monster und reckt seinen Kopf über den Rand.

»Fabian?«, flüstert Juli.

Und da ist es schon passiert. Man kann es kaum glauben, das Allerschrecklichste ist passiert, das Aller-, Allerschrecklichste, wenn man schon groß ist und kein Baby mehr.

»Juli hat in die Hose gemacht!«, schreit Bitzi, und dann kommen alle aus der Puppenecke und aus der Bauecke und vom Maltisch und gucken Juli an, Juli und seinen kleinen See, und die Mädchen kichern und die Jungs stoßen sich an, und Juli kneift die Beine ganz fest zusammen. Aber das hilft nun auch nichts mehr.

»Du meine Güte!«, sagt die Erzieherin. »Auch das noch!«

Dann holt sie einen Waschlappen und wischt den See weg, und dann nimmt sie Juli bei der Hand und geht mit ihm ins Erzieherinnenzimmer. So muss er eine von den grässlichen Ersatzhosen anziehen, die passt ihm kein bisschen, und eine Ersatzunterhose, die ist ihm viel zu groß.

»Willst du jetzt lieber schnell noch mal aufs Klo?«, fragt die Erzieherin. »Dass so was nicht noch mal passiert?«

Aber jetzt muss Juli schon längst nicht mehr.

Und in den Gruppenraum will er auch nicht, weil da jetzt alle sitzen und lachen, aber die Erzieherin sagt, er muss dahin, und nimmt ihn bei der Hand.

Und natürlich lachen sie alle wirklich, und Arne ruft: »Baby!«, und Juli denkt, dass er morgen bestimmt nicht wieder hierhergeht, und heute haut er den Lachern noch mal ordentlich eine runter, dass sie wissen, wer hier ein Baby ist.

Leider findet die Erzieherin das gar nicht schön und bringt Juli in die Fensterecke, damit er sich besinnt, und die anderen schickt sie nach draußen. Dann geht sie selber hinterher.

Nur auf Katrin hat sie wohl nicht richtig aufgepasst.

»Na, Juli?«, sagt Katrin an der Tür zum Garten. Sie hat überhaupt kein Lachgesicht mehr. »Die Hose ist aber doof.«

»Hau ab!«, sagt Juli und dreht sich zur Wand. »Sonst hast du gleich die Nase blau!«

Aber Katrin haut überhaupt gar nicht ab.

»Ich hab mir auch mal in die Hose gemacht«, sagt Katrin. »Im Kaufhaus. Da war mir das Klo so eklig.«

»Hau ab!«, sagt Juli wieder. Aber das von der blauen Nase sagt er nicht noch mal.

»Hier sind die Klos ja nicht eklig«, sagt Katrin. »Hier geh ich immer.«

»Im Klo sitzt ein Monster«, murmelt Juli. »Vielleicht.«

Jetzt muss Katrin sagen, dass es keine Monster gibt. Und schon gar nicht im Klo. Aber das sagt Katrin nicht.

»Ich weiß«, sagt Katrin. »Bei uns zu Hause auch.«

»Bei euch zu Hause auch?«, fragt Juli verblüfft. »Und was machst du da?«

»Ich pinkel ihm auf den Kopf«, sagt Katrin zufrieden. »Und dann haut es ab.«

»Ehrlich wahr?«, fragt Juli ungläubig. »Und dann haut es ab?«

»Heilig geschworen«, sagt Katrin und dann gehen sie zusammen nach draußen und rollen in den Tonnen.

Und zu Hause hat Juli den Trick dann gleich ausprobiert. Er ist einfach aufs Klo gegangen, ganz alleine, und er hat sich ganz dicht davorgestellt. Und dann hat er gesagt: »Monster, hau ab! Sonst pinkel ich dir auf den Kopf.« Und das hat er auch getan. Und tatsächlich, das hat das Monster nicht gemocht. Jedenfalls war es von da an verschwunden, für immer und immer.

Es war nicht mal mehr unsichtbar da. Und wenn Juli im Kindergarten jetzt immer noch mit Arne und Flori und Fabian und Katrin und Nina aufs Klo geht, dann überhaupt nicht, weil er Angst hat – einfach nur, weil es lustig ist. ●

ASTRID LINDGREN

Lotta ist eigensinnig wie eine alte Ziege

Unser Papa macht so viel Spaß mit uns. Wenn er vom Büro nach Hause kommt, stehen wir auf dem Flur und sagen ihm guten Tag, Jonas und ich und Lotta. Und dann lacht Papa und sagt:

»Oh, was hab ich für viele Kinder!«

Einmal haben wir uns auf dem Flur zwischen den Mänteln versteckt und standen ganz, ganz still, und da sagte Papa zu Mama:

»Warum ist denn kein Krach im Haus? Sind die Kinder krank?«

Da kamen wir hinter den Mänteln hervor und lachten Papa aus, und da sagte er:

»Ihr dürft einem doch nicht so einen Schreck einjagen. Krach und Radau muss sein, wenn ich nach Hause komme, sonst mache ich mir Sorgen.«

Aber meistens braucht er sich keine Sorgen zu machen.

Einmal stießen zwei Lastautos auf der Straße gerade vor unserem Haus zusammen, und da gab es so einen furchtbaren Krach, dass Lotta aufwachte, und dabei war sie eben erst eingeschlafen. Und da sagte Lotta:

»Was hat Jonas jetzt gemacht?«

Sie denkt wohl, immer ist es Jonas, der den ganzen Krach und Radau in der Welt macht.

Lotta ist so niedlich und hat so dicke Beine. Jonas und ich, wir streicheln und drücken und küssen Lotta immer, aber das will sie nicht. Es gibt vieles, was sie nicht will, die Lotta. Medizin will sie nicht nehmen, aber sie muss, wenn sie krank ist. In der vorigen Woche hatte Lotta Husten, und da wollte Mama, sie sollte Hustenmedizin nehmen. Aber Lotta kniff nur den Mund zusammen und schüttelte immerzu den Kopf.

»Du bist ein bisschen dumm, Lotta«, sagte Jonas.

»Ich bin gar kein bisschen dumm«, sagte Lotta.

»Doch, du willst keine Hustenmedizin nehmen, und darum bist du dumm«, sagte Jonas. »Wenn *ich* Medizin nehmen muss, dann *beschließe* ich selber, dass ich sie nehmen *will*, und dann nehme ich sie auch.«

Da sagte Lotta:

»Wenn ich Medizin nehmen muss, dann *beschließe* ich selber, dass ich sie *nicht* nehmen will, und dann nehm ich sie *nicht*.«

Sie kniff wieder den Mund zusammen und schüttelte den Kopf hin und her. Mama streichelte sie und sagte:

»Nun ja, dann musst du eben im Bett liegen und husten, arme kleine Lotta!«

»Ja, und kein bisschen schlafen«, sagte Lotta ganz zufrieden.

Lotta will abends nicht ins Bett gehen, und das will ich eigentlich auch nicht. Ich finde Mama so komisch, denn sie sagt, wir sollen abends ins Bett gehen, wenn wir noch ganz hellwach sind, aber morgens, wenn wir schlafen, dann sagt sie, wir sollen aufstehen.

Es wäre wohl doch gut gewesen, wenn Lotta trotzdem die Medizin genommen hätte, denn am Tag darauf war sie noch hustiger und verschnupfter, und Mama sagte, sie dürfe nicht rausgehen. Aber ich musste für Mama im Nähladen was besorgen, und als ich dort stand und wartete, bis ich an der Reihe war, kam Lotta zur Tür herein, und sie hatte eine Laufnase.

»Geh nach Hause«, sagte ich.

»Das tue ich grade nicht«, sagte Lotta. »Ich will auch in den Nähladen gehen.«

Sie zog in einem fort die Nase hoch und schnaufte dabei, und zuletzt sagte eine Dame, die auch im Laden war, zu ihr:

»Hast du denn kein Taschentuch?«

»Doch«, sagte Lotta, »aber das verleihe ich nicht an jemand, den ich nicht kenne.«

Ich muss noch mehr von Lotta erzählen. Einmal nahm Mama uns mit zum Zahnarzt, Jonas und mich und Lotta. Mama hatte gesehen, dass Lotta in einem Zahn ein kleines Loch hatte, und das sollte der Zahnarzt zumachen.

»Wenn du beim Zahnarzt ganz tapfer bist, dann kriegst du ein Geldstück«, sagte Mama zu Lotta. Mama musste im Wartezimmer bleiben, während wir drinnen beim Zahnarzt waren. Zuerst sah er sich meine Zähne an, aber ich hatte keine Löcher, und da durfte ich zu Mama ins Wartezimmer gehen. Wir mussten da ganz, ganz lange sitzen und auf Jonas und Lotta warten, und Mama sagte: »Nicht zu glauben, dass Lotta gar nicht schreit!«

Nach einer Weile ging die Tür auf, und Lotta kam heraus.

»Na, bist du nun tapfer gewesen?«, sagte Mama.

»Doch, ja«, sagte Lotta.

»Was hat der Zahnarzt gemacht?«, fragte Mama.

»Er hat einen Zahn gezogen«, sagte Lotta.

»Und du hast nicht geschrien? Oh, bist du aber tapfer«, sagte Mama.

»Nöö, ich hab nicht geschrien«, sagte Lotta.

»Du bist wirklich ein tapferes Mädchen«, sagte Mama. »Hier hast du dein Geldstück.«

Lotta nahm das Geld und steckte es in die Tasche und machte ein zufriedenes Gesicht.

»Kann ich mal sehen, ob es blutet?«, sagte ich.

Lotta sperrte den Mund auf, aber ich konnte nicht sehen, dass ihr ein Zahn fehlte.

»Er hat ja gar keinen Zahn gezogen«, sagte ich.

»Dooch ... bei Jonas«, sagte Lotta.

Nachher kam Jonas heraus und der Zahnarzt auch. Der Zahnarzt zeigte auf Lotta und sagte: »Bei diesem kleinen Fräulein konnte ich nichts machen, sie wollte den Mund nicht öffnen.«

»Mit diesem Kind muss man sich überall schämen«, sagte Jonas, als wir nach Hause gingen.

»Ich hab ihn doch gar nicht gekannt«, sagte Lotta. »Ich kann nicht bei Leuten den Mund aufsperren, die ich nicht kenne.«

Papa sagt, Lotta ist eigensinnig wie eine alte Ziege. ●

KIRSTEN BOIE

Mama ist krank

Als Mama aufwacht, hat sie überhaupt keine Stimme mehr.

»38,7!«, flüstert sie und wickelt Papas Frühstücksbrot in Pergamentpapier. »Und das schon am frühen Morgen!«

»Ihr müsst heute ganz lieb zu Mama sein, Jenny, versprichst du mir das?« sagt Papa, als er sich seine Jacke anzieht. »Mama ist krank.«

»Ehrenwort, Papa«, sagt Jenny. Schließlich weiß sie ja, was man machen muss, wenn einer krank ist. Pflegen. Jenny war schon öfter krank und Lisa auch.

In der Küche steht das Frühstücksgeschirr noch auf dem Tisch. Mama liegt im Wohnzimmer auf dem Sofa und hat nur ihren Bademantel über dem Nachthemd an und eine dicke Wolldecke über den Beinen.

»Du musst dich doch anziehen, Mama«, sagt Jenny. »Sonst erkältest du dich noch!« Aber Mama schüttelt nur den Kopf und zeigt mit dem Finger auf ihren Mund.

»Wie bist du denn krank geworden, Mama?«, fragt Jenny interessiert. Hast du nie deine Mütze aufgesetzt? Oder bist du immer ohne Hausschuhe auf den kalten Fliesen rumgehüpft?«

Mama schüttelt den Kopf und macht mit den Händen komische Zeichen.

»Oder bist du stundenlang nackedei vor dem Fernseher rumgesprungen und wolltest dir dein Nachthemd partout nicht anziehen?«, fragt Jenny. »Sag mal!«

»Jenny!« sagt Mama ärgerlich. Es klingt krächzig und ganz fremd, aber wenigstens ist es kein Flüstern mehr. Vielleicht muss sich Jenny nur noch ein bisschen mehr mit Mama unterhalten, damit ihre Stimme ganz wiederkommt.

»Jetzt wollen wir uns mal ganz gemütlich ein Bilderbuch angucken, damit du mir auch schön liegen bleibst«, sagt Jenny. Das sagt Mama auch immer, wenn Jenny krank ist. »Komm, Lisa, du darfst auch mit gucken.«

Aus dem Regal holt Jenny ihr Lieblingsbilderbuch, und dann muss Mama ihre Beine vom Sofa nehmen und sich hinsetzen, damit Jenny und Lisa noch daneben passen.

»Guck mal, der Wolf«, sagt Jenny und schlägt die erste Seite auf. »Willst du die ganze Geschichte hören?«

Mama nickt und lehnt sich zurück. Die Augen macht sie auch zu.

»Dann musst du aber vorlesen«, sagt Jenny und hält Mama das Buch vors Gesicht. »Die Wörter kann ich noch nicht, nur die Bilder.« Mama macht die Augen auf und schüttelt den Kopf. Dann zeigt sie wieder auf ihren Mund.

Dass es aber auch so schwierig ist, Mama zu pflegen!

»Da, Lisa«, sagt Jenny und gibt Lisa das Bilderbuch. »Dann lies du schön und stör Mama nicht. Mama ist krank.«

Mama nickt und lächelt und streichelt Jenny über den Kopf. Dann lehnt sie sich wieder zurück und macht die Augen zu.

Ich bin heute aber auch lieb! denkt Jenny. Zum Glück weiß sie genau, was man machen muss, damit einer gesund wird.

Jenny rennt in den Flur. An der Garderobe hängt Mamas Schal, den holt sie herunter.

Mama versucht, etwas zu sagen, aber es kommt nur ein Krächzen heraus, und da nickt sie ganz artig und bindet sich den Schal selber um.

Jenny ist schon wieder weggerannt. Jetzt kommt nämlich das Beste, da wird sich Mama bestimmt freuen. Aus dem Küchenschrank nimmt Jenny zwei Abtrockentücher und hält sie unter den kalten Wasserhahn. Sie müssen schön nass sein, sonst geht das Fieber nicht weg, sagt Mama immer, und eine Plastiktüte kommt außen auch noch drum. Das heißt dann Wadenwickel.

Auf dem Sofa hat Mama die Augen schon wieder zu und sieht aus, als ob sie schläft. Daneben sitzt Lisa und zerknittert die Seiten in Jennys Wolfsbilderbuch, aber Jenny kann jetzt nicht mit ihr schimpfen, sonst weckt sie Mama noch auf.

Ganz, ganz leise kniet sie sich vor Mama hin, und ganz, ganz vorsichtig zieht sie ihr die Wolldecke von den Beinen. Da kommen jetzt die kalten Tücher drum, und Jenny passt gut auf, dass der Teppich nicht zu nass wird.

»UOAU!«, schreit Mama und springt auf die Füße. So einen Ton hat Jenny von Mama noch nie gehört, aber sie ist zufrieden. Das war jetzt noch lauter als vorhin, und viel, viel lauter als Flüstern. Sie hat ja gewusst, dass die Wadenwickel helfen. Nur warum Mama so schnell ins Badezimmer gerannt ist, kann sie nicht verstehen.

Da steht Mama auf einem Bein und rubbelt sich das andere mit einem Handtuch trocken, und als sie Jenny sieht, rollt sie mit den Augen.

»Hat es schon geholfen?«, fragt Jenny und geht zum Spiegelschrank, wo Mama immer ihr Fieberthermometer aufbewahrt. »Dann können wir ja jetzt noch mal Fieber messen, woll'n wir?«

Aber Mama schüttelt wild den Kopf. Jetzt rubbelt sie das andere Bein.

»Ich zieh mich jetzt an«, flüstert sie und schleicht an Jenny vorbei ins Schlafzimmer. »Das tu ich. Dann räume ich auf und sauge Staub und koche …« Mama lässt die Schlafzimmertür hinter sich zufallen.

Jenny lächelt zufrieden. »Siehst du, Lisa?«, sagt sie. »Das heißt Pflegen, weißt du? Da hab ich Mama ganz schnell wieder gesund gemacht. So schnell schafft das nicht mal Mama bei mir.« ●

DIMITER INKIOW

Der Zahn

Eines Tages kam Klara zu mir und verkündete: »Weißt du, ich werde bald erwachsen sein!«

Ich war sehr erstaunt und fragte:

»Woher weißt du das?«

»Ganz einfach – mein erster Milchzahn ist schon weg!«

Sie öffnete ihren Mund, und ich sah: Anstelle ihres Vorderzahns hatte Klara ein scheußliches Loch.

»Du musst zum Zahnarzt!«

»Ich muss gar nicht! Denn von unten wächst ein neuer nach. Ein richtiger! Alle Kinder wie du haben nur Milchzähne. Und wenn jemand erwachsen wird – *wie ich!* –, dann fallen ihm die Milchzähne aus. Das weiß doch jeder!«

Klara holte aus ihrer Hosentasche den Milchzahn und zeigte ihn mir. So einen Milchzahn in der Tasche und so ein Loch im Mund wollte ich plötzlich auch haben. Aber wie sollte ich das anstellen?

Ich überlegte und sagte:

»Ich glaube, ich kriege auch bald einen richtigen Zahn!«

Jetzt war sie genauso verblüfft wie ich vorher. »Das kann doch nicht wahr sein!«

»Doch!«

»Wirklich?«

»Ganz bestimmt!«

»Wackelt er schon?«

»Wer?«

»Na, der Zahn. Meiner hat vorher mächtig gewackelt, bevor ich ihn rausgezogen habe.«

»Du hast ihn dir selbst rausgezogen?«

»Ja, so, mit zwei Fingern.«

»Hat dir das nicht weh getan?«

»Gar nicht. Milchzähne tun überhaupt nicht weh, weil sie eben Milchzähne sind.«

Wenn das so war, dann gab es nichts mehr zu überlegen. Ich steckte zwei Finger in den Mund und versuchte, einen der beiden oberen Vorderzähne rauszubekommen. Es ging aber nicht. Der Zahn blieb fest an seinem Platz.

»Es geht nicht.«

»Weil er nicht richtig wackelt. Dein richtiger Zahn, der unter ihm wächst, muss noch sehr klein sein.«

»Das stimmt gar nicht. Er ist schon sehr groß. Aber es geht trotzdem nicht.«

»Pass auf«, sagte Klara, »ich zeige dir jetzt, wie man am besten einen Milchzahn los wird. Wir besorgen uns einen Faden, den binde ich dir um deinen Zahn, und dann ziehst du ihn dir selbst raus.«

Klara fand einen Faden, ich öffnete meinen Mund und Klara band ihn um meinen Zahn. »Jetzt zieh!«, rief sie.

Ich zog vorsichtig.

»Es geht nicht.«

»Lass mich mal ziehen!«

»Nein!«

»Warum denn nicht?«

»Du tust mir bestimmt weh.«

»Willst du den Zahn loswerden oder nicht?«

»Doch! Aber nur, wenn es nicht wehtut.«

»Gut«, sagte Klara, »ich ziehe dir deinen Zahn so, dass es dir nicht wehtut. Komm jetzt mit!«

Sie ging los mit dem Faden in der Hand und ich hinter ihr her.

Vor der Wohnungstür hielt sie an und band den Faden an der Türklinke fest.

»Jetzt brauchen wir nur zu warten, bis jemand kommt. Dann bist du deinen Zahn endlich los. Du kannst dich auf einen Stuhl setzen. Der Faden muss nur stramm gezogen sein.«

»Gut«, sagte ich, »ich mache alles, was du sagst.«

Ich saß mit offenem Mund dort und wartete und wartete. Es kam aber niemand. Schließlich sagte Klara, sie wolle die Tür selbst öffnen. Da merkten wir erst, dass sich die Tür zu mir hin öffnete.

»Du musst dich auf die andere Seite setzen«, sagte Klara.

Aber auf der anderen Seite war das Treppenhaus. So banden wir den Zahn an unsere Kinderzimmertür. Ich setzte mich wieder auf einen Stuhl, diesmal aber an der richtigen Seite. Endlich war es so weit, Klara riss die Tür auf. Aber es passierte nichts. Ich war nämlich sofort von meinem Stuhl aufgesprungen.

»So geht es nicht!«, sagte Klara nach dem vierten Mal. »Du bist eben doch ein Angsthase. Ich binde deinen Zahn jetzt an meinem Fahrrad fest. Und diesmal wird es klappen, weil ich so schnell fahre!«

Wieder ging Klara mit dem Faden in der Hand voraus und ich mit offenem Mund hinter ihr her. Es kamen noch andere Kinder dazu. Keiner wollte verpassen, wie mein Milchzahn gezogen wurde.

Klara befestigte den Faden an ihrem Fahrrad. Auf »los!« radelte sie davon. Und ich? Ich lief hinter ihr her. Und weil ich so schnell laufen kann, konnte sie meinen Milchzahn nicht rausziehen.

»So geht das nicht!«, sagte sie verärgert. »Du willst ja überhaupt nicht, dass ich deinen Zahn ziehe.«

»Doch!«

»Warum läufst du dann hinter mir her?«

»Weil du mich so ziehst.«

Wir überlegten alle. Schließlich sagte Klara:

»Wir werden den Faden an eine Autostoßstange binden. So schnell wie ein Auto kannst du nicht laufen!«

Zum Glück kam gerade ein Postauto angefahren. Der Postbote brachte jemandem aus unserem Haus einen Eilbrief. Als der Mann im Haus verschwunden war, machte Klara den Faden an der hinteren Stoßstange fest.

»Jetzt pass auf«, flüsterte sie mir ins Ohr, »gleich bist du deinen Milchzahn los!«

Der Postbote kam zurück und fuhr los, und ich hörte nur ein ›tack‹. Der Faden war zerrissen.

»Das gibt's doch nicht!«, sagte Klara. »Oder hast du vielleicht schon richtige Zähne?«

Ich stand dort mit dem abgerissenen Faden, der mir aus dem Mund hing, und sagte:

»Ich glaube, ich habe meine richtigen Zähne schon als Baby bekommen.« ●

TIMO PARVELA

Ella in der Schule

Unser Lehrer ist auf einmal so seltsam

Mein Name ist Ella. Ich gehe in die erste Klasse. Meine Klasse ist nett, und unser Lehrer ist auch nett. Oder eigentlich war er nett, denn unser Lehrer ist nicht mehr so wie früher.

Früher sagte unser Lehrer immer kluge Sachen. Er gab uns Hausaufgaben auf und ermahnte uns, leise zu sein, wenn wir im Unterricht Radau machten. Aber dann änderte sich alles. Auf einmal sagte unser Lehrer zur Tafel Stuhl. Er vergaß, uns Hausaufgaben aufzugeben, und merkte nicht mal, dass Timo und Mika die ganze Mathestunde durch Eishockey-Sammelkarten tauschten.

Es begann mit dem Brief. Mika sah ihn zufällig, als er in der Pause in die Klasse zurückging, weil er den Ball fürs Fußballspielen vergessen hatte. Unser Lehrer saß an seinem Tisch und las. Er las den Brief. Sein Gesicht war ganz rot, und seine Hände zitterten. Als er Mika bemerkte, steckte er den Brief schnell in seine Aktentasche und lächelte so seltsam. Er ermahnte Mika nicht mal, obwohl der mit seinen dreckigen Schuhen reingekommen war.

Seitdem ist unser Lehrer immer seltsamer geworden. Wir glauben, er wird erpresst.

Hanna ist darauf gekommen.

»Es ist ein Erpresserbrief«, sagte sie, als sie von dem Brief hörte.

»Wieso denn Erpresserbrief?«, fragte Pekka, der nie was versteht.

»Weil Leute, die erpresst werden, immer so nervös sind. Sie benehmen sich komisch und kriegen Briefe«, erklärte ihm Hanna.

»Dann wird mein Vater auch erpresst«, murmelte Mika. »Er benimmt sich jedes Mal komisch, wenn ein Brief von der Telefongesellschaft kommt.«

»In Erpresserbriefen steht immer, dass man um Mitternacht einen Koffer voll Geld in den Stadtpark bringen muss«, sagte Timo, der alles weiß.

»Warum sollte der Lehrer Geld in den Park bringen?«, wunderte sich Pekka.

»Weil jemand sein Kind entführt hat«, sagte Timo.

»Unser Lehrer hat überhaupt kein Kind«, behauptete Hanna.

»Dann hat eben jemand seine Frau entführt«, schlug Timo vor.

»Er ist auch nicht verheiratet«, sagte Hanna.

Jetzt fanden wir es alle erst recht seltsam, dass unser Lehrer um Mitternacht Geld in den Park bringen wollte. Wenn er doch gar kein Kind und keine Frau hatte!

»Der arme Lehrer. Wir müssen ihm helfen«, sagte Hanna.

»Und wie?«, fragte Pekka.

Aber keiner wusste eine Antwort, nicht mal Timo, der sonst alles weiß. Also beschlossen wir zu warten.

Im Schwimmbad

Unser Lehrer benahm sich auch noch seltsam, als wir am nächsten Tag mit der Klasse zum Schwimmen fuhren.

»Sie sehen aus wie das Nilpferd aus dem Schulfernsehen«, sagte Pekka zum Busfahrer.

»Das Nilpferd war nur nicht so dick«, korrigierte ihn Mika.

Der Busfahrer sagte nichts. Er warf nur unserem Lehrer einen bösen Blick zu, und der lachte nervös. Der Busfahrer fuhr unheimlich schnell, und wir hatten einen Riesenspaß.

Im Schwimmbad stellte uns der Lehrer in einer Reihe auf.

»Leg die Seife an den Beckenrand!«, sagte er zu Pekka, der das Schwimmbecken wohl für eine riesige Badewanne hielt.

»Schwimmen macht Spaß. Wer von euch kann denn schon schwimmen?«, fragte unser Lehrer.

Da wollten wir ihm natürlich zeigen, was wir können, und sprangen ins Wasser. Gleich nach uns sprang der Lehrer ins Wasser und rettete Timo, Pekka, Tiina und Heidi, die noch gar nicht schwimmen konnten. Wir wunderten uns, dass der Lehrer in seinen Kleidern ins Becken kam. Wir hatten natürlich alle unsere Badeanzüge und Badehosen an. Nur Mika nicht. Seine Badehose lag auf dem Grund des Beckens. Er hatte vergessen, sie zuzuschnüren.

Wir hatten alle einen Riesenspaß. Alle schrien ganz fürchterlich, und wir spritzten unseren Lehrer nass. Unser Lehrer schrie auch, aber keiner konnte hören, was, weil so ein schrecklicher Lärm war.

Der Lehrer hatte das Schwimmen schon gleich wieder satt und sagte, wir sollten aber blitzschnell machen, dass wir aus dem Wasser kommen. Danach versammelten wir uns um ihn herum. Nur Mika nicht. Der tauchte noch nach seiner Badehose. Als unser Lehrer es sah, sprang er wieder ins Wasser. Dabei hatte er immer noch seine Kleider an. Wir machten uns echt Sorgen um ihn.

»Klarer Fall«, sagte Hanna.

»Klare Anzeichen von Erpressung«, stimmte Timo ihr zu.

Mir tat der Lehrer leid. Aber vielleicht entspannte ihn ja das Schwimmen.

Nach einer Weile standen wir wieder alle am Beckenrand, und die Kleider unseres Lehrers hingen zum Trocknen über dem Geländer beim Kinderbecken. Komisch fand ich nur, dass er die Badehose schon die ganze Zeit angehabt hatte. Unter den Kleidern.

Als Nächstes zeigte uns der Lehrer seine Trillerpfeife und erklärte uns, dass wir erst ins Wasser dürften, wenn wir die Pfeife hörten.

»Und wie hört die sich an?«, fragte Pekka.

Da pfiff der Lehrer, damit Pekka hörte, wie die Pfeife klingt, und wir sprangen ins Wasser. Unser Lehrer rief uns natürlich zurück, aber erst, nachdem er Timo, Pekka, Tiina und Heidi gerettet hatte. Die konnten nämlich immer noch nicht schwimmen.

Nach einer Weile waren wir wieder alle beisammen. Außer Mika. Der hatte wieder seine Badehose verloren.

»Das reicht jetzt«, sagte unser Lehrer. »Und wenn ich's mir recht überlege, macht Schwimmen sowieso keinen Spaß«, seufzte er.

Wir fanden das komisch, denn wir hatten alle einen Riesenspaß gehabt. Nur schade, dass unser Lehrer auf dem Weg nach draußen auf der Seife ausrutschte, die Pekka an den Beckenrand gelegt hatte. Wir trauten unseren Ohren nicht, was er für Wörter sagte, als er aus dem Becken kletterte. Uns hatte er solche Wörter verboten. Er musste wirklich in den Klauen eines schrecklichen Erpressers sein.

Die Grube

Während unser Lehrer sich irgendwo trockene Kleider leihen wollte, warteten wir brav draußen vor dem Schwimmbad. Plötzlich bemerkte jemand, dass Pekka fehlte. Wir schauten uns um, dann schauten wir einander an, aber Pekka war nirgendwo zu sehen.

»Jetzt hat der Erpresser auch noch Pekka entführt«, vermutete Timo.

»Wer würde denn für den bezahlen?«, sagte Hanna.

Da fing Mika an zu weinen. Er ist manchmal eine richtige Heulsuse.

»Hier!«, rief plötzlich eine erstickte Stimme.

Wir rückten vor Schreck näher zusammen. Die gruselige Stimme schien aus der Erde zu kommen.

»Das ist der Erpresser«, sagte ich zögernd.

Alle erschauerten vor Angst

»Helft mir, ihr Dödel!«, hörten wir die Stimme wieder.

Diesmal schien sie aus der Wiese neben dem Schwimmbad zu kommen, aber dort war niemand zu sehen. Dann winkte plötzlich mitten in der Wiese eine Hand und verschwand so schnell wieder, wie sie aufgetaucht war. Wir gingen vorsichtig hin. Mitten in der Wiese war eine tiefe Grube, und auf deren Grund stand Pekka.

»Wie bis du denn da reingeraten?«, wunderte sich Mika.

»Ich bin reingefallen. Oder denkst du vielleicht, ich wohne hier?«, zischte Pekka.

»Woher soll ich das wissen?«, sagte Mika beleidigt. »Ich bin ja noch nie bei dir zu Hause gewesen.«

»Was ist das überhaupt für eine Grube?«, wunderte sich Hanna.

»Das ist eine Falle«, sagte Timo überzeugt.

»Und wer, bitte schön, wäre so dumm, dass er da reinfallen würde?«, fragte Hanna zweifelnd.

Wir schauten alle zu Pekka hinunter.

»Was meint ihr, für wen die Falle ursprünglich gedacht war?«, fragte ich.

»Für unseren Lehrer natürlich«, sagte Timo, und Hanna nickte zustimmend.

»Er hat um Mitternacht kein Geld in den Stadtpark gebracht, darum hat der Erpresser beschlossen, sich ihn selbst zu schnappen«, sagte Hanna bestürzt.

»Ich will nach Hause«, schrie Pekka aus der Grube.

»Du hast doch gesagt, du wohnst da unten«, bemerkte Mika schadenfroh.

»Das hab ich nicht gesagt«, schrie Pekka.

»Könnten wir die Grube nicht mit Wasser füllen? Dann könnte Pekka zum Rand hochschwimmen«, schlug ich vor.

»Ich kann nicht schwimmen«, schrie Pekka und fing an zu weinen.

»Stimmt«, sagten wir alle und nickten.

»Dafür kann ich einen Handstand machen«, schniefte Pekka und stellte sich mit den Füßen gegen die Grubenwand auf die Hände. Wir klatschten, und Pekka ging es gleich viel besser.

»Ich hab's«, sagte Timo. »Mika und Hanna springen in die Grube und helfen Pekka heraus.«

Kurz darauf stand Pekka zufrieden neben der Grube.

»Danke«, sagte er zu Mika und Hanna, die jetzt unten standen. »Dafür geh ich euch am Kiosk Bonbons kaufen«, versprach er und sauste davon.

»Und was ist mit uns?« Mika betrachtete besorgt die hohen Grubenwände.

»Ich, Tiina und Ella kommen runter und helfen euch raus«, versprach Timo großzügig.

Da sprangen wir drei in die Grube. Aber bevor wir überhaupt einem von ihnen raushelfen konnten, bückte sich Mika plötzlich und hob einen Euro vom Grund der Grube auf.

»Seht her!«, rief er. »Das hier ist eine Schatzgrube.«

»Ein Schatz, ein Schatz!«, schrien da alle, die noch oben waren, und sprangen zu uns herunter. Da wurde es auf einmal ziemlich eng in der Grube. Keiner von uns konnte mehr seine Hände bewegen, und natürlich konnte sich auch keiner mehr bücken.

»He«, sagte Pekkas Kopf, der oben am Rand der Grube auftauchte. »Hat jemand zufällig einen Euro gesehen? Er muss mir beim Handstand aus der Tasche gefallen sein.«

»Hier, bitte sehr!«, sagte Mika, der die Münze immer noch in die Luft hielt. Er hatte nämlich gar keinen Platz, den Arm nach unten zu nehmen.

»Danke«, sagte Pekka. »Ich muss jetzt gehen. Da vorne kommt der Lehrer.«

Als er uns einen nach dem anderen aus der Grube zog, sah unser Lehrer so fertig mit den Nerven aus, dass er mir richtig leid tat. Er vergaß sogar, sich zu bedanken, dass wir die Erpresserfalle entlarvt hatten. ●

Vom Anders-sein und Fremd-sein

JANELL CANNON

Stellaluna

Weit von hier lebte in einem tropischen Wald eine Flughundmutter mit ihrem neugeborenen Kind.

Die Flughundmutter liebte ihr Kind sehr. Und wenn sie nachts auf Nahrungssuche flog, trug sie es dicht an ihre Brust gepresst. »Ich werde dich Stellaluna nennen«, summte sie.

Eines Nachts, als die Flughundmutter und Stellaluna dem leckeren Duft reifer Früchte folgten, wurden sie von einer Eule erspäht. Fast lautlos stieß der mächtige Vogel auf die Flughunde hinab.

Kreischend und im Zickzack fliegend versuchte die Flughundmutter zu entkommen, aber die Eule griff wieder und wieder an.

Stellaluna verlor ihren Halt, und da ihre Babyflügel weich und nutzlos wie nasses Papier waren, fiel sie hinunter in den Wald, schneller und schneller.

Das dunkle Gewirr der Äste fing Stellaluna auf. Ein Zweig war dünn genug für ihre winzigen Füße. Die Flügel dicht um sich gewickelt, klammerte sie sich fest, zitternd vor Kälte und Furcht.

»Mama«, piepste sie, »wo bist du?«

Bei Tagesanbruch war Stellaluna erschöpft. Sie ließ los. Wieder fiel sie, tiefer und tiefer.

Rumms! Stellaluna war kopfüber in einem flaumweichen Nest gelandet und erschreckte die drei Vogelkinder, die dort wohnten.

Schnell kletterte sie aus dem Nest und hängte sich darunter. Sie hörte die Vogelkinder plappern.

»Was war *das?*«, piepste Flap.

»Ich weiß nicht, aber es hängt an seinen Füßen!«, zirpte Flitter.

»Psssst! Da kommt Mama«, zischelte Pip.

Die Vogelmutter flog den ganzen Tag hin und her. Jedes Mal kam sie mit Nahrung für ihre Kinder zurück.

Stellaluna hatte inzwischen schrecklichen Hunger – aber *nicht* auf all das krabbelnde Zeug, das die Vogelmutter mitbrachte.

Doch schließlich konnte es Stellaluna nicht mehr aushalten. Sie kletterte ins Nest, schloss die Augen und öffnete mutig ihr Mäulchen.

Plop! Ein dicker grüner Grashüpfer fiel hinein.

Stellaluna versuchte, ein Vogel zu werden.

Am Tag blieb sie wach und nachts schlief sie. Sie fraß Insekten, obwohl sie grässlich schmeckten. Nur eines konnte sie sich nicht abgewöhnen: Stellaluna schlief immer noch am liebsten an den Füßen hängend.

Einmal, als die Vogelmutter nicht da war, wollten die neugierigen Vogelkinder das ausprobieren. Als die Vogelmutter nach Hause kam, sah sie acht winzige Füße, die sich am Rand des Nestes festklammerten.

»Iiiik!«, schrie sie. »Kommt augenblicklich wieder hoch! Ihr brecht euch noch das Genick!«

Die kleinen Vögel kletterten zurück ins Nest, aber Stellaluna wurde von der Vogelmutter aufgehalten.

»Du bist ein schlechtes Beispiel für meine Kinder. Ich werde dich erst wieder in dieses Nest lassen, wenn du versprichst, unsere Regeln zu befolgen.«

Stellaluna versprach alles. Sie fraß Käfer, ohne das Gesicht zu verziehen. Sie schlief nachts im Nest. Und sie hängte sich nicht mehr an den Füßen auf. Stellaluna benahm sich, wie ein guter Vogel sich benehmen soll.

Die Kinder wuchsen schnell. Bald wurde es eng im Nest. Die Vogelmutter sagte, dass es nun an der Zeit sei, fliegen zu lernen. Pip, Flap, Flitter und Stellaluna hüpften einer nach dem anderen aus dem Nest.

Ihre Flügel trugen sie!

Ich bin genau wie sie, dachte Stellaluna. Ich kann auch fliegen.

... aber es ging daneben!

Am folgenden Tag flogen die Vogelkinder und Stellaluna weit von zu Hause weg. Stundenlang probierten sie ihre Flügel aus.

»Die Sonne geht unter«, warnte Flitter endlich.

»Wir fliegen lieber nach Hause, sonst verirren wir uns im Dunkeln«, sagte Flap.

Stellaluna jedoch war weit vorausgeflogen und nicht mehr zu sehen. Die drei ängstlichen Vogelkinder machten sich ohne sie auf den Heimweg.

Stellaluna flog und flog, bis ihr die Flügel wehtaten und sie sich auf einem Baum niederließ. »Ich habe versprochen, nicht an den Füßen zu hängen«, seufzte Stellaluna. Also hängte sie sich an ihre Daumen und schlief ein.

Das leise Sausen herannahender Schwingen hörte sie schon nicht mehr.

»Hallo!«, sagte eine laute Stimme. »Warum hängst du verkehrt herum?«

Stellaluna riss die Augen auf. Sie blickte in ein seltsam vertrautes Gesicht. »Ich hänge nicht verkehrt herum, du tust es!«, sagte Stellaluna.

»Aber du bist doch ein *Flughund*. Flughunde hängen an ihren Füßen. Du hängst an deinen Daumen, also verkehrt rum«, sagte das Wesen. »Ich bin auch ein Flughund. Ich hänge an meinen Füßen. Darum hänge ich *richtig* rum.«

Stellaluna war ganz durcheinander. »Die Vogelmutter hat erklärt, ich hinge verkehrt rum. Sie sagte, das sei falsch ...«

»Falsch für einen Vogel, das kann sein. Aber nicht für einen Fliegenden Hund.«

Immer mehr Flughunde kamen und staunten über das komische Junge, das sich wie ein Vogel benahm. Stellaluna erzählte ihnen ihre Geschichte.

»Du hast *I-I-Insekten* gefressen?«, stotterte einer.

»Du hast *nachts* geschlafen?«, stieß ein anderer hervor.

»Sehr merkwürdig«, murmelten die Flughunde.

Eine erwachsene Flughündin drängelte sich durch die Menge.

»Eine *Eule* hat euch angegriffen?«, fragte sie. Sie schnüffelte an Stellalunas Fell und füsterte: »Du bist *Stellaluna.* Du bist mein Kind!«

»Du bist der Eule entkommen?«, rief Stellaluna. »Du lebst?«

»Ja«, sagte die Flughundmutter und schloss Stellaluna in ihre Flügel. »Komm mit mir, ich zeige dir, wo die köstlichsten Früchte zu finden sind. Nie wieder wirst du einen einzigen Käfer fressen müssen.«

»Aber es ist Nacht«, piepste Stellaluna. »Wir können doch nicht im Dunkeln fliegen.«

»Wir sind Flughunde«, sagte ihre Mutter, »wir können in der Dunkelheit sehen. Komm nur mit!«

Stellaluna war ängstlich, doch sie ließ den Ast los und tauchte ein in den tiefen nachtblauen Himmel.

Und Stellaluna *konnte* sehen. Es war, als ob das Licht aus ihren Augen strahlte. Sie sah alles, was auf ihrem Weg lag.

Bald fanden die Flughunde einen Mangobaum, und Stellaluna fraß so viel von den Früchten, wie sie nur konnte.

»Nie wieder werde ich einen Käfer fressen!«, jubelte sie, während sie sich den Magen füllte. »Das muss ich Pip, Flitter und Flap erzählen!«

Am nächsten Tag besuchte Stellaluna die Vögel. »Kommt mit und lernt meine Flederfamilie kennen«, sagte sie.

»Gut. Fliegen wir los«, meinte Pip.

Auf dem Weg erzählte Stellaluna von ihren Verwandten: »Sie hängen an den Füßen und sie fliegen nachts und sie fressen die feinsten Speisen auf der ganzen Welt.«

Als die Vögel die Flughunde trafen, sagte Flap: »Ich komme mir hier so verkehrt rum vor.«

Da hängten sich auch die Vögel an ihre Füße.

»Wartet, bis es dunkel ist«, sagte Stellaluna aufgeregt. »Ihr werdet sehen, wie schön es ist, nachts zu fliegen.«

Bei Einbruch der Nacht flog Stellaluna los. Pip, Flitter und Flap verließen ebenfalls den Baum.

»Ich kann überhaupt nichts sehen!«, schrie Pip.

»Ich auch nicht!«, heulte Flap.

»Aaiii!«, kreischte Flitter.

»Sie schaffen es nicht«, keuchte Stellaluna, »ich muss sie retten!«

Sie ergriff ihre Freunde im Flug und nahm sie mit auf einen Baum. Die Vögel klammerten sich an einen Ast, Stellaluna hing am Zweig über ihnen.

»Hier sind wir sicher«, sagte Stellaluna. Dann seufzte sie. »Es wäre schön, wenn ihr auch im Dunkeln sehen könntet.«

»Und wir wünschen uns, dass du auf den Füßen landen kannst«, antwortete Flitter. Pip und Flap nickten.

Lange saßen sie in Schweigen versunken.

»Wie können wir so verschieden sein und uns doch so ähnlich fühlen?«, sagte Flitter schließlich.

»Und wie können wir so verschieden fühlen und uns doch so ähnlich sein?«, fragte Pip.

»Ich glaube, das ist ein großes Geheimnis«, zirpte Flap.

»Stimmt«, sagte Stellaluna, »aber wir sind Freunde. Und das steht fest.« ●

IRINA KORSCHUNOW

Findefuchs

Der kleine Fuchs ist allein

Der kleine Fuchs lag ganz allein im Gebüsch und fürchtete sich. Er wartete auf seine Mutter. Aber seine Mutter konnte nicht kommen. Der Wilderer hatte sie totgeschossen.

Die Zeit verging. Es begann zu regnen, und der kleine Fuchs fürchtete sich immer mehr. Er fror. Er hatte Hunger. Er winselte und weinte.

Da kam eine Füchsin vorbei. Sie hörte, wie der kleine Fuchs winselte. Eigentlich wollte sie weiterlaufen. Sie hatte drei Kinder zu Hause in ihrem Bau, die warteten auf sie. Doch weil der kleine Fuchs so jammerte, kroch sie zu ihm ins Gebüsch.

»Was ist denn los mit dir?«, fragte die Füchsin und stupste mit der Pfote gegen seinen Kopf. Der kleine Fuchs winselte noch lauter. Er winselte, wie kleine Füchse winseln, wenn sie Hunger haben.

»Warum liegst du ganz allein hier im Busch?«, fragte die Füchsin und wunderte sich. »Hast du keine Mutter mehr?«

Sie beugte sich über den kleinen Fuchs und schnüffelte. Er roch, wie kleine Füchse riechen. Er war weich und wollig, wie kleine Füchse sind.

»Armer kleiner Findefuchs«, sagte die Füchsin und strich mit der Pfote über sein Fell. Der kleine Fuchs hörte auf zu winseln. Die Füchsin roch fast wie seine Mutter. Sie war auch genauso warm. Er kroch an ihren Bauch und suchte nach der Milch. Die Füchsin wich zurück. Der kleine Fuchs war nicht ihr Kind. Sie hatte ihn nicht zur Welt gebracht. Sie musste für ihre drei eigenen Kinder sorgen.

Der kleine Fuchs fing wieder an zu winseln. Die Füchsin sah, wie er vor Kälte zitterte. Da ging sie nicht fort. Sie legte sich neben ihn, um ihn zu wärmen. Der kleine Fuchs kuschelte sich in ihr Fell. Er fand die Milch und trank. Er schmatzte und gluckste und schluckte und hörte gar nicht wieder auf.

»Trink nur, kleiner Findefuchs«, sagte die Füchsin. »Trink dich satt.«

Der Hund

Als der kleine Fuchs genug getrunken hatte, schlief er ein. Die Füchsin lag immer noch neben ihm. Sie freute sich, dass der Findefuchs satt und zufrieden war. Vielleicht kommt seine Mutter bald zurück, dachte sie. Aber die Mutter kam nicht. Schließlich stand die Füchsin auf. Sie hatte keine Zeit mehr. Sie musste nach Hause zu ihren Kindern.

»Schlaf weiter, Findefuchs«, sagte sie und wollte aus dem Gebüsch schlüpfen.

Doch dann blieb sie stehen. Sie stand da und sah den kleinen Fuchs an. Sie konnte ihn nicht so allein im Gebüsch liegen lassen. Sie hatte ihn gewärmt. Sie hatte ihm zu trinken gegeben. Sie wollte ihn mitnehmen.

Vorsichtig packte sie ihn mit den Zähnen. Der kleine Fuchs wachte auf und winselte leise. Die Füchsin fuhr mit der Zunge über seinen Kopf.

»Hab keine Angst, mein Findefuchs«, sagte sie. »Wir gehen nach Hause.«

Mit dem kleinen Fuchs in der Schnauze machte sie sich auf den Weg. Sie hatte es nicht mehr weit bis zu ihrem Bau. Es war Nachmittag und still zwischen den Bäumen. Doch plötzlich blieb die Füchsin stehen und horchte.

Irgendwo bellte ein Hund. Der Hund vom Wilderer. Er bellte und kam näher. Die Füchsin erschrak. Sie kannte den Hund. Er witterte die Spuren der Füchse und folgte ihnen. Er packte sie. Er hielt sie fest. Er konnte einen Fuchs sogar töten. Und jetzt war er hinter ihr her.

»Fuchs! Fuchs! Fuchs!«, bellte der Hund. »Fuchs! Fuchs! Fuchs!«

Die Füchsin floh. Sie hetzte durch den Wald und versuchte den Hund abzuschütteln. Aber sie trug den kleinen Fuchs und war nicht so schnell wie sonst. Der Hund kam immer näher heran. Die Füchsin hatte große Angst. Sie dachte an die scharfen Zähne des Hundes. Sie dachte an die vielen Füchse, die er schon gefasst hatte. Sie wollte den kleinen Fuchs fallen lassen und ihr eigenes Leben retten. Doch sie tat es nicht. Sie hielt den kleinen Fuchs fest und lief und lief. Sie lief kreuz und quer durch den Wald. Der Hund rannte hinter ihr her. Sie keuchte, sie hechelte, sie bekam kaum noch Luft. Aber den kleinen Fuchs ließ sie nicht los. Noch einmal schlug sie einen Haken. Sie witterte Wasser, lief weiter und stand vor einem breiten Bach. Mit einem Satz sprang sie hinein, watete ein Stück im Bachbett entlang und schwamm ans andere Ufer. Dort versteckte sie sich im Gebüsch. Sie konnte nicht mehr laufen. Sie legte sich hin und wartete auf den Hund.

Da kam er auch schon. Drüben am Ufer suchte er nach der Füchsin. Er knurrte wütend, er bellte, er schnüffelte. Aber die Spur fand er nicht. Das Wasser hatte sie ausgelöscht. Ein paar Mal lief der Hund noch am Bach hin und her. Dann machte er kehrt und verschwand im Wald. Die Füchsin lag im Gebüsch und horchte. Das Bellen wurde leiser, immer leiser, bis es verstummte.

»Wir sind gerettet, mein Findefuchs«, keuchte sie und ließ den kleinen Fuchs ins Gras fallen. Er kuschelte sich an sie und fing gleich an zu trinken. Die Füchsin legte den Kopf auf die Pfoten. Sie musste sich eine Weile ausruhen, bevor sie weiterlaufen konnte.

»Komm, mein Findefuchs«, sagte sie schließlich. »Wir müssen nach Hause.«

Der Dachs

Inzwischen war es spät geworden. Mit dem kleinen Fuchs in der Schnauze lief die Füchsin durch die Dämmerung. Es dauerte lange, bis sie nach Hause kam. Da begegnete ihr der Dachs.

Der Dachs blieb stehen. Er starrte die Füchsin und den kleinen Fuchs an und fragte:

»Was schleppst du denn heute mit dir herum?«

Die Füchsin wollte weitergehen. Aber der Dachs versperrte ihr den Weg und fragte noch einmal:

»Was du da herumschleppst, will ich wissen!«

Die Füchsin legte den kleinen Fuchs ins Gras und stellte sich über ihn.

Dann hob sie den Kopf und zeigte dem Dachs die Zähne.

»Das ist mein Findefuchs«, sagte sie.

»Ein Findefuchs?«, rief der Dachs.

»Was willst du mit einem Findefuchs? Du hast doch schon drei Kinder. Gib den Findefuchs mir, ich will ihn fressen.«

»Verschwinde, Dachs!«, knurrte die Füchsin. »Meinen Findefuchs will ich behalten. Ich habe ihm zu trinken gegeben und ihn gewärmt. Ich bin mit ihm vor dem Hund des Wilderers geflohen und habe ihn bis hierher getragen. Mein Findefuchs gehört mir.«

»Und ich will ihn fressen«, zischte der Dachs und sprang auf die Füchsin zu.

Die Füchsin schlug ihm mit der Pfote übers Gesicht, einmal und noch einmal. Der Dachs fauchte. Er fletschte die Zähne und duckte sich wieder zum Sprung. Er war stark und schnell. Aber auch die Füchsin war stark. Weil sie um ihren Findefuchs kämpfte, war sie noch stärker als sonst. Sie kämpfte mit Krallen und Zähnen. Der Dachs biss sie in die Schulter und schlug ihr eine Schramme in die Schnauze. Die Füchsin merkte es kaum. Sie dachte an ihren Findefuchs und kämpfte, bis der Dachs genug hatte.

»Behalte deinen Findefuchs«, zischte er und rannte davon.

Die Füchsin lachte hinter ihm her.

»Friss Schnecken und Spinnen«, rief sie, »das ist das richtige Futter für dich.«

Dann hörte sie, wie der kleine Fuchs winselte. Sie beugte sich über ihn und leckte seinen Kopf.

»Es wird alles gut, mein Findefuchs«, sagte sie. »Wir sind gleich zu Hause.«

Sie packte den kleinen Fuchs, lief zu ihrem Bau und schlüpfte hinein.

Die Fuchskinder

»Da bin ich wieder«, sagte die Füchsin.

Die drei Fuchskinder fiepten vor Freude. Hungrig krochen sie zu ihrer Mutter und wollten trinken. Die Füchsin legte den kleinen Fuchs mitten zwischen ihre Kinder.

»Ich habe euch etwas mitgebracht«, sagte sie.

Der kleine Fuchs sah die Fuchskinder an und winselte ängstlich. Die Fuchskinder winselten auch.

»Das ist der Findefuchs. Er gehört jetzt zu uns«, sagte die Füchsin und fuhr allen vier Kindern mit der Zunge über die Köpfe.

Die drei Kinder beschnüffelten den kleinen Fuchs. Sie beschnüffelten ihn von oben bis unten. Er roch genau wie ihre Mutter, und ihre Angst verschwand. Der kleine Fuchs schnüffelte ebenfalls. Er beschnüffelte ein Fuchskind nach dem anderen. Jedes roch wie die Füchsin, und auch der kleine Fuchs hatte keine Angst mehr.

»Hört auf mit der Schnüffelei«, sagte die Füchsin. »Trinkt lieber.«

Da kuschelten sich die vier kleinen Füchse an ihren Bauch und tranken sich satt. Später spielten sie zusammen. Sie spielten Anschleichen und Weglaufen. Sie spielten Fangen und Verstecken.

Sie spielten Knurren und Fauchen und Pfotenschlagen und Zähnefletschen.

Die Füchsin sah ihnen zu. Sie leckte ihre Wunden und freute sich über die Kinder.

Die Nachbarin

Am nächsten Tag schlüpfte die Füchsin wieder aus dem Bau. Sie wollte zur Jagd gehen. Vor dem Eingang traf sie ihre Nachbarin.

»Ich habe gehört, du hast mit dem Dachs gekämpft«, sagte die Nachbarin. »Tut die Schulter noch weh?«

»Halb so schlimm«, sagte die Füchsin.

»Wie geht es deinen drei Kindern?«, fragte die Nachbarin.

»Danke, es geht ihnen gut«, sagte die Füchsin. »Sie trinken und spielen und werden größer. Aber es sind nicht drei. Es sind vier.«

»Vier?«, fragte verwundert die Nachbarin. »Seltsam. Gestern waren es noch drei.«

»Ich habe ein viertes dazubekommen«, sagte die Füchsin. »Einen kleinen Findefuchs.«

»Das habe ich schon gehört«, sagte die Nachbarin. »Willst du ihn etwa behalten? Wer drei Kinder hat, braucht keinen Findefuchs.«

»Ob ich ihn brauche oder nicht, ist mir egal«, sagte die Füchsin. »Ich habe ihn gewärmt und ihm zu trinken gegeben. Ich habe ihn durch den Wald geschleppt. Ich bin mit ihm vor dem Hund geflohen und musste sogar mit dem Dachs kämpfen. Mein Findefuchs soll bei mir bleiben.«

»Du bist dumm«, sagte die Nachbarin. »Deine Kinder werden größer. Bald wollen sie Fleisch fressen. Willst du etwa für ein fremdes Kind auf die Jagd gehen?«

»Wo drei Kinder satt werden«, sagte die Füchsin, »langt es auch für ein viertes. Lass mich in Ruhe mit deinem Geschwätz.«

Die Nachbarin schüttelte den Kopf. »Dir kann man nicht helfen«, sagte sie. »Was ist denn eigentlich so Besonderes an deinem Findefuchs?«

»Besonderes?« Die Füchsin dachte nach. Ihr fiel nichts Besonderes ein.

»Ich weiß nicht«, sagte sie. »Warte, ich zeige ihn dir. »

Der kleine Fuchs hat eine Mutter

Die Füchsin schlüpfte in den Bau, um den Findefuchs zu holen. Doch sie konnte ihn nicht mehr herausfinden.

Sie sah das erste Kind an.

Sie sah das zweite Kind an.

Sie sah das dritte und das vierte Kind an.

Alle sahen wie ihre kleinen Füchse aus.

Sie beschnüffelte eins nach dem anderen, das erste Kind, das zweite Kind, das dritte und das vierte. Alle rochen gleich. Jedes konnte der Findefuchs sein oder nicht.

»Komm her, mein Findefuchs«, lockte sie.

Da kamen alle vier Fuchskinder angekrochen und kuschelten sich in ihr Fell. Die Füchsin steckte den Kopf aus dem Bau.

»Es tut mir leid, ich kann dir den Findefuchs nicht zeigen«, sagte sie. »Ich habe keine Ahnung, wer von meinen Kindern der Findefuchs ist.«

»Wie schrecklich!«, rief die Nachbarin.

Die Füchsin musste lachen.

»Das ist doch nicht schrecklich«, sagte sie. »Ich habe alle vier gleich lieb, und darauf kommt es an.«

»So?«, sagte die Nachbarin. »Vielleicht hast du Recht. Ich muss darüber nachdenken.«

Von da an war der kleine Fuchs kein Findefuchs mehr.

Er war das Kind der Füchsin, und die Füchsin war seine Mutter. Sie gab ihm zu essen und zu trinken. Sie beschützte ihn. Sie brachte ihm bei, was ein Fuchs wissen muss. Die Füchsin und der kleine Fuchs gehörten zusammen. Er blieb bei ihr, bis er für sich selbst sorgen konnte, so, wie es bei den Füchsen üblich ist. •

WALTER WIPPERSBERG

Max, der Unglücksrabe

Oft sagen die Leute: »Max, du bist ein Unglücksrabe.« Un-glücks-rabe! Was für ein seltsames Wort!

Manchmal sagen die Leute auch: »Max, du bist eben ein Pechvogel. Ein richtiger Pechvogel, ja.«

Wenn Max Rad fahren will, ist bestimmt keine Luft im Reifen. Wenn seine Freunde probieren wollen, wer am weitesten pinkelt, dann kann Max gerade nicht. Wenn er im Nachbargarten Erdbeeren klauen will, wird er bestimmt erwischt.

»So viel Pech wie du hat nicht so bald einer«, sagt dann der Papa.

»Wie ungeschickt du bist!« Auch das sagen die Leute immer wieder.

Wenn er etwas fallen lässt, sagen sie: »Max, du hast zwei linke Hände.« Wenn er selber hinfällt, sagen sie: »Max, du stolperst ja über deine eigenen Füße.«

Mit seinen Eltern wohnt Max in einem kleinen Haus am Stadtrand.

Eine Schwester hat er auch. Die heißt Susi. Und die Katze heißt Hund. Max hat sie so getauft.

»Warum soll eine Katze nicht Hund heißen?«, meint er. »Dass sie kein wirklicher Hund ist, sieht man doch von weitem.«

Manchmal spielt Max auch mit einem richtigen Hund. Der gehört den Nachbarn. Darum nennt Max ihn »Nachbarhund«. Obwohl er eigentlich Franz heißt.

»Aber Franz ist ein blöder Name für einen Hund«, sagt Max. »Wenn ich ein Hund wäre, möchte ich nicht Franz heißen.«

Papa kann »Nachbarhund« nicht leiden. Weil »Nachbarhund« immer herüber in den Garten kommt und Löcher in die Wiese gräbt.

»Außerdem«, sagt Papa, »sieht der Nachbarhund gar nicht wie ein Hund aus. Eher wie ein zu groß geratenes Meerschwein.«

»Stimmt gar nicht!«, sagt Susi. »Wie ein Staubwedel auf vier Schweinshaxen sieht er aus.«

Mama hat den Nachbarhund ganz gern.

Wenn der Nachbarhund zu viele Löcher in die Wiese gräbt, geht Papa zum Nachbarn hinüber. Dann gibt es Krach.

Max mag seine Familie gern.

Es macht der Mama nichts aus, dass Max ein Unglücksrabe ist. Sie sagt: »Das zeigt nur, wie gescheit du bist. Denn nur die Dummen haben immer Glück.« Es macht dem Papa nichts aus, dass Max manchmal ungeschickt ist. »Früher war ich genauso«, sagt er, »und du siehst doch, wie geschickt ich heute bin.« Dann lacht die Mama nur.

Es macht Susi nichts aus, dass Max ein Pechvogel ist. Da hat sie immer was zu lachen.

Mit seiner großen Schwester Susi kann Max herrlich streiten. Wenn Max »dumme Gans« zu ihr sagt, sagt Susi »paniertes Hammelbein«. Nennt Max sie eine »blöde Ziege«, nennt sie Max eine »viermotorige Steppensau«.

Fast jeden Tag bringt Susi aus der Schule neue Schimpfwörter mit. Aber sie ist ja auch drei Jahre älter als Max. Da lernt man in der Schule schon viel mehr.

Max ist ein toller Fußballspieler

Max ist ein toller Fußballspieler. Nur wissen das die anderen nicht. Aber einmal wird er es ihnen schon zeigen!

Wenn die Mannschaften ausgelost werden, hofft jeder, dass Max bei den anderen spielt. Dann nämlich ist das Match schon so gut wie gewonnen. Weil Max ein bisschen dick ist und nicht so schnell laufen kann. Weil Max ein bisschen kurzsichtig ist und manchmal statt auf den Ball einen anderen ans Schienbein tritt.

Die eine Mannschaft, das sind die Blau-Gelben. Die andere Mannschaft, das sind die Rot-Weißen. Heute spielt Max bei den Blau-Gelben. So hat das Los entschieden.

»Super!«, sagt der lange Thomas, das ist der Kapitän der Rot-Weißen.

»Schei ... benhonig!«, sagt der krummbeinige Anton, der Kapitän der Blau-Gelben. (Eigentlich hat er gar nicht Scheibenhonig gesagt, sondern ein ganz anderes Wort, wie ihr euch denken könnt.)

»Mit dieser dicken Blindschleiche«, sagt Anton noch, »haben wir schon verloren, bevor wir angefangen haben.«

»Selber Blindschleiche«, sagt Max. Und weil Anton sich nicht gern wäscht, möchte Max ihn auch noch »o-beiniges Stinktier« nennen. Aber das tut er lieber nicht, weil Anton fast einen Kopf größer ist.

»Ich spiel' heute bei den Blau-Gelben«, sagt Max sich dreimal vor. Weil er vor lauter Aufregung schon einmal vergessen hat, für wen er spielt. Und das hat den anderen gar nicht gefallen.

»Der Max spielt im Tor«, sagt Anton. »Der Max ist so dick, an dem kommt kein Ball vorbei.«

»Na schön«, denkt Max, »als Tormann muss ich wenigstens nicht so viel laufen.«

Er zupft an seiner Nasenspitze, er rückt die Brille zurecht, er holt tief Atem. Das tut er immer, wenn er aufgeregt ist.

Was ein Tormann machen muss, das weiß er ganz genau. Das hat er im Fernsehen oft genug gesehen.

Max denkt sich aus, wie er mit ausgestreckten Armen hoch in die Luft springen wird. Wie er sich dem Ball entgegenwerfen wird. Wie er ...

Nanu!

Was flitzt denn da vorbei? Was haben die anderen auf einmal? Warum schreien sie? Warum tippt sich Anton an die Stirn?

»Entschuldigung!«, sagt Max, als er bemerkt, dass er das erste Tor bekommen hat. »Entschuldigung!«

»Flasche!«, schreit Anton. »Für einen Tormann schaust du zu langsam! Du spielst in der Verteidigung.«

»Na schön«, denkt Max und nimmt sich vor: Er wird den Ball nicht mehr aus den Augen lassen.

Er zupft an seiner Nasenspitze, er rückt die Brille zurecht, er holt tief Atem. Er denkt sich aus, was er tun wird, wenn der Ball in seine Nähe kommt. Weit ausholen wird er mit dem rechten Bein, und den Ball genau richtig treffen ... Dann werden alle »Tor« schreien! Und die Blau-Gelben werden sich auf Max stürzen und ihn umarmen. Genauso, wie es die Fußballspieler im Fernsehen tun.

Aber bis jetzt ist der Ball noch nicht in seine Nähe gekommen. Natürlich könnte Max dem Ball auch nachlaufen. Aber das will er nicht. Das tun schon die andern. Alle sind immer dort, wo der Ball gerade ist. Ein richtiges Gedränge ist das! Da mischt Max sich lieber nicht ein.

Aber da ist der Ball auf einmal bei ihm. Weit ausholen ... und treffen!

Und?

Das Ausholen hat gut geklappt. Das Treffen leider nicht.

Aber Max hat den Ball nur ganz knapp verfehlt. Das ist bestimmt auch den besten Fußballspielern schon einmal passiert. Beim nächsten Mal wird er den Ball bestimmt treffen. Das Spiel ist ja noch lange nicht zu Ende.

Und schon rollt der Ball zum zweiten Mal auf ihn zu. Weit entfernt sind alle anderen. Ganz allein steht Max vor dem Tor. Jetzt oder nie!

Weit ausholen!

Und ...

Ja! Er hat getroffen! Direkt aufs Tor zu läuft der Ball. Und immer noch sind die anderen weit weg. Dem Ball nachlaufen! Wenn er nur will, kann Max sehr schnell laufen. Schon hat er den Ball eingeholt ... Und jetzt: Schuss! Und – Tor!

Tor! Tor! Tor! Zum ersten Mal hat Max ein Tor geschossen.

Und die Blau-Gelben? Stürzen sie sich nun alle auf Max? Umarmen sie ihn, wie es die Fernsehfußballer tun?

Nein!

»Wenn du so lang wärst wie blöd«, schreit Anton, der blau-gelbe Kapitän, »dann könntest du aus der Dachrinne saufen!«

»Was hat er denn?«, denkt Max. »Er ist wohl neidisch, weil ich so ein schönes Tor geschossen hab'.«

»Das war ein Eigentor, du Depp!«, schreit Anton.

»Selber Depp«, sagt Max. Mehr sagt er nicht, weil Anton ja fast einen ganzen Kopf größer ist.

Max und Bonzo

Max und sein Freund Bonzo könnten von der Schule mit dem Bus nach Hause fahren. Aber heute gehen sie zu Fuß. Sie spielen »Wer kennt die tollsten Schimpfwörter?«

Bonzo kennt eine ganze Menge. Aber Max kennt noch mehr. (Jetzt möchtest du wissen, was Bonzo sagt und was Max sagt, ja? Aber das verrate ich nicht. Denk dir selbst was aus!)

Zuletzt sagt Max: »Hängebauch-Rübenschwein.« Und: »Triefäugiges Nilpferd.« Da gibt Bonzo auf.

»Die hab' ich alle von meiner Schwester gelernt«, sagt Max.

»Mensch, Max!«, ruft Bonzo. »So eine Schwester möcht' ich haben! Du bist ja ein Glückspilz!«

»Ich bin kein Glückspilz«, sagt Max. »Ich bin ein Unglücksrabe. Ein Pechvogel.«

Aber dass er eine Schwester wie Susi hat, das freut ihn schon. Auch dass er einen Papa wie Papa hat. Und eine Mama wie Mama. Und die Oma und den Opa.

»Mit meiner Familie«, denkt Max, »hab' ich wirklich Glück.«

Max und Bonzo gehen die Schillerstraße entlang. Hier stehen viele große Häuser, und an den Haustüren gibt es viele Klingelknöpfe.

»Soll ich dir was verraten?«, fragt Max.

»Na klar«, sagt Bonzo.

»Wenn ich allein hier gehe«, sagt Max, »dann klingle ich manchmal an allen Knöpfen.«

»Hab' ich auch schon oft gemacht«, sagt Bonzo ein bisschen enttäuscht. Er hat etwas viel Tolleres erwartet.

Aber da öffnet Max seine Schultasche und holt eine Rolle Heftpflaster heraus.

»Manchmal«, sagt er, »klebe ich Heftpflaster über die Klingelknöpfe. Dann hört es in den Wohnungen gar nicht mehr zu klingeln auf.«

Das gefällt Bonzo. Das ist ihm selbst noch nicht eingefallen.

»Und hat dich dabei noch keiner erwischt?«, fragt er.

»Nein, sagt Max. »Bis jetzt noch nicht.«

»Da hast du aber Glück gehabt«, sagt Bonzo.

Und Max denkt: »Er hat Recht. Warum ist mir das bisher noch gar nicht eingefallen?«

Eigentlich müsste Bonzo jetzt in die Goethestraße einbiegen.

»Aber ich begleite dich noch ein Stück«, sagt er zu Max.

Sie gehen zwischen Gärten und kommen zu einem großen alten Kastanienbaum.

»Wart' einen Augenblick«, sagt Max.

Er wirft die Schultasche weg und ist auf einmal verschwunden. Bonzo sieht sich um.

»Hier oben bin ich«, ruft Max aus dem Kastanienbaum herunter. »Komm auch herauf.«

Bonzo versucht es. Und Max wundert sich, wie schwer sich Bonzo beim Klettern tut.

»Warte, ich helf' dir«, sagt Max.

Er hält Bonzo die Hand hin und zieht ihn hinauf. Immer höher steigen sie, und Bonzo sieht aus, als fürchte er sich vorm Hinunterfallen.

Dann sitzen sie ganz oben in den höchsten Astgabeln.

Max sagt: »Manchmal schmeiß' ich Kastanien auf die Leute, die grad unten vorbeigehen. Aber die können mich nicht einmal sehen hier oben.«

Bonzo will gleich wieder hinuntersteigen. Seine Astgabel schwankt ihm zu sehr.

Unten meint er: »Mensch, Max! Ich versteh' nicht, wieso alle sagen, du wärst ungeschickt!«

Auf einmal ist Max ganz stolz.

»Wenn Bonzo das sagt«, denkt er, »dann muss es stimmen.«

Daran hat er bisher gar nicht gedacht, dass das Auf-den-Kastanienbaum-Klettern etwas Besonderes sein könnte.

Plötzlich fühlt er sich leicht. Wie auf Wolken geht Max auf einmal.

»Vorsicht!«, schreit Bonzo.

»Was ist denn?«, fragt Max und bleibt stehen.

»Zu spät«, seufzt Bonzo. »Schau einmal, wo du stehst.«

Max blickt zu Boden und sieht: Er ist in ein Hundehäufchen getreten.

»Pfui Teufel!«, schreit er. »Da sieht man's wieder: Ich hab' eben doch nur Pech.«

»Ach Quatsch!«, sagt Bonzo. »Das hätte mir genauso passieren können.«

Nach einer Weile sagt er noch: »Glückspilze oder Pechvögel, die gibt es gar nicht. Jeder hat manchmal Glück und manchmal Pech.« ●

SILKE LAMBECK

Moritz lernt Herrn Röslein kennen

Es war ein grauer Regenmorgen und Moritz hatte schlechte Laune. Mama hatte auch schlechte Laune. Papa muffelte hinter seiner Zeitung vor sich hin und Baby Tim schrie.

»Moritz, zieh deine Gummistiefel an«, rief Mama.

Moritz saß im Kinderzimmer und tat, als könne er sie nicht hören. Mama hatte diese Meckerziegenstimme, die er nicht mochte. Und jetzt wurde sie noch lauter.

»Moritz, jetzt zieh endlich deine Stiefel an, sonst kommst du zu spät zur Schule!«

Moritz steckte die Nase noch tiefer in sein Indianerbuch. Er hatte sich in seine Kuschelhöhle unter die kleine Lampe gesetzt, weit weg von dem großen Fenster, an dem der Regen in Sturzbächen herablief. Er wollte die doofen Gummistiefel nicht anziehen. Und wenn er es sich recht überlegte, wollte er auch nicht zur Schule gehen. Natürlich wusste er, dass er am Ende doch zur Schule gehen musste. Aber vielleicht wenigstens in Turnschuhen.

Moritz hörte Schritte im Flur, und Mama kam ins Kinderzimmer gestürmt. Sie war wütend.

»Komm endlich«, rief sie ungeduldig. »Wir kommen sonst zu spät.«

»Mir doch egal«, murmelte Moritz leise vor sich hin, aber das hätte er nicht tun sollen. Wenn Mama vorher schlechte Laune hatte, wurde sie jetzt richtig wild. Sie nahm ihn fest am Arm und sagte mit sehr leiser Stimme: »Wenn du jetzt nicht sofort kommst, erlebst du einen Riesenärger.«

Moritz warf ihr einen finsteren Blick zu und stand langsam auf. Mama stampfte mit lauten Schritten durch die Wohnung und suchte ihre Aktentasche, während Moritz sich die Turnschuhe anzog. Und tatsächlich: Als Mama endlich ihre Aktentasche gefunden hatte, war sie so froh, Moritz mit Anorak und Schulranzen zu sehen, dass sie nichts mehr zu den Turnschuhen sagte.

Weil es so regnete, brachte Mama ihn mit dem Auto zur Schule. Auf dem Weg schwiegen beide und starrten auf die nasse Straße. Als sie angekommen waren, gab sie ihm einen Kuss. »Frieden?«, fragte sie.

»Frieden«, sagte Moritz, küsste zurück und ging dann mit hängenden Schultern die Schultreppe hinauf. Seit sie umgezogen waren, hatte Mama einen neuen Chef. Moritz fand, dass dieser Chef Mama die Laune verdarb. Manchmal standen ihre Wuschelhaare schon morgens so wild vom Kopf ab, als sei jedes einzelne Haar wütend. Das war das eine. Seit sie umgezogen waren, ging Moritz auch in eine andere Schule. Und in seiner neuen Klasse waren nicht nur Ole und Lili, die er nett fand. Sondern es gab auch Stefan Rabentraut, den Moritz bei sich immer nur das Rabenaas nannte und der jetzt schräg hinter ihm saß und tuschelte.

Stefan war viel größer als er und viel dicker. Bei einer Prügelei hätte Moritz keine Chance gegen ihn gehabt. Da Stefan aber auch sehr gemein war, lag die Prügelei sozusagen in der Luft. Von Anfang an hatten Stefan Rabentraut und sein Freund Martin Hohwieler ihn bei jeder Gelegenheit geärgert. Es war, als hätten sie nur auf ihn gewartet. Mama und Papa wunderten sich schon, warum er so ungern zur Schule ging.

Als die Schule nach fünf Stunden vorbei war, ging es Moritz wieder besser. Er war schneller gerannt als Ole, Lili hatte ihm einen blauen Kaugummi geschenkt und Frau Meier hatte ihn dafür gelobt, dass er nur einen Fehler im Diktat gehabt hatte. Vor der Schule suchte er nach Papa und Tim. Sie wollten ihn abholen. Aber sie waren nicht da. Moritz blieb stehen und wartete.

Plötzlich hörte er hinter sich eine nur zu vertraute Stimme. Es war Stefan Rabentraut. »Na, Moritz-Baby«, grölte er und haute ihm schmerzhaft auf die Schulter. »Wirst du wieder von Papi und dem Baby-Brüderchen abgeholt?«

Moritz schwieg. Jede Antwort würde Stefan nur herausfordern. Nach einem weiteren Hieb auf die Schulter zog der grinsend ab. Moritz starrte ihm wütend hinterher und ballte die Faust in der Tasche.

Schließlich fing es an zu nieseln, und Moritz beschloss, alleine nach Hause zu gehen. Langsam lief er die Ohlinger Straße und dann den Lindenring entlang. An der nächsten Ecke war schon das Haus, in dem er wohnte. Er schaute zu den Fenstern ihrer Wohnung hinauf, doch sie waren dunkel. Er drückte auf das Klingelschild. Keiner öffnete. Er klingelte noch einmal. Wieder keine Antwort. Wo war Papa? Und wo war Tim? Moritz wurde es mulmig. Müsste er jetzt den ganzen Nachmittag hier draußen stehen bleiben? Ganz allein?

Plötzlich öffnete sich die Haustür. Heraus trat ein Mann in einem schwarzen Anzug, den Moritz noch nie gesehen hatte. Er trug eine runde Brille und seine langen grauen Haare waren im

Nacken zu einem Pferdeschwanz gebunden. In der Hand hielt er einen schwarzen Regenschirm. Der Mann lächelte Moritz freundlich an. Moritz lächelte etwas schief zurück.

»Nanu«, sagte der Mann, »warum siehst du so traurig aus?«

Moritz antwortete nicht gleich. Mama und Papa hatten ihm verboten, mit Fremden zu sprechen. Und der Mann war fremd. Andererseits hatte er wirklich sehr freundlich gefragt.

»Es ist keiner zu Hause«, sagte Moritz und merkte, wie ihm elend zumute wurde.

»Hm«, sagte der Mann.

»Und es regnet«, fuhr Moritz mit etwas zittriger Stimme fort. »Und ich weiß nicht, was ich jetzt machen soll.«

»Hm«, sagte er Mann wieder. »Vielleicht könntest du ja mit zu mir kommen und einen Kakao trinken, bis jemand kommt«, schlug er dann vor. »Gestatten: Röslein. Ich wohne direkt unter euch.«

Moritz hatte Herrn Röslein noch nie gesehen. Und er durfte nicht mit in fremde Wohnungen gehen. Es war ihm aber etwas peinlich, das zu sagen. Also schwieg er.

»Ach, weißt du was«, sagte Herr Röslein nach einer Weile, »Wir machen ein Picknick im Treppenhaus.«

»Wieso?«, fragte Moritz.

»Na, da merken wir gleich, wenn Mama oder Papa kommen«, entgegnete Herr Röslein. Moritz fand das eine gute Idee.

Sie stiegen in den ersten Stock, und Herr Röslein schloss die Tür zu seiner Wohnung auf. »Ich bin gleich zurück«, sagte er.

Im Hausflur war es warm und trocken. Moritz stellte den Schulranzen vor sich auf den Boden und zog seinen nassen Anorak aus. Dann setzte er sich auf die Treppe. Von hier aus konnte er in Herrn Rösleins Flur schauen. Er sah ein schwarzes Klavier, einen roten Samtsessel und ein großes Bild mit einem bunten Segelschiff.

Gemütlich, dachte Moritz und beugte sich vor, um noch etwas besser gucken zu können. Aber da war Herr Röslein schon zurück. Er hatte ein Tablett in den Händen. Darauf standen zwei Kakaotassen und ein großer Teller mit Streuselkuchen. »Selbst gebacken«, sagte Herr Röslein. »Du hast doch sicher Hunger, oder?«

Moritz nickte. Herr Röslein holte sich noch einen Stuhl aus der Wohnung, und dann aßen beide Streuselkuchen, bis er alle war.

»Vielen Dank«, sagte Moritz anschließend. Ihm war schon etwas wohler.

»Gern geschehen«, sagte Herr Röslein. »Wie geht es übrigens eurem Elefanten?«

»Unserem Elefanten?«, fragte Moritz und schaute ihn groß an.

»Ja, ich habe ihn doch heute früh durch die Wohnung stampfen hören«, sagte Herr Röslein.

»Das war Mama«, sagte Moritz und grinste. »Außerdem gibt es in Wohnungen doch keine Elefanten.«

»Sag das nicht, mein Junge«, antwortete Herr Röslein. »Dass du noch keinen Elefanten in einer Wohnung gesehen hast, heißt noch lange nicht, dass es dort keine gibt.«

»Haben Sie denn schon einmal einen Elefanten in einer Wohnung gesehen?«, fragte Moritz.

»Ja, sicher, schon oft. Zuletzt bei meinem Freund Alfons Meyerbeer, zwei Straßen weiter.«

Moritz nahm noch einen Schluck von seinem Kakao und guckte den alten Herrn an. Der blickte vergnügt zurück.

»Da staunst du, was?«, fragte er.

Um genauer zu sein: Moritz glaubte ihm nicht. Aber er fand es unfreundlich, Herrn Röslein zu sagen, dass er ihn für einen Lügner hielt.

»Du denkst, ich spinne«, stellte Herr Röslein fest. »Das ist das Problem mit den Menschen. Sie glauben nur, was sie sehen. Und selbst das nicht, wenn sie es für unwahrscheinlich halten.«

»Aber wie soll ein Elefant durchs Treppenhaus kommen?«, fragte Moritz.

»Das geht natürlich nur, solange es noch ein kleiner Elefant ist«, sagte Herr Röslein. »Alfons hat einen Tag gebraucht, um ihn nach oben zu bekommen.«

»Und dann?«, fragte Moritz.

»Der Elefant lebte zunächst im Zimmer von Alfons' Sohn, der schon ausgezogen war. Alfons gab ihm den Namen Cicero. Cicero war sehr anhänglich. Das wurde später zum Problem, als er ein erwachsener Elefant war und immer noch auf Alfons' Schoß sitzen wollte.« Herr Röslein trank einen Schluck Kakao.

»Und dann?«, fragte Moritz.

»Als der Elefant größer wurde, zog er ins Wohnzimmer um. Damals schaffte Alfons den Fernseher ab, weil an gemütliches Fernsehen natürlich nicht mehr zu denken war. Schließlich musste Alfons die Wand zum Schlafzimmer herausbrechen. Hin und wieder fragte er sich, ob das mit dem Elefanten wirklich so eine gute Idee gewesen war. Aber über die Jahre hatte er sich so an ihn gewöhnt, dass er sich kein anderes Haustier mehr vorstellen konnte. ›Was soll ich mit einer Katze?‹, sagte er immer. ›Ein Elefant ist treu und will nachts nicht um die Häuser ziehen.‹«

Unten schloss jemand die Haustür auf. Moritz sprang auf, um zu gucken, ob es vielleicht Papa war. Aber es war nur Frau Felsinger aus dem Erdgeschoss, die sich jedes Mal beschwerte, wenn er zu laut die Treppe hinunterhüpfte. Seufzend ließ sich Moritz wieder auf die Stufe fallen.

»Ich verstehe einfach nicht, wo Papa bleibt«, sagte er.

»Es ist bestimmt etwas ganz Harmloses«, sagte Herr Röslein. »Vielleicht sind sie in den Park gegangen, um Regenschirme zu ernten. Das bietet sich an Tagen wie diesem an.«

»Regenschirme ernten?«, fragte Moritz. »Die gibt's doch im Kaufhaus.«

»Was lernt ihr eigentlich in der Schule?«, fragte Herr Röslein zurück. »Weißt du nicht, dass im Park die Regenschirme wachsen, wenn es von morgens bis abends regnet? Wenn man Glück hat, erwischt man ein paar, bevor sie für die Kaufhäuser eingesammelt werden. Ich persönlich habe noch nie einen Regenschirm gekauft, sondern immer selbst geerntet. Wenn du willst, zeige ich dir mein Lieblingsexemplar.«

Herr Röslein stand auf und ging in seine Wohnung. Die Wohnungstür ließ er offen stehen, sodass Moritz einen Ständer mit bunten Regenschirmen sehen konnte, der in einer Ecke des Flurs stand. Herr Röslein zog einen von ihnen vorsichtig heraus und brachte ihn mit in den Hausflur. Hier spannte er ihn auf. Moritz war geblendet. Zusammengeklappt hatte er ganz normal ausgesehen. Aber als Herr Röslein ihn aufspannte, erklang eine leise, wunderschöne Melodie und am hellgrünen Schirmhimmel funkelten goldene Sterne.

»London, Hyde Park«, sagte Herr Röslein.

Unten ging wieder die Tür. Diesmal erkannte Moritz sofort Tims Stimme und Papas Lachen. So schnell er konnte, raste er die Treppe hinunter.

»Papa, Tim! Wo wart ihr nur?«

»Was machst du denn hier?«, fragte Papa. »Mama hat gesagt, du gehst nach der Schule mit zu Ole.«

»Das war letzte Woche«, sagte Moritz. »Ihre miese Laune hat alles durcheinandergebracht!«

»Na, na«, sagte Papa. »Mama hatte eine Menge im Kopf heute Morgen, sie hat es nicht böse gemeint. Hast du die ganze Zeit auf der Treppe gewartet?«

»Ja, Herr Röslein hat mir Kakao gegeben«, sagte Moritz.

Unterdessen hatten sie den ersten Stock erreicht, wo Herr Röslein gerade die leeren Tassen einsammelte. Der Regenschirm stand unauffällig in der Ecke.

»Guten Tag, Röslein mein Name«, sagte Herr Röslein. »Ich habe mir erlaubt, Moritz ein Stück Streuselkuchen zu spendieren.«

»Vielen Dank«, sagte Papa, »das war sehr freundlich. Wir kennen uns noch gar nicht. Wir sind allerdings auch erst vor zwei Monaten eingezogen. Ich bin Edgar Freudenreich und das ist Tim.«

»Herzlich willkommen«, antwortete Herr Röslein. »Ich bin immer viel unterwegs. Wahrscheinlich haben wir uns deswegen noch nicht gesehen.«

Papa gab ihm die Hand. »Wollen Sie bei uns vielleicht noch einen Kaffee trinken?«

»Ein andermal gerne«, sagte Herr Röslein. »Aber heute muss ich meinen Freund Alfons besuchen.«

»Wie ist die Geschichte mit dem Elefanten eigentlich ausgegangen?«, fragte Moritz.

»Als Alfons anfing, die Wand zum Hausflur einzureißen, hat der Vermieter ihm mit Kündigung gedroht. Es blieb Alfons nichts anderes übrig, als Cicero in den Zoo zu geben. Sie mussten ihn mit einem Kran aus der Wohnung heben. Cicero hat im Zoo zum Glück ein sehr nettes Elefantenmädchen kennengelernt. Nur Alfons ist immer noch etwas traurig, dass Cicero nicht mehr an seinem Fußende schläft. Er überlegt jetzt, ob er es mal mit einem Hausschwein versuchen soll.«

Papa lachte auf diese erwachsene, höfliche Art. Das machte er immer, wenn er nicht wusste, wovon die Rede war.

»Darf Moritz mich vielleicht einmal besuchen kommen?«, fragte Herr Röslein.

»Gerne«, sagte Papa.

Und dann verabschiedeten sie sich. Herr Röslein nahm seinen grünen Regenschirm und stieg die paar Stufen zu seiner Wohnung hinunter. Papa, Tim und Moritz gingen die Treppe hinauf.

Oben angekommen, stellte Papa Tim auf den Boden. »Schau mal«, sagte er zu Moritz. »Er hat heute seine ersten Schritte gemacht.« Gemeinsam guckten sie zu, wie Tim stolz und wacklig den Flur entlanglief. Er fiel immer wieder hin. Moritz breitete die Arme aus und fing ihn auf. Manchmal fand er es schön, der große Bruder zu sein. Und manchmal wünschte er sich selber einen. Einen, der größer und stärker war als Stefan Rabentraut.

Als Moritz an diesem Abend im Bett lag, blieb Mama etwas länger bei ihm sitzen. »Na, mein Großer«, sagte sie, »da habe ich dich ja ganz schön hängen lassen, was?« Moritz nickte und rückte ein bisschen näher an sie heran.

»Aber dafür habe ich Herrn Röslein kennengelernt«, sagte er.

»Ist er nett, der Herr Röslein?«

»Ich würde sagen: Er ist sehr nett«, sagte Moritz.

»Vielleicht magst du ihn mal besuchen«, sagte Mama.

»Ja«, sagte Moritz, und als das Licht aus war, dachte er für einen kleinen Moment darüber nach, wie es wäre, jetzt einen kleinen Elefanten am Fußende stehen zu haben.

Ich werde ihn besuchen, dachte Moritz, gleich morgen werde ich ihn besuchen. Und dann schlief er ein. ●

Greta

BARBARA VAN DEN SPEULHOF

Ginpuin – Auf der Suche nach dem großen Glück

Weit weg von hier liegt die Insel der Pinguine. So weit weg, dass man es sich kaum vorstellen kann. Ungefähr fast genau am anderen Ende der Welt.

Auf der Insel leben unzählige Pinguine. So viele, dass man es sich kaum vorstellen kann. Im Sommer wie im Winter ist es dort kalt. So kalt, dass man es sich kaum vorstellen kann. Aber den Pinguinen macht die Kälte nichts aus.

Sobald sie morgens aufwachen, gehen sie gemeinsam schwimmen und schnappen sich dabei ein paar Fische. Danach halten sie ein Schläfchen oder stehen beieinander und plaudern ein wenig. Dann spielen sie zusammen Eishügelrutschen oder machen einen Spaziergang durch die frische Luft. Und wenn sie mit allem fertig sind, fangen sie gleich wieder von vorne an. Weil es so schön ist.

Das hätte für immer so bleiben können, wäre nicht eines Tages ein Pinguin zur Welt gekommen, der anders war als die anderen.

Zuerst fiel das niemandem auf. Sein Hemd und seine Hose waren nämlich genauso weiß wie die der anderen.

Und sein Frack war genauso schwarz wie der der anderen.

Er watschelte, wie alle watschelten.

Er liebte Fisch wie die anderen.

Und wenn er schwamm und tauchte, sah das genauso aus wie bei allen anderen auch.

Erst als er anfing zu sprechen, merkten die Pinguine, dass er nicht war wie sie.

»Mit dem stimmt doch was nicht!«, rief Pit Peng, ein wilder Feger und Großschnabel.

»Ich putze auch meine Flimmschwossen!«, sagte der kleine Pinguin, mit dem etwas nicht stimmte, als die anderen sich daranmachten, ihre Schwimmflossen zu putzen.

»Meine Kleider sind auch Warz und Schweiß!«, sagte er, als die anderen über das Schwarz und Weiß ihrer Kleider sprachen.

»Ich will auch mit zur Scheisolle«, sagte er, als die anderen ins Meer sprangen und in Richtung Eisscholle schwammen.

Alle kugelten sich vor Lachen. Und einer nach dem anderen flog rückwärts vom Eisberg runter ins Meer, weil er sich vor lauter Lachen nicht mehr halten konnte.

So ging das Tag für Tag. Die anderen nannten den kleinen Pinguin irgendwann nur noch Ginpuin. Und je öfter der Ginpuin ausgelacht wurde, desto trauriger wurde er.

Was sollte er bloß tun, damit die anderen aufhörten, sich über ihn lustig zu machen?

Er dachte so lange nach, bis er schließlich eine Idee hatte.

»Ich rache eine Meise! Anz galleine!«, verkündete der kleine Pinguin.

Keiner glaubte, dass der Ginpuin sich wirklich trauen würde, ganz alleine zu verreisen.

Aber er traute sich wohl! Nur wohin seine Reise gehen sollte, wusste er nicht.

Irgendwohin, wo es anders war als zu Hause. Das wusste er.

Er lief und lief, sprang von Eisscholle zu Eisscholle oder schwamm auch mal ein Stück.

Irgendwann bekam er Hunger. Einen Fisch wollte er. Ja, einen Fisch. Denn das war seine Lieblingsspeise.

Da flog ein großer Vogel vorbei. Ein Albatros.

»Was suchst du denn, Kleiner?«, fragte er neugierig.

»Schiff«, antwortete der hungrige Ginpuin und merkte nicht, dass er wieder ein Wort verdreht hatte.

»Oh! Das ist einfach!«, sagte der Albatros. »Das findest du gleich hinter dem großen Eishügel. Warte, ich bringe dich hin!«

Hinter dem großen Eishügel fand der Ginpuin aber keine Fische. Dafür sah er jemanden, der genau wie er auf zwei Beinen watschelte.

»Na, Kumpel«, sagte der auf zwei Beinen. »Willst du verreisen?«

Der Ginpuin nickte eifrig.

»Dann komm mit. Wir fahren gleich los.« Glücklich hüpfte der kleine Pinguin an Bord.

»Ich bin der Otto«, sagte der Mann. »Und du hast bestimmt Hunger.«

Nach dem Essen suchte sich der Ginpuin den besten Platz auf dem Schiff. Er konnte sich überhaupt nicht sattsehen, so schön war es auf dem weiten Meer.

Dann, eines morgens, tauchte in der Ferne eine Insel auf. Als das Schiff endlich am Hafen anlegte, konnte es der Ginpuin kaum erwarten, an Land zu gehen.

»Tschüs, Kumpel«, rief Otto und winkte ihm hinterher.

Der Ginpuin winkte zurück. »Schütts, Pumkel!«, sagte er.

»Tach, ist das oll!», rief er, als er sich umsah. Denn alles war genauso, wie er es sich gewünscht hatte: ganz anders als zu Hause.

Er sah grüne Wiesen, bunte Blumen, große Bäume und hohe Berge.

Und er lernte sogar Tiere kennen, die anders waren als er.

Sie hatten vier Beine, sie trugen keinen Frack, sondern ein wolliges Hemd, und sie aßen auch keinen Fisch.

Aber sie mochten ihn sofort. Und er mochte sie.

Tag für Tag spielten sie miteinander oder machten lange Spaziergänge.

»Ich habe heimbar Furchtweh. Ich will wieder hach Nause!«, rief der Ginpuin.

Die Schafe konnten den kleinen Pinguin nur zu gut verstehen. Denn auch Schafe sind nicht gern ohne die anderen. Sie begleiteten ihn zum Hafen.

»Na, Kumpel, willst du wieder heim?«, fragte Otto.

Der Ginpuin nickte eifrig.

»Gut. Genau dahin fahren wir jetzt.«

Der Ginpuin verabschiedete sich von seinen vierbeinigen Freunden und wackelte aufs Schiff.

Er ahnte nicht, dass die Pinguine in seiner Heimat ihn auch vermissten.

»Ach, wäre der Ginpuin doch bloß wieder hier«, sagte einer.

»Ja, genau!«, sagten die anderen. »Wäre er doch bloß wieder hier.«

Pit Peng, der wilde Feger und Großschnabel, sagte gar nichts. Er stand nur traurig mit den anderen am Ufer und schaute aufs Meer. Und allen war ganz kalt vor lauter Sehnsucht.

Bis eines Abends ein Schiff auf der Insel der Pinguine vor Anker ging. und ein Pinguin von Bord watschelte …

Ein wenig mulmig war dem Ginpuin nun schon, denn er wusste ja gar nicht, ob er überhaupt willkommen war. Aber im nächsten Augenblick sah er die Pinguine oben auf dem Eishügel stehen.

»Er ist wieder da! Er ist wieder da!«, riefen die anderen und rutschten so schnell den Hügel runter, dass sie vor lauter Freude ihren Freund fast umgerannt hätten.

Der Ginpuin freute sich wie ein Schneekönig. »Fasst uns leiern!«, lachte er.

»Ja, ja! Fasst uns leiern!«, riefen alle im Chor, und der Ginpuin musste erzählen, was er auf seiner Reise alles erlebt hatte. »Noch mal! Erzähl noch mal!«, sagten die anderen immer, wenn er gerade am Ende einer Geschichte angekommen war.

Denn keiner der Pinguine hatte jemals zuvor gehört, dass man auf einem Fisch übers Meer fahren kann oder dass es Pumkel gibt, die Stummigiefel an den Füßen tragen, oder dass man Schiffe essen kann. ●

BART MOEYAERT

Afrika hinter dem Zaun

Wir wohnten in einem Haus. Die Tür war links und rechts war ein Fenster. Die Nachbarn hatten das gleiche Haus wie wir. Und ihre Nachbarn auch und ihre Nachbarn auch und ihre Nachbarn auch. Und das noch drei Mal.

Neben uns wohnte ein Mann, der Französisch sprach. Das hatte er so gelernt, als er klein war und in Frankreich lebte.

Wir sprachen kein Französisch, aber das war nicht schlimm. Der Mann war nie lange daheim. Er war dauernd auf Geschäftsreisen. Zum Reden hatte er nie Zeit. Er war immer irgendwohin unterwegs. In Länder, wo die Leute verstanden, was er sagte.

Der Mann, der Französisch sprach, hatte eine Frau, die auch etwas sprach. Was sie sprach, wussten wir nicht. Irgendwas. Die Frau war schön braun und hieß Désirée.

Das ist ein französischer Name, sagte meine Mutter. Aber Désirée kam nicht aus Frankreich. Sie kam aus Afrika. Der Mann, der Französisch sprach, hatte sich bestimmt einen französischen Namen für sie ausgedacht. Vielleicht, weil sie in ihrer eigenen Sprache keinen Namen hatte.

Hinter unserem Haus befand sich ein Garten. Erst kam eine Terrasse, drei große Platten breit. In der Mitte war ein Treppchen. Das musste man hinuntergehen, wenn man über den Rasen zu dem kleinen Schuppen wollte. Hinter dem Schuppen war ein Gemüsegarten, sechs Blumenkohlpflanzen breit.

Unsere Nachbarn hatten den gleichen Garten wie wir. Und ihre Nachbarn auch, und das noch fünf Mal. Aber sie pflanzten nicht alle Blumenkohl.

Die Frau, die irgendwas sprach, pflanzte Gras. Überall stand Gras, langes Gras mit Rispen, und hohe Halme mit weißen Blüten. Der Mann, der Französisch sprach, mähte es nie mit dem Rasenmäher. Dafür hatte er keine Zeit. Und Désirée tat es auch nicht. Ich glaube, sie pflanzte das Gras, um es zu betrachten. Wenn die Sonne schien, stellte sie Stühle hinaus. Sie setzte sich mit ihren vier Kindern mitten ins Gras. Manchmal saß sie auch dort, wenn es ein bisschen regnete. Dann betrachtete sie das Gras und den Himmel. Als warte sie auf sehr viel Regen.

Und dann bekamen wir sehr viel Regen. Es goss wie aus Kübeln. Der ganze Garten war tropfnass. Und der Garten der Nachbarn auch, und das noch sechs Mal. Wir waren froh, dass wir im Haus waren. Aber die Frau, die irgendwas sprach, kümmerte sich nicht um den Regen Sie ging in einem gelben Regenmantel hinaus und lief zum Schuppen. In der einen Hand trug sie eine Eisenstange, in der anderen einen Hammer. Sie schob die Stange zwischen die Bretter und schlug mit dem Hammer darauf. Sie sang bei der Arbeit. Das hörte sich im Regen seltsam an.

Ich schaute ihr vom Fenster aus zu.

Meine Mutter sagte, dass Désirée auf Französisch singe. Mein Vater widersprach. Er sagte, das sei kein Französisch, sondern irgendwas. Irgendwas aus ihrem eigenen Land.

Nach dem Essen hörte es auf zu regnen. Ich ging hinaus und schaute über den Zaun. Da konnte ich Désirée besser sehen. Von ihrem Schuppen stand nur noch das Dach. Ein Dach auf vier Pfählen. Désirée lachte mir zu. Sie sah sehr zufrieden aus. Sie lachte auch dem Gras und dem Himmel zu.

Am nächsten Tag regnete es nicht mehr. Unser Garten war wieder trocken und die Gärten der Nachbarn auch. Alle kamen nach draußen. Alle waren wütend.

Sie deuteten zum Garten von Désirée und sagten, dass das nicht sein dürfe. Einfach aus einer Reihe von acht Schuppen einen wegnehmen, dafür müsse man bestraft werden. Ich glaube, alle waren neidisch. Désirées Garten war schön groß geworden. Désirée war klüger als die anderen. In ihrem Garten konnte sie jetzt sehr viel mehr Blumenkohl unterbringen, wenn sie das wollte. Sie kam in einem Baumwollkleid heraus, das mit Sonnenblumen bedruckt war. Hinter sich her schleifte sie eine Schaufel. Mit ihren Stiefeln trat sie die langen Grashalme platt.

Ich lachte ihr über den Zaun hinweg zu. Sie lachte zurück und begann zu graben. Stundenlang grub sie. Doch es wurde ein seltsamer Gemüsegarten, der eher wie eine Grube aussah. Ich hatte nicht gewusst, dass die Leute in Afrika das so machen.

Als es Abend wurde, schleppte Désirée Säcke aus ihrem Haus. Auf jeden Sack war ein Gärtner gemalt und in den Säcken war Lehm. Lehm ist gut für Blumenkohl, sagte meine Mutter. Aber die Nachbarn blieben wütend. Alle. Sie hielten es für eine Schande. Schließlich gab es doch genug Erde in den Gärten, oder? Wozu brauchte man da noch Lehm?

Meine Mutter schwieg und mein Vater auch. Wir schauten über den Zaun. Mein Vater sagte ein Wort zu Désirée. Er sagte: Helfen? Und krempelte die Ärmel hoch. Désirée verstand das Wort.

Sie schüttelte heftig den Kopf und arbeitete einfach weiter. Sie schüttete den Lehm aus den Säcken in die Grube.

Sie will keine Hilfe, sagte mein Vater später. Sie will keine Hilfe von einem Mann. In ihrem Land erledigen die Frauen die ganze Arbeit. Das gehört sich so in ihrem Teil von Afrika. Welchem Teil, fragte ich. In dem Teil in der Mitte links, sagte mein Vater. Der Teil, der Kamerun heißt. Ich dachte, mein Vater hätte sich ein Land ausgedacht. Es klang nicht echt, mit dieser Kammer im Namen.

Als es noch später wurde, verschwand die Sonne hinter den Gärten. Der Himmel wurde orange. In unserem Haus war es still.

Wir saßen unter der Lampe und lasen. Ich tat aber nur so. Meine Augen waren geschlossen. Ich saß in dieser Kammer, aber ich war in Kamerun. In meinem Kopf brüllte ein Löwe. Ein Affe schrie. Das Brüllen und Schreien kannte ich aus dem Zoo.

Ich wusste nicht, was ich sonst noch hören sollte.

Ich wusste nicht, was ich sonst noch sehen sollte.

Ich kannte Désirées Land nicht.

Plötzlich klappte meine Mutter ihr Buch zu. Sie legte sich eine Hand ans Ohr und sagte: Still. Wir waren still und hörten von draußen Stimmen. Fröhliche Stimmen von Kindern.

Wir rannten zum Fenster und sahen Désirée in ihrem Garten. Sie goss eimerweise Wasser in ihre Lehmgrube. Ihre vier Kinder hatten keine Schuhe an. Mit nackten Füßen stapften sie durch den Matsch. Sie tanzten umeinander herum. Désirée hob ihr Baumwollkleid an und tanzte mit ihnen.

Am nächsten Tag war der Himmel voller Wolken. Meine Mutter ging zum Markt. Das tat sie freitags immer. All unsere Nachbarn taten das, alle außer Désirée. Die ging zu einem Markt, den wir nicht kannten. Und nur dann, wenn es ihr passte.

Ich begleitete meine Mutter. Sie hatte es eilig. Sie wollte vor dem Regen wieder zu Hause sein. Aber wir schafften es nicht. Wir waren durch und durch nass, als wir in unsere Straße einbogen. Ohne anzuhalten, rannten wir in die Küche. Meine Mutter stellte sofort Teewasser auf. Sie wollte den Tee sehr heiß trinken. Dann dachten wir, dass wir den Kessel pfeifen hörten. Aber es war nicht der Kessel.

Es war Désirée. Draußen, im Regen. Sie kniete auf dem nassen Boden. Um ihre Grube herum hatte sie eine runde Mauer gebaut. Und sie hatte nicht vor, damit aufzuhören. Sie sang und pfiff. Das wird kein Gemüsegarten, sagte meine Mutter. Bring ihr doch mal eine Tasse Tee. Sonst erkältet sie sich noch. Ich brachte ihr eine Tasse. Ich kletterte hops auf den Zaun. Désirée sah froh aus.

Sie deutete auf ihre Arbeit und sagte: Haus. Sie sprach das Wort genauso aus, wie ich es ausgesprochen hätte.

Désirée baute ein Haus in ihrem Garten. Es sah aus wie eine Hütte zum Spielen. Eine Hütte aus Lehm. Sie arbeitete tagelang daran. Egal, ob es regnete oder nicht.

Und ich schaute ihr tagelang zu. Egal, ob es regnete oder nicht. Nach einer Woche lag eine Hartfaserplatte als Dach darauf.

Da sagte Désirée, ich solle über den Zaun klettern. Sie sagte es so, wie ich es gesagt hätte.

Ich lief hinter ihr her in die Hütte.

Désirée hatte Tee für mich gekocht. Sie sagte: Willkommen. Der Regen trommelte auf das Dach. Das klang gemütlich. Aus Versehen stach ich mit dem Finger in die Wand. Ich erschrak über das Loch, das ich gemacht hatte. Ihr Haus ist noch nicht trocken, sagte ich. Nein, sagte Désirée. Aber warte einen Sommer, dann bekommt es keine Planierraupe mehr kaputt. Meine Großmutter in Kamerun hat genau so eine Lehmhütte wie diese. Sie wohnt schon ihr ganzes Leben darin. Werden Sie nun hier wohnen, fragte ich.

Désirée lachte. Nicht wirklich wohnen, sagte sie. Aber ich will ab und zu hier sitzen. Wenn ich das andere Haus satthabe. Wenn ich mein Land vermisse. Denn manchmal habe ich Heimweh nach meinem Land. Ich werde dir mal Fotos zeigen.

Gut, sagte ich und trank von ihrem Tee. Fotos zeigen. Das bedeutete, dass sie mich wiedersehen wollte. Da sagte ich, dass ich sehr gut Löwen nachmachen konnte. ●

ANNETTE PEHNT

Frühjahrsputz

Im Frühling war dem Bärbeiß alles viel zu heiß und zu hell. Von dem lauten Vogelgeschrei kriegte er Kopfschmerzen, und seine Sonnenbrille hatte er auch verloren. Überall in Timbuktu lagen Blütenblätter herum, alle erkälteten sich, weil niemand mehr Jacken trug, und am schlimmsten war, dass alle ständig gute Laune hatten.

Da klingelte es schon an seiner Haustür. Dabei hatte er noch nicht mal gefrühstückt. Er lag noch in seinem alten braunen Bett und kniff die Augen zusammen. Sicher war das Tingeli gekommen, das ihm vom Frühling vorschwärmen wollte. Eine Weile tat der Bärbeiß so, als hätte er die Klingel nicht gehört. Er zog sich die löchrige Decke über die Ohren und versuchte, wieder einzuschlafen. Aber als das Klingeln nicht aufhörte, schleppte er sich zur Tür und öffnete sie einen Spaltbreit. Draußen hüpfte das Tingeli auf und ab, genau wie er befürchtet hatte.

»Bärbeiß, komm raus«, rief es, »es ist so ein schöner Frühlingstag!«

»Und was soll daran schön sein?«, stöhnte der Bärbeiß.

»Na, die Vögel, die Sonne, die Blumen und so weiter, du weißt schon!«, jubelte das Tingeli.

»Kenne ich alles schon vom letzten Jahr«, sagte der Bärbeiß gereizt, »und vom vorletzten Jahr auch.«

»Ich kenne dich ja auch vom letzten Jahr«, erklärte das Tingeli, »das macht nichts.«

»Mich kannst du doch nicht mit dem Frühling vergleichen«, knurrte der Bärbeiß und wollte die Tür wieder zuknallen, aber das Tingeli hatte seinen kleinen Fuß dazwischengeschoben.

»Lass doch wenigstens ein bisschen frische Luft in dein Haus«, rief es, »hier ist es ja so stickig, und die Heizung kannst du ausmachen, und warum hast du eigentlich an so einem warmen Tag Pantoffeln an? Schau mal, wie schön es draußen aussieht!«

Das Tingeli selbst war so bunt wie der Frühling; es hatte sich seinen gelben Rock und ein knallrotes Halstüchlein angezogen, und seine Haare zwirbelten sich vor Freude. Ein Krokus streckte seinen Kopf aus der Erde, eine dünne Amsel riss den Schnabel auf, Sonnenstrahlen strichen durch Timbuktu, und alle Nachbarn hatten die Türen weit aufgerissen.

In Timbuktu wohnten gar nicht so viele, aber es reichte, um einen ordentlichen Frühlingslärm zu machen.

Die Hasen schlugen Haken, rasten durch die Vorgärten, als hätten sie Strom in den Pfoten, und stürzten sich auf jeden kleinen Grashalm. Und die Familie Graureiher war gar nicht zu bremsen.

»Kinder, ran an den Speck«, rief Frau Graureiher, dabei war nirgendwo weit und breit Speck zu sehen. Oder sie rief: »Frühlingsstund' hat Gold im Mund«, dabei haben Graureiher gar keine Münder. Sie drückte all ihren Kindern Staubwedel und Wischtücher in die Schnäbel, und dann mussten die kleinen Graureiher den Winter wegputzen. Frau Graureiher stand auf einem Bein und zupfte die Spinnweben aus den Ecken, und Herr Graureiher grub mit dem Schnabel den Garten um. Das Haus der Graureihers sah im Frühjahr aus wie eine Baustelle. Nur der Königspinguin war kein großer Freund des Frühlings; er watschelte misstrauisch durch die kühle Sonne und stellte in seinem Haus den Kühlschrank lieber auf eine Stufe kälter.

Kopfschüttelnd starrte der Bärbeiß durch den Türspalt auf seine Nachbarn, wie sie alle zwitscherten und fegten, raschelten und lachten.

»Eigentlich will ich gleich wieder ins Bett«, knurrte er und zog sich widerwillig die Pantoffeln von den Pfoten. Das Tingeli schlängelte sich an ihm vorbei und war schon in seiner Küche, wo es die Fenster aufriss und den verfaulten Schnittlauch in den Müll warf.

»Du brauchst auf jeden Fall einen Frühjahrsputz«, stellte es fest, »bei den Graureihers blitzt schon alles.«

»Ich hasse Putzen«, sagte der Bärbeiß erschrocken, »vor allem vor dem Frühstück.« Aber das Tingeli ließ sich nicht beirren. Während der Bärbeiß noch entsetzt einer Biene hinterherschaute, die direkt vom Vorgarten in seine Küche schwirrte, hatte das Tingeli sich schon das rote Halstuch um die Haare gebunden, die Ärmel hochgekrempelt und das dreckige Geschirr in die Badewanne geworfen.

»Vorsicht, meine Tasse«, jammerte der Bärbeiß, »sie verträgt kein Wasser!«

»Im Frühling vertragen alle Wasser«, lachte das Tingeli, kratzte den Schimmel aus der Spüle und den Staub aus den Ecken und öffnete die Tür, um die Hasen von gegenüber hereinzulassen. Sie flitzten sofort zum Tisch und unters Sofa und fraßen alle Krümel und Käserinden.

»Wartet mal«, rief der Bärbeiß, »wer hat euch erlaubt, meine schöne Unordnung zu stören?« Aber die Hasen hörten gar nicht hin. Mit ihren weichen Ohren polierten sie die Stuhlbeine und mit ihren Schwänzen den Fußboden. Dann standen auch noch die Graureihers vor der Tür.

»Dürfen wir mithelfen?«, fragten sie begeistert. »Wir dachten, ihr braucht vielleicht Hilfe. Wir sind sehr gut in Frühlingsdingen.«

»Nein, nein, auf keinen Fall«, protestierte der Bärbeiß, »lasst mich doch in Ruhe mit eurem Frühling.«

»Du kannst machen, was du willst, aber den Frühling kannst du nicht aufhalten«, sagte das Tingeli feierlich.

»Ja, genau«, riefen die Graureihers und klatschten Beifall. Die Graureiherkinder hatten ihre Staubwedel mitgebracht und fingen an, den Bärbeiß abzustauben. Sofort fing der Bärbeiß an zu niesen.

»Das reicht!«, rief er. »Macht doch, was ihr wollt! Aber ich werde den Frühling aufhalten, ihr werdet es sehen!«

Er rannte nach draußen und schlug die Tür zu. Alle ließen die Wedel und Wischtücher sinken und starrten gespannt aus dem Fenster, um zu sehen, wie der Bärbeiß den Frühling aufhalten wollte.

Der Bärbeiß stand einen Moment lang ratlos in der warmen Sonne und kniff die Augen zu. Dann drehte er sich um und sah all seine Nachbarn am Fenster.

»Ihr werdet schon sehen«, brüllte er und stürzte sich auf den erstbesten Krokus. Er rupfte ihn mitsamt Wurzeln aus der Erde und fraß ihn. Dann wühlte er sich schimpfend durch den ganzen Vorgarten und riss alles aus, was frisch und grün aussah.

»Frühling, dass ich nicht lache, diese paar jämmerlichen Stängel!«

»Das darf der doch nicht, oder?«, piepste ein kleiner Graureiher. Die Hasen pressten die Nasen ans Fenster und staunten. Das Tingeli seufzte und schaute dem Bärbeiß eine Weile beim Reißen und Fressen zu.

»Der kriegt sicher Bauchweh«, sagte es zu Frau Graureiher.

Inzwischen war der Bärbeiß in den Nachbargärten und schaute sich nach Krokussen und Schneeglöckchen, Tulpen und Narzissen um. Er sah schon ein bisschen gelb im Gesicht aus, und seine dunklen Bärbeißlippen waren ganz blass.

Da rief ihm der Königspinguin vom Fenster aus zu: »He, Bärbeiß, bist du jetzt Gärtner? Komm doch bitte auch gleich zu mir in den Garten, du kannst gern alles umgraben! Das ist sehr gut für den Frühling.«

Sofort hörte der Bärbeiß auf zu wühlen.

»Gut für den Frühling?«, fragte er ungläubig.

»Ja, klar«, rief der Königspinguin, »die Erde wird schön locker, und alles wächst besser.«

»Aha«, schnaufte der Bärbeiß und klopfte sich Erde vom Fell.

»Also, was ist? Kommst du rüber?«

»Ich habe Besseres zu tun«, murmelte der Bärbeiß. Jetzt, wo er wusste, dass er dem Frühling gerade geholfen hatte, fiel ihm nichts mehr ein. Er konnte ja schlecht die Sonne ausknipsen oder die Vögel vom Himmel holen. Außerdem fühlte sich sein Magen sehr seltsam an. Dem Bärbeiß war ganz flau zumute. Vorsichtshalber setzte er sich mal hin und lehnte sich an den Gartenzaun des Königspinguins. Die Sonne schien ihm zwischen die Ohren, und die Straße war warm.

Da kam der Königspinguin und setzte sich zu ihm. Im Schnabel hatte er zwei Vanilleeis am Stiel.

»Weißt du«, sagte er undeutlich durch das Eis hindurch, »ich bin ja auch kein Freund des Frühlings. Aber was wächst, das wächst. Wenigstens schmeckt dann das Eis besser.«

Und er drückte dem Bärbeiß ein Eis in die Pfote. Der Bärbeiß verschluckte es mit einem Mal. Dann rülpste er und schloss die Augen.

»Ich weiß nicht, mir ist ganz komisch«, murmelte er.

»Das ist die Frühjahrsmüdigkeit«, sagte Frau Graureiher, die gerade mit den anderen aus dem frisch geputzten Bärbeißhaus kam. »Das haben viele.«

Aber da war der Bärbeiß schon, mitten in Timbuktu, mit dem Rücken am Zaun eingeschlafen. ●

LIDIA POSTMA

Ich weiß doch, dass ihr da seid!

Draußen am Dorfrand, wo schon der Wald beginnt, steht ein einsames Haus.

Darin wohnt eine alte Frau. Niemand weiß genau, woher sie gekommen ist. Sie hat eine große Hakennase. Ihr Haar ist wirr. Wenn sie durch das Dorf geht, murmelt sie unverständliche Worte vor sich hin.

»Sie ist nicht ganz richtig im Kopf«, sagen die Leute und machen einen Bogen um die alte Frau.

Die Kinder fürchten sich vor ihr. Aber immer wieder schleichen sie an das Haus heran, Jakob, Tim und Klaus, Antje, Doris, Hannes und die kleine Suse.

»Da drinnen wohnt die Hex!«, flüstert Jakob. »Sie isst Spinnen und Kröten und reitet auf einem Besen.«

»Hex! Hex! Hex!«, rufen die Kinder. »Hex! Hex! Hex!«

Dann laufen sie schnell davon.

Eines Tages hat Jakob sich etwas ausgedacht. »Wir wollen uns verkleiden«, sagt er. »Als Drache. Wir bollern an die Tür von der Hex und klappern mit Topfdeckeln und jagen ihr Angst ein.«

Das gefällt den Kindern. Sie holen Decken und Stöcke und Töpfe und werden zu einem Drachen, einem großen Drachen mit vierzehn Füßen und Topfaugen. Langsam kriecht der Drache auf das Haus zu.

»Huhuhu!«, heult der Drache.

»Hex! Hex! Hex!«, faucht der Drache.

Er heult und faucht und brüllt und jault, er klappert und rasselt und scheppert und böllert. Es hört sich grässlich an.

Da geht die Tür auf.

»Die Hex!«, schreit Jakob.

»Die Hex!«, schreien Tim und Doris, Antje, Hannes, Klaus und Suse.

Der vierzehnfüßige Drache fällt platt auf den Boden. Die Decken und Besen, die Töpfe und Stöcke bleiben liegen, und die Kinder wollen sich verstecken, solche Angst haben sie.

Die alte Frau steht vor der Tür und lacht.

»Da habt ihr euch aber etwas Lustiges ausgedacht«, sagt sie. »Warum lauft ihr denn weg?«

Die Kinder rühren sich nicht.

»Bleibt doch hier!«, sagt die alte Frau. »Ich backe süße Pfannkuchen für euch.«

Die kleine Suse kommt einen Schritt näher. Die alte Frau hat eine freundliche Stimme. Eine richtige Großmutterstimme.

»Ich kann euch auch Geschichten erzählen«, sagt sie und lacht Suse an. »Schöne Geschichten!«

Sie sieht überhaupt nicht böse aus, und Suse kommt noch ein Stückchen näher. »Was für Geschichten?«, fragt sie.

»Geschichten vom Weiher«, sagt die alte Frau. »Geschichten vom Wind. Geschichten von den kleinen Leuten, die ich kenne.«

Auf einmal hat Suse keine Angst mehr. Sie folgt der alten Frau ins Haus, und die anderen Kinder gehen mit.

Drinnen brennt ein Feuer im Herd. Es prasselt und knackt, und die Katze auf dem Fensterbrett schnurrt vor sich hin. Das ist gemütlich.

»So viele Gäste habe ich lange nicht gehabt«, sagt die alte Frau vergnügt.

Sie fängt an, Pfannkuchen zu backen, gelbe, knusprige Pfannkuchen, einen großen Berg. Es duftet nach Butter, Zucker und Zimt, und die Kinder können so viel essen, wie sie wollen.

»Seid ihr satt?«, fragt die alte Frau. »Dann kommt mit mir hinters Haus. Dort ist es schön.«

Hinter dem Haus liegt ein Weiher, mit alten Bäumen am Ufer. Die Sonne scheint, das Wasser ist still, Seerosen mit großen dunklen Blättern schwimmen darauf.

»Erzählst du uns jetzt Geschichten von den kleinen Leuten, die du kennst?«, fragt Suse.

Die alte Frau nickt.

»Ja, diese kleinen Leute«, fängt sie an. »Überall wohnen sie, überall. Auch hier beim Weiher. Manchmal, in der Nacht, tanzen sie auf den Seerosenblättern.«

»Das gibt es ja gar nicht!«, ruft Jakob dazwischen.

»Das gibt es ja gar nicht!«, wiederholen Tim und Doris, Antje, Hannes und Klaus.

»So?«, sagt die alte Frau. »Gibt es nicht? Und warum nicht? Weil ihr sie noch nicht gesehen habt?«

»Die hat noch keiner gesehen«, sagt Jakob.

»Keiner gesehen?«, sagt die alte Frau. »Woher weißt du das?«

»Wann hast du sie denn zum ersten Mal gesehen?«, fragt Suse.

»Vor langer Zeit«, sagt die alte Frau. »Vor langer, langer Zeit, als ich noch klein war. Da hörte ich in der Nacht so ein Wispern und Flüstern. Ich bin aufgestanden und zum Weiher gegangen, und dort habe ich sie gesehen, durchsichtig, mit Flügeln ...«

»Das gibt es ja gar nicht!«, ruft Jakob wieder dazwischen.

Aber Suse sagt: »Ich möchte sie auch sehen.«

»Komm mit«, sagt die alte Frau und nimmt Suses Hand.

Da geschieht etwas Seltsames. Die Sonne verschwindet, es ist Nacht. Der Weiher glänzt im Mondlicht, und über den Seerosenblättern huscht es hin und her: Winzige Gestalten, durchsichtig wie Wassertropfen, mit Kleidern aus Nebel. Immer mehr sind es, immer mehr. Sie wiegen sich, sie drehen sich, sie flattern und schweben, sie versinken und tauchen wieder auf. Ihre Stimmen klingen wie Wasser und Wind.

»Komm, Suse, komm«, flüstern sie, und Suse fängt an zu schweben und tanzt mit ihnen über den Weiher, wie lange, weiß sie nicht.

Auf einmal ist es wieder hell. Die Sonne scheint. Suse sitzt unter den Bäumen am Ufer. Auf dem Weiher schwimmen nur noch Seerosen.

»Es gibt sie«, sagt Suse. »Ich habe sie gesehen.«

«Wen?», fragen die Kinder.

»Die kleinen Leute vom Weiher«, sagt Suse und macht den Kindern vor, wie sie mit ihnen getanzt hat.

Jakob und Tim, Doris, Klaus und Antje lachen sie aus.

»Das gibt es nicht, das gibt es nicht«, lachen sie. »Suse spinnt.«

Nur Hannes lacht nicht. Er ist traurig, dass er nicht dabei war.

»Erzähl uns noch mehr von den kleinen Leuten, die du kennst«, sagt er zu der alten Frau.

»Noch mehr?« Die alte Frau denkt nach. »Von welchen? Vielleicht von denen, die mit dem Wind fliegen? Ja, ja, die mit dem

Wind – so ein unruhiges Völkchen, nirgendwo zu Hause, heute hier, morgen dort. Manchmal kommen sie auch in meinen Garten.«

»Wie sehen sie aus?«, fragt Hannes.

»Lustig«, sagt die alte Frau. »Wie Zirkusleute.«

»Wie Clowns?«, fragt Suse. »Mit roten Nasen und Pluderhosen? Und weißen Gesichtern?«

Die alte Frau nickt. »Wie Clowns und Seiltänzerinnen und Zauberkünstler. Wie ein Windzirkus.«

»Windzirkus!«, ruft Jakob. »Das gibt es nicht!«

»Er weiß nicht, was wir wissen«, murmelt die alte Frau. Sie nimmt Suse und Hannes bei den Händen und fängt an zu singen:

Zur Nacht, wenn der Wind weht
im grünen Geäste,
dann kommen sie alle,
die windigen Gäste.

Sie kommen geflogen,
so schnell, so geschwind.
Sie spielen und tanzen
und drehn sich im Wind.

Die Windgeister sind es.
Sie kommen und gehen.
Kein Mensch kann sie fangen,
doch du kannst sie sehen.

»Da sind sie!«, ruft Suse. »Im Baum! Zwischen den Zweigen!«

»Ein Clown!«, ruft Hannes. »Und noch einer!«

»Immer mehr!«, ruft Suse. »Und der Zauberkünstler! Die Seiltänzerinnen!«

»Hui!«, wispern die Windgeister. »Macht mit! Macht mit!«

Sie wirbeln hin und her, sie hüpfen und springen, sie kichern und lachen und tanzen ihren Windgeistertanz.

Da fangen auch Suse und Hannes und die alte Frau an zu tanzen, und Tim nimmt Suses Hand, und Doris kommt und Antje und Klaus, und alle tanzen um den Baum herum. Sogar Jakob tanzt mit.

Die kleinen Wesen sind längst verschwunden, aber die Kinder tanzen immer noch. So lange, bis sie sich ausruhen müssen.

»Das war schön!«, sagt Suse. »Ein Windgeistertanz!«

»Ein Windgeistertanz!«, rufen die Kinder.

»Windgeistertanz? So ein Quatsch!«, sagt Jakob. »Windgeister gibt es nicht.«

Doch die Kinder hören nicht mehr auf ihn.

»Erzähl weiter!«, sagt Tim zu der alten Frau.

»Von den kleinen Leuten!«, sagt Doris. »Kennst du noch mehr?«

Die alte Frau antwortet nicht gleich.

»Ich weiß nicht, ob ich es verraten darf«, sagt sie. »Vielleicht wird er ärgerlich.«

»Wer?«, fragt Klaus.

»Der kleine Herr Walla Kristalla«, sagt die alte Frau.

»Wer ist das, Walla Kristalla?«, fragt Antje, und die alte Frau fängt an zu erzählen.

»Der kleine Herr Walla Kristalla«, erzählt sie, »der wohnt bei mir hinter dem Herd. Da wohnt er schon lange, und manchmal ...«

»Quatsch!«, ruft Jakob. »So was gibt es doch nicht!«

»Wer behauptet, dass es mich nicht gibt-stippt-flippt?«, zetert eine dünne Stimme. Ein Männchen, nicht größer als ein Kochtopf, steht vor ihnen.

»Unerhört!«, schimpft es. »Das ist eine Beleidigung-stung-fung! Das ist ...«

»Nicht ärgern, Herr Walla Kristalla«, beruhigt ihn die alte Frau. »Das war doch bloß der Jakob. Der Jakob, der weiß nicht, was wir wissen.«

»So?« Der kleine Mann blickt von einem Kind zum andern. »Und die hier? Glauben die auch-fauch-bauch, dass es mich nicht gibt-kippt-tippt?«

Die Kinder schütteln die Köpfe.

»Wir sehen dich doch«, sagen sie, und der kleine Mann macht

eine Verbeugung und sagt feierlich: »Guten Tag. Ich freue mich, dass wir uns kennenlernen. Jetzt können wir uns ein bisschen unterhalten-falten-stalten.«

Die Kinder stehen da und staunen.

»Wohnst du wirklich hinter dem Herd, Herr Walla Kristalla?«, fragt Suse.

»Natürlich«, sagt der kleine Mann. »Dort ist es warm und gemütlich-tütlich-gütlich.«

»Und was machst du den ganzen Tag?«, fragt Hannes.

»Dies und das«, sagt der kleine Mann. »Oben und unten. Hinten und vorn. Rechts und links-finks-stinks. Alles und nichts. Damit es rundherum nicht zu langweilig wird.«

»Gibt es noch mehr Wallas Kristallas?«, will Klaus wissen.

»Viele«, sagt der kleine Mann. »Lauter Brüder und Vettern und Onkel-konkel-fonkel von mir.«

»Und wo wohnen sie?«, fragt Doris.

»Da, in dem hohlen Apfel-papfel-kapfelbaum«, sagt der kleine Mann.

»Wo noch?«, fragt Antje.

»Bei dir zu Haus-saus-braus hinter dem Küchenschrank«, sagt der kleine Mann. »Und bei uns?« fragt Tim. »Gibt es bei uns auch einen Walla Kristalla?«

»Gewiss!«, sagt der kleine Mann. »In der Kiste-Piste-Liste mit den alten Kleidern. Wallas Kristallas sind überall, überall, wo es ihnen gefällt.« Er zeigt mit seinem winzigen Finger auf Jakob. »Bloß bei einem wie dem, da bleiben sie nicht. Bleiben-scheiben-reiben sie nicht-licht-sicht-ficht-wicht ...«

Der kleine Mann ist plötzlich verschwunden. Nur die dünne Stimme redet noch weiter. Dann wird es still.

»Walla Kristalla!«, rufen die Kinder. »Wo bist du?«

»Weg-peck-kleck«, antwortet es aus weiter Ferne. »Weg-peck-kleck.«

»Walla Kristalla!«, sagt Jakob und tippt sich an die Stirn. »Der war ja gar nicht hier!«

Die Kinder sehen die alte Frau an.

»Hat er Recht?«, fragen sie.

Die alte Frau zuckt mit den Schultern. »Das müsst ihr selbst wissen.«

»Kommt er wieder?«, fragen die Kinder.

»Vielleicht ja, vielleicht nein«, sagt die alte Frau. »Sucht ihn doch. Einen Walla Kristalla gibt es überall.«

»Die Hex lügt!«, schreit Jakob.

»Überall«, sagt die alte Frau. »Man muss ihn nur finden.«

Ihre Stimme klingt freundlich. Eine richtige Großmutterstimme.

»Sie ist keine Hex!«, ruft Hannes.

»Sie ist keine Hex!«, rufen Tim und Doris, Antje und Klaus.

»Sie ist keine Hex«, sagt die kleine Suse. »Sie kann nur viel schönere Geschichten erzählen als andere Leute.«

Die alte Frau lacht.

»Dann besucht mich bald wieder«, sagt sie. »Gleich morgen.«

Sie geht in ihr Haus zurück, und auch die Kinder laufen nach Hause.

Tim und Doris, Antje, Hannes, Klaus und Suse. Jeder will seinen Walla Kristalla suchen.

Jakob trottet hinterher.

»Komm doch«, sagt die kleine Suse und nimmt seine Hand. »Vielleicht findest du auch einen.« ●

Von Tieren und der Natur

SIGRID HEUCK

Sarotti

Der Zirkusdirektor hatte Sarotti gekauft, weil sie so schön gescheckt war und weil er mit ihr eine Freiheitsdressur zeigen wollte. Warum eine Freiheitsdressur so heißt, weiß ich nicht, denn sie lässt einem Pony keine Freiheit.

Wenn der Direktor mit der Peitsche knallt, soll es im Kreis herumlaufen, steigen oder sich hinlegen, ein Äffchen auf sich reiten lassen oder sich verneigen. Dann klatschen die Zuschauer Beifall und sagen: »Fabelhaft!«

Sarotti tat das alles nicht. Sie stellte sich hin, und als der Direktor ihr die Peitsche auf den Rücken knallte, schlug sie nach ihm aus.

»Heimtückisches Biest!«, schimpfte er und erkannte nicht, dass Sarotti stehen blieb, weil sie nichts sehen konnte.

Zwei kurze Zügel zwangen sie nämlich, ihren Kopf so tief zu halten, dass der dichte Mähnenschopf ihre Augen bedeckte.

Sie war es gewohnt, den Kopf frei und hoch zu tragen. So angebunden war sie beinahe blind.

Als der Zirkusdirektor sich vor ihr umdrehte, biss sie ihn schnell in sein Hinterteil. »Ponys sind dumm und zu nichts zu gebrauchen!«, brüllte der Direktor wütend.

Das hörte August, der Clown.

»Ich finde das gar nicht«, widersprach er. »Ich halte sie für besonders schlau. Sie sehen eben nicht ein, warum sie immer im Kreis herumlaufen sollen, wenn es doch so viel schöner ist, geradeaus zu galoppieren. Und sie behalten nichts, was sie nicht einsehen.«

»Dann versuche doch selbst, ob du ein Zirkuspferd aus ihr machen kannst!«, rief der Direktor zornig.

Als Erstes nahm der Clown Sarotti die Zügel ab. Dann kraulte er sie in der Mähne. Dem Pony gefiel das, deshalb kraulte es August zurück. Dann nahm der Clown ein paar gelbe Rüben in die Hand und lief in Schlangenlinien durch die Manege.

Und weil gelbe Rüben Sarottis Lieblingsspeise waren, lief sie immer hinter ihm her. August stolperte, fiel hin, schlug Purzelbäume und Saltos. Als er »Komm sofort hierher!«, rief, lief sie schnell weg. Und auf den Befehl »Setz dich!« blieb sie stehen. Sie lernte, ihren Kopf in Augusts weite Hosentasche zu stecken und sich dort selbst ihren Zucker zu holen. Danach stellte sie sich in die Mitte, während der Clown um die Manege galoppierte und so tat, als sei er das Pony und Sarotti der Herr Direktor.

Als sie das erste Mal ihre Nummer in einer Vorstellung zeigten, brüllten die Leute vor Lachen.

Sie wurden sehr berühmt, und nachdem sie genug Geld verdient hatten, kaufte August ein Häuschen auf dem Land mit einer Wiese drum herum.

Dort leben er und Sarotti heute noch. ●

ANNEGERT FUCHSHUBER

zwei und mehr

Paul und Peter sind Zwillinge. Die Leute sagen: Die beiden gleichen sich wie ein Ei dem anderen!

Ihre Mutter sagt: Man sieht den Unterschied auf den ersten Blick.

Damit es nicht so schwer ist, sie auseinanderzuhalten, trägt Paul rote Strümpfe und Peter blaue.

Damit es ein bisschen schwerer ist, sie auseinanderzuhalten, zieht ab und zu Peter die roten Strümpfe an und Paul die blauen.

Nun sagt: Wer ist wer?

Manchmal seufzt Mama: Zwei auf einmal ist schon viel!

Was heißt viel?, fragt der Bär. Ich habe auch zwei, und das finde ich genau richtig. Manche behaupten, sie gleichen sich wie ein Ei dem anderen. Dabei sind sie so verschieden! Und ich mag alle beide gleich gern. Ein bisschen anstrengend können sie schon sein. Ein Glück, dass ich nicht drei habe.

Aber das ist doch lächerlich, knurrt der Löwe. Sehen Sie meine drei an: Nicht zu wenig und keinesfalls zu viel. Wer sie sieht, sagt, sie gleichen sich wie ein Ei dem anderen. Dabei finde ich sie so unterschiedlich. Drei ist genau die richtige Kinderzahl. Das sagt meine Frau auch.

Das verstehe ich nun wirklich nicht, sagt Mutter Maulwurf. Mit dreien wäre es doch geradezu langweilig. Ich habe vier, und alle sagen, sie gleichen sich wie ein Ei dem anderen. Ich halte sie natürlich mit Leichtigkeit auseinander. Sogar im Dunkeln. Und ich habe sie alle gleich lieb. Bei vieren kein Problem.

Tja, wenn man sich nicht mehr leisten kann ... sagt die Schleiereule. Ich würde unter fünf gar nicht von einer nennenswerten Kinderzahl reden. Sehen Sie doch nur meine Kleinen an: Gleichen sie sich nicht wie ein Ei dem anderen? Allerdings: *Ich* erkenne jedes von ihnen jetzt schon. Am Piepsen. Hören Sie's?

Aber wieso denn!, entrüstet sich der Igel. Mit meinen sieben schaffe ich das spielend. Ich verwechsle sie nie, auch wenn Fremde behaupten, sie gleichen sich wie ein Ei dem anderen. Das ist natürlich Unsinn. Wo doch jedes Einzelne so besonders ist. Sieben ist einfach ideal.

Das ist in erster Linie eine Frage der Ernährung, piepst die Maus. Wenn man es richtig anstellt, kann man gut acht durchbringen. Ohne meine Kleinen wäre ich so einsam! Und jedes hat jetzt schon seinen eigenen Kopf. Trotzdem gibt es Dumme genug, die meinen, sie gleichen sich wie ein Ei dem anderen. Ich gebe zu: Wenn es mehr wären ...

Aber ganz und gar keine Frage!, grunzt Mama Wildschwein. Mit neun Kindern ist die Familie erst vollständig. Und von wegen wie ein Ei dem anderen. Jedes ist einmalig, und ich würde keines hergeben. Neun ist eine Glückszahl, das weiß doch jeder.

Aber *ich* könnte von meinen zehn kein einziges entbehren, bekümmert sich das Kaninchen. Welches denn, um Himmels willen? Da ist doch jedes ein Schatz! Auch wenn jetzt vielleicht einer daherkommt und meint, sie gleichen sich wie ein Ei dem anderen: Ich finde, zehn ist nicht zu viel!

Überhaupt nicht, brummt der Buchdrucker. Unter fünfzig fangen wir mit dem Eierlegen gar nicht erst an. Wenn es mehr wären als hundert, dann würde ich vielleicht den Überblick verlieren. Aber so – sind sie nicht süß? Und wenn denn die Kinderchen geschlüpft sind: jedes eine kleine Persönlichkeit.

Ach du liebe Zeit, quakt der Frosch, Kinder kann man doch nicht genug haben! Ich versuche gar nicht erst, sie zu zählen. Man kann richtig zusehen, wie sie von Tag zu Tag hübscher werden. Und so lieb! Nein, da hört man nicht bei lumpigen hundert auf. Ich würde mich direkt schämen mit so wenig Nachwuchs.

Eigentlich schade, sagt Paul,

dass wir bloß zwei sind, sagt Peter. ●

TILDE MICHELS

Igel, komm, ich nehm dich mit

Die Sonne ist in die Wolken getaucht, und Dämmerung zieht über den Himmel. Es ist eine gute Zeit für Igel, um nach Schnecken zu suchen. Eine gute Zeit, um zur Igelfrau zu gehn. Der Igel kriecht aus seinem Schlafplatz heraus und schnüffelt in die Abendluft. Dann läuft er über die Wiese und am Gartenzaun entlang.

Da entdeckt ihn Lena.

»Roll dich doch nicht zusammen, Igelchen!«, sagt sie. »Du brauchst keine Angst zu haben. Komm, ich nehm dich mit. Bei mir hast du's gut.«

Weil die Stacheln piksen, wirft sie ihre Jacke über den Igel und wickelt ihn darin ein. Durch den Stoff hindurch fühlt Lena sein kleines Herz pochen. Und sie denkt: Jetzt hab ich einen Igel. Der wird zahm und bleibt immer bei mir.

Zu Hause schleppt Lena einen Stall in ihr Zimmer. Auf den Boden legt sie Stroh und setzt den Igel hinein. Dann kommt die Nacht.

»Du musst jetzt schlafen, mein Igelchen«, sagt Lena.

Aber der Igel will nicht schlafen. Er ist gewohnt, nachts umherzustreifen. Lena hört, dass er an den Stäben nagt, dass er auszubrechen versucht.

Lenas Mutter sagt: »Lass ihn wieder frei! Einen Igel darfst du nicht einsperren. Schau nur, wie traurig er aussieht.«

»Das wird bestimmt bald besser«, antwortet Lena. »Ich hab ihn doch lieb.«

Aber es wird nicht besser. Nachts wandert der Igel im Stall an den Stäben entlang. Am Tag liegt er zusammengerollt in einer Ecke. Manchmal hört Lena ihn seufzen.

Was er nur hat?, überlegt sie.

Er bekommt Eigelb und gehacktes Fleisch und alles, was ein Igel braucht. Weiß Lena denn, was ein Igel alles braucht? Sie weiß nicht, dass er Sehnsucht hat nach den Wiesen. Nach dem Mond über den Wäldern. Nach der Igelfrau, die auf ihn wartet.

»Du musst ihn freilassen«, sagt die Mutter wieder.

Da läuft Lena zum Großvater.

»Ich will meinen Igel behalten! Ich mag ihn so gern. Meinst du, es gefällt ihm nicht bei mir?«

Der Großvater denkt eine Weile nach. Dann sagt er: »Komm, ich erzähle dir ein Märchen.«

Er nimmt Lena auf die Knie und beginnt: »Es war einmal ein kleines Mädchen, das hieß Lena.«

»Bin ich das?«, fragte Lena.

»Es ist ein Märchen«, antwortet der Großvater lächelnd.

»Lena war ein fröhliches kleines Mädchen, das gern auf der Wiese herumsprang. Als Lena eines Tages wieder mit ihrem Ball durchs Gras hüpfte, stand plötzlich etwas mächtig Großes vor ihr. Und sie rannte davon. Der Igel holte sie ein. ›Hab keine Angst!‹, sagte er. ›Ich tu dir nichts.‹ Er nahm sie in seine Pfoten und hob sie auf. Ganz zart und sorgsam trug er sie in seinen Bau. Dort setzte er sie in einen Käfig, damit sie nicht fortlaufen konnte. Die ganze Igelfamilie freute sich über das hübsche kleine Mädchen. Jeder wollte es streicheln. Aber Lena fürchtete sich vor ihren Krallen. Sie fürchtete sich, wenn sie die Köpfe über den

Käfig beugten und grunzten. Und sie wollte nicht eingesperrt sein. Die Igel gaben Lena ein weiches Lager aus Stroh, und sie waren auch sonst gut zu ihr. Aber alles war so anders bei ihnen. Am Abend, wenn Lena schlafen wollte, wurden die Igel munter und machten Lärm. In der Früh, wenn Lena aufwachte und spielen wollte, kuschelten sich die Igel aneinander und schliefen. Lena fühlte sich schrecklich fremd und einsam unter ihnen. ›Ich passe nicht zu euch‹, schluchzte sie. ›Ich will nach Haus!‹ Aber die Igel verstanden sie nicht. Und Lena wurde von Tag zu Tag unglücklicher.«

Der Großvater schweigt. Lena schaut ihn mit großen Augen an.

»Und?«, fragt sie. »Wie geht das Märchen aus?«

»Ich weiß es nicht«, sagt der Großvater und drückt Lena an sich.

Da weiß Lena mit einem Mal selbst, wie es ausgehen muss.

Zuerst ist sie noch ein bisschen traurig. Dann sieht sie, wie der Igel sein Schnäuzchen hebt. Wie er die freie Luft einschnuppert.

»Gell, Großvater«, sagt sie, »jetzt ist er wieder froh!«

Und dann sagt sie noch:

»Wenn ich ihm abends was zu fressen vor die Tür stell … Vielleicht kommt er dann einmal und besucht mich.« ●

ARNOLD LOBEL

Der Garten

Frosch war in seinem Garten.

»Hallo, Frosch!«, rief Kröte. »Dein Garten ist wunderschön.«

»Ja«, antwortete Frosch. »Aber er macht viel Arbeit.«

»Ich hätte auch gern einen Garten«, sagte Kröte.

Da schenkte Frosch ihr ein paar Samen.

»Steck sie in die Erde. Dann wachsen bei dir auch bald Blumen.«

Kröte rannte heim und steckte die Samen in die Erde.

»Jetzt müsst ihr aufgehen!«, sagte sie zu den Samen.

Zehnmal marschierte sie auf und ab. Kam schon etwas aus der Erde? Nein, kein einziges grünes Spitzchen.

Kröte beugte sich hinunter und rief: »He, Samen, ihr sollt aufgehen!« Aber es kam nichts heraus. Kein einziges grünes Spitzchen.

Kröte versuchte es noch einmal. Sie schrie, so laut sie konnte: »Ihr sollt aufgehen!«

Frosch kam angerannt.

»Was machst du für ein Geschrei?«

»Meine Samen gehen nicht auf«, erklärte Kröte.

»Wenn du so schreist«, sagte Frosch, »fürchten sich die Samen und bleiben in der Erde.«

»Sie fürchten sich?«, fragte Kröte. »Meinst du wirklich?«

»Klar«, sagte Frosch. »Lass sie ein paar Tage in Ruhe. Warte, bis die Sonne auf sie scheint. Warte, bis der Regen auf sie fällt. Dann gehen sie auf.«

Aber Kröte war ungeduldig. In der Nacht schaute sie nach ihrem Beet.

»Verflixt«, sagte sie. »Sie gehen nicht auf. – Vielleicht fürchten sie sich im Dunkeln.«

Sie zündete Kerzen an für die Samen. Sie holte ein Buch und las ihnen eine Geschichte vor.

»Ihr braucht euch nicht zu fürchten«, sagte sie zu den Samen.

Am nächsten Tag sang Kröte den Samen alle Lieder vor, die sie kannte. Einen Tag später las Kröte den Samen Gedichte vor. Am dritten Tag spielte Kröte für ihre Samen auf der Geige.

Aber alles war vergebens. Die Samen gingen nicht auf.

»Was ist nur los?«, jammerte Kröte. »Die fürchten sich, aus der Erde zu kommen. So ängstliche Samen hab ich noch nie gesehen.«

Kröte wurde müde und schlief ein. Lange schlief sie.

Bis Frosch kam und rief: »Kröte, Kröte, wach auf! Schau mal, was da wächst!«

»Joi!«, rief Kröte. »Meine Samen! Endlich sind sie aufgegangen.«

»Jetzt hast du auch einen schönen Garten«, sagte Frosch.

»Ja«, sagte Kröte. »Aber ich habe schwer dafür gearbeitet.« ●

MARGRET RETTICH

Drei kleine Kätzchen

Die Katzenmutter hatte drei kleine Kätzchen, ein schwarzes, ein weißes und ein graues. Wenn sich die Kätzchen in ihren warmen, weichen Pelz kuschelten, schnurrte die Katzenmutter zufrieden. Wenn die Kätzchen umhertobten, übereinanderkugelten und sich balgten, miaute sie. Als sie ihr auf den Rücken kletterten, sie mit ihren winzigen Krallen kratzten und sogar in ihre Ohren bissen, fauchte sie. Da saßen die drei kleinen Kätzchen erschrocken still, und die Katzenmutter machte die Augen zu, um ein wenig zu schlafen.

Einmal war es den drei kleinen Kätzchen langweilig. Da huschte ein Mäuschen vorbei. Sofort sprangen alle drei hinterher. Das Mäuschen huschte in seiner Angst in einen großen Topf, der war voller Mehl. Die drei kleinen Kätzchen kletterten hinterher und wühlten nach dem Mäuschen, aber das entwischte ihnen. Da hüpften die Kätzchen wieder aus dem Mehltopf, und jetzt waren es drei weiße Kätzchen. Schnell rannten sie zur Katzenmutter zurück.

Die machte verschlafen die Augen auf, sah die drei Kätzchen an und sagte: »Ihr seid nicht meine drei kleinen Kätzchen, mein schwarzes, mein weißes und mein graues.« Dann machte sie die Augen wieder zu und schlief weiter.

Die drei weißen Kätzchen saßen verdutzt da. Bald wurde es ihnen wieder langweilig. Da flog ein Vogel ins Zimmer. Sofort sprangen alle drei hinterher. Der Vogel flatterte in seiner Angst in ein Ofenrohr und durch den Schornstein auf und davon. Die drei Kätzchen schlüpften hinter ihm her. Im Ofenrohr strampelten sie eine Weile, dann kullerten sie heraus, und jetzt waren es drei schwarze Kätzchen. Schnell rannten sie zur Katzenmutter zurück.

Die machte verschlafen die Augen auf, sah die drei Kätzchen an und sagte: »Ich seid nicht meine drei kleinen Kätzchen, mein schwarzes, mein weißes und mein graues.« Dann machte sie die Augen wieder zu und schlief weiter.

Die drei Kätzchen saßen betreten da. Bald wurde es ihnen wieder langweilig, und sie liefen aus dem Haus. Gerade da hüpfte ein Frosch vorbei. Sofort sprangen alle drei hinterher. Der Frosch wühlte sich in seiner Angst in den Schlamm. Die drei Kätzchen scharrten nach ihm, aber sie erwischten ihn nicht. Dafür waren sie selbst voller Schlamm. Als der trocken wurde, waren es drei graue Kätzchen. Schnell rannten sie zur Katzenmutter zurück.

Die machte verschlafen die Augen auf, sah die drei Kätzchen an und sagte: »Ihr seid nicht meine drei kleinen Kätzchen, mein schwarzes, mein weißes und mein graues.« Dann machte sie die Augen wieder zu und schlief weiter.

Die drei grauen Kätzchen saßen traurig herum.

Endlich schlichen sie hinaus auf den Hof. Da begann es zu regnen. Der Regen wusch ihnen den Schlamm aus dem Fell, und als es aufhörte zu regnen, waren sie wieder ein schwarzes, ein weißes und ein graues Kätzchen.

Schnell rannten sie zur Katzenmutter zurück. Die machte die Augen auf und rief: »Da seid ihr ja, meine drei kleinen Kätzchen, und ihr seid ja ganz nass! Kommt schnell her.« Sie leckte die drei kleinen Kätzchen trocken, und die kuschelten sich an ihren warmen, weichen Pelz. Dann schliefen sie ein, und die Katzenmutter schnurrte zufrieden. ●

TILDE MICHELS

Unser Gustav Bär

Gustav Bär hat ein gemütliches, weiches Bett. Ein richtiges Bärenbett, in dem er sich wohlfühlt. Denn Gustav ist ein Langschläfer und ein Dauerschläfer und ein Winterschläfer. Kaum ist die Sonne untergegangen, kuschelt er sich unter seine Decke und schläft einen tiefen Bärenschlaf.

Eines Abends aber, als Gustav die Bettdecke zurückschlägt, liegt da schon jemand drunter. Gustav brummelt und schaut:

Drei fremde kleine Bären liegen da und blinzeln ihn an. Liegen einfach in seinem Bett und blinzeln.

»Ja wer ...? Ja woher ...? Ja wieso ...?«, stottert Gustav.

Aber die drei kleinen Bären wissen schon, was er fragen will. Sie antworten: »Wir heißen Cilli, Bim und Mocke. Wir sind Wanderbären.«

Bim sagt: »Wir wandern durchs Land, mal dahin, mal dorthin.«

Mocke sagt: »Wo's uns gefällt, da bleiben wir.«

Und Cilli sagt: »Bei dir gefällt's uns.«

Gustav schnauft und wiegt den Kopf. So schnell kann er das

gar nicht begreifen. »Wanderbären seid ihr?«, wiederholt er. »Und es gefällt euch bei mir? Wirklich?«

Die Wanderbären nicken mit den Köpfen.

Dann sagt Mocke: »Außerdem bist du so allein. Das ist doch langweilig, oder? Da haben wir uns gedacht, wir könnten deine Freunde sein.«

»Meine Freunde?« Gustav Bär strahlt. »Freunde habe ich mir schon immer gewünscht. Mit Freunden kann man spielen. Mit Freunden kann man lachen. Mit Freunden kann man Dummheiten machen ...«

»Und mit Freunden muss man alles teilen«, sagt Mocke.

»Teilen?«, fragt Gustav. »Was denn teilen?«

»Zum Beispiel«, sagt Cilli und blinzelt, »zum Beispiel das Bett.«

Gustav Bär sagt eine ganze Weile gar nichts. Er brummelt nicht einmal. Er schaut nur vor sich hin und zieht die Stirn in Falten.

»Teilen?«, fragt er schließlich. »Mein Bett?«

Die drei Wanderbären setzen sich auf und schauen Gustav an. Ganz lieb schauen sie ihm in die Augen.

»Teilen!«, sagt Cilli.

»Bett!«, sagt Bim.

»Freunde!«, sagt Mocke.

Dann streicheln sie ihm die Bärentatzen, wie ihm noch nie jemand die Tatzen gestreichelt hat.

Da wird es Gustav ganz warm ums Herz.

Er schaut hinunter auf Cilli, Bim und Mocke, die sich so behaglich in sein Bett gekuschelt haben, und er sagt: »Also gut, wir teilen.«

Damit sind Gustav und die drei kleinen Wanderbären Freunde.

»Und jetzt«, erklärt Gustav, »will ich schlafen.«

»Jetzt«, sagt Mocke, »musst du uns eine Geschichte erzählen.«

»Eine Gutenachtgeschichte«, sagt Bim.

»Ohne Gutenachtgeschichte können wir nicht einschlafen«, sagt Cilli.

Gustav ist müde. Er wäre so gern in sein Bett gekrochen und hätte einfach die Augen zugemacht. Aber er will nicht, dass seine neuen Freunde traurig werden.

Also setzt er sich an den Bettrand und sagt: »Na gut, ich erzähle euch eine Geschichte.«

»Was soll ich euch denn erzählen?«, fragt Gustav.

»Erzähl, wie es war, als du klein warst«, verlangt Cilli.

»Als ich klein war?«, wiederholt Gustav.

»So was hören wir nämlich am liebsten«, erklärt Bim.

»Also gut«, sagt Gustav Bär, »ich fange an: Es war einmal ein kleiner Bär ...«

»Und das warst du!«, ruft Mocke dazwischen.

»Richtig«, sagt Gustav. »Der kleine Bär wohnte mit seinem Vater, seiner Mutter und mit Tante Lillibär in einer warmen Bärenhöhle. Dort roch es so gut wie nirgendwo sonst auf der Welt. Nach Bärenfell roch es und nach Honigplätzchen.

Eines Tages sagte der Vater: ›Unser kleiner Bär ist jetzt alt genug. Er muss lernen, wie es die großen Bären machen. Ich will ihm zeigen, wie er stark und geschickt und mutig wird.‹

Der Mutter war das recht, denn sie wollte gern ein starkes, geschicktes, mutiges Bärenkind. Nur Tante Lillibär war dagegen. Tante Lillibär lag den ganzen Tag auf dem Sofa und aß Honigplätzchen. Sie war kugelrund wie ein Fässchen. Aber sie fand sich gerade richtig und schön.

›Lass doch unser Gustavchen in Ruhe!‹, rief Tante Lillibär. ›Warum muss ein kleiner Bär schon so viel lernen? Er soll lieber Honigplätzchen essen, davon wird er auch stark.‹

Der kleine Bär wollte aber lernen, wie es die großen Bären machen. Also zog er mit seinem Vater los in den Wald.

›Zuerst will ich dir zeigen, wie man auf Bäume klettert‹, sagte der Vater. ›Stell dich dicht an den Stamm! Arme hoch, Tatzen in die Rinde krallen, Hinterteil nachschieben und mit den Beinen festklammern! Dann wieder Arme hoch, Tatzen in die Rinde krallen, Hinterteil nachschieben und mit den Beinen festklammern!‹

Leicht war das nicht. Zuerst rutschte der kleine Bär immer wieder ab. Bald taten ihm seine kleinen Tatzen weh. Deshalb sagte sein Vater: ›Schluss! Das war für den Anfang schon sehr gut.‹

Als sie nach Hause kamen, rief der kleine Bär schon von weitem: ›Mami, Mami, ich kann schon auf Bäume klettern!‹

Die Mutter betastete seine Arme und sagte: ›Wirklich! Du hast schon ganz kräftige Muskeln bekommen.‹

Auch Tante Lillibär ließ sich von ihrem Sofa rollen und betrachtete Gustavs Pfoten: ›Richtig wund gescheuert hat er sich‹, jammerte sie. ›Ich sage doch, das ist noch nichts für Gustavchen. Dafür ist er viel zu klein.‹ Und sie schob dem kleinen Bären rasch ein Honigplätzchen in den Mund.

Der kleine Bär hat gekaut, geschluckt und dann gelacht. ›Morgen, Tante Lillibär, morgen lerne ich noch viel mehr.‹

An diesem Abend ist der kleine Bär freiwillig ganz früh ins Bett gegangen. So müde war er.«

Gustav Bär steht vom Bettrand auf. Er gähnt ganz schrecklich und sagt: »So ist das gewesen, als ich klein war. Und jetzt will ich endlich meine Ruhe haben. Macht Platz!«

Cilli, Bim und Mocke rutschen zur Seite. Gustav kriecht unter die Bettdecke und fällt sofort in einen tiefen Bärenschlaf. ●

ISABEL VERSTEEG

Kuh und Hase – Mit Schwung

Was für eine Hitze! Und diese Fliegen! Kuh schlug mit dem Schwanz hin und her.

Der Nachmittag hatte gerade erst angefangen. Was sollte sie machen? Mit Grasen war sie fertig. Gelegen hatte sie auch schon viel. Kuh beschloss, zu den dicken Bäumen zu trotten. Dort gab es wenigstens Schatten. Träge setzte sie sich in Bewegung.

He, was war das? Hing da etwas zwischen den Bäumen? Etwas Orangegelbes?

Langsam ging Kuh weiter. Jetzt sah sie es besser. Es war ein Lappen. Sie betrachtete ihn eine Weile und ging dann hin. Vorsichtig roch sie daran. Nicht schlecht, dachte sie. Es riecht nach Sonne und Weide. Aber was könnte es sein? Kuh blickte von dem Lappen auf und sah Hase, der auf sie zukam.

»Wie gut, dass ich dich treffe«, sagte Kuh. »Weißt du, was das ist, Hase?«

»Natürlich«, sagte Hase. »Eine Hängematte.«

»Aha, eine Hängematte.« Kuh starrte vor sich hin.

»Hängt man sich da dran?«, fragte sie nach einer Weile.

»Nein, Kuh, man hängt darin.«

»Ach so«, sagte Kuh. So richtig verstand sie es nicht.

»Guck, so!« Mit einem Satz verschwand Hase in der Hängematte.

Genüsslich streckte er sich aus und legte sich auf den Rücken. Die Vorderpfoten verschränkte er unter dem Kopf und die Hinterpfoten schlug er übereinander.

»Schubs mich doch mal an, Kuh. Dann kann ich schaukeln.«

Kuh trat einen Schritt vor und schubste die Hängematte mit dem Maul an. Die Matte pendelte hin und her, und Hase lachte.

»Fester, Kuh, fester!«

Immer wenn die Hängematte auf sie zukam, stieß Kuh sie mit dem Kopf an. Hase flog durch die Luft und kam wieder zurück. Hin und zurück, bestimmt zehn Mal.

»Mir wird ein wenig schwindelig, Kuh.« Hase umklammerte den Rand mit den Pfoten. Er sagte noch etwas, aber Kuh verstand ihn nicht. Da kam die Matte wieder.

Kuh hielt sich bereit. Baff!, machte sie mit ihrem Kopf.

Der Stoß war ziemlich kräftig.

Die Hängematte kam zurück und war ganz schlaff.

Kuh schaute genauer hin.

Sie sah Hase nicht mehr.

»Hase, wo bist du?«, rief sie.

»Hier, Kuh, über dir!«

Es klang weit weg. Kuh spähte durch das Laub. Ganz oben im Baum sah sie Hase. Wie nasse Wäsche hing er über einem Ast.

»Wie kommst du denn dorthin?«, fragte Kuh erstaunt.

»Du hast mich hochgeschossen; durch den kräftigen Schubs bin ich hinausgeflogen.«

»Du hättest auf dem Mond landen können!«, sagte Kuh.

»Hilf mir bitte, Kuh. Ich falle gleich!«

Kuh schaute zum Baum. Hinaufklettern war unmöglich. Sie musste sich etwas anderes einfallen lassen. Aber was? Ideen waren eher etwas für Hase. Sie scharrte mit einem Vorderbein.

Das half. Plötzlich wusste sie, was sie tun musste.

Sie schaute noch einmal zu Hase. Wenn er jetzt fiel, würde er im Klee landen. Klee war zart an der Zunge, aber nicht am Po. Hase würde sich ganz schön wehtun. Kuh lief zum Klee und stellte sich darüber.

»Lass dich ruhig fallen, Hase. Ich fange dich schon auf!«

»Fallen lassen?«, schrie Hase. »Bist du verrückt?«

Durch sein Geschrei verlor er das Gleichgewicht und sauste in die Tiefe. Äste und Blätter rauschten mit ihm hinunter. Kuh hielt sich bereit. Mit einem dumpfen Schlag landete Hase auf ihrem Rücken.

»Alles in Ordnung, Hase?«, fragte Kuh vorsichtig.

»Ja, Kuh, du hast mich gerettet«, piepste Hase.

»Erst hochgeschossen und dann gerettet«, sagte Kuh stolz. ●

JENS RASSMUS

Ein Pflaster für den Zackenbarsch

»Heute sind alle gesund«, sagte der Kofferfisch an einem schönen kühlen Morgen, als sich noch kein Patient hatte blicken lassen. Er schaute aus dem leeren Wartezimmer, das sich unter einer Buschkoralle befand, nach draußen, wo die Fische hin und her schwammen wie in einem Aquarium. Der Doktorfisch sagte nichts, denn er genoss die Stille und den Morgen.

»Oder so krank, dass sie es nicht mehr bis zu uns schaffen«, fuhr der Kofferfisch mit seiner Überlegung fort. »Sollen wir mal nachschauen?«

»Schwimm ein bisschen herum, wenn du dich langweilst«, sagte der Doktorfisch.

Also schwamm der Kofferfisch, der sich tatsächlich langweilte, ein bisschen herum. Und der Doktorfisch fuhr damit fort, den Morgen zu genießen.

So ging es eine Weile, dann kam der Zackenbarsch angeschwommen.

»Guten Tag«, sagte er, »ich hätte gerne eine schöne Krankheit. Irgendetwas mit Punkten oder so.«

»Wie bitte?«, fragte der Doktorfisch.

»Ich habe gehört, Masern sollen recht hübsch sein. Ein bisschen Rot würde mir sicher gut stehen, denke ich.«

»Ich fürchte, da kann ich dir nicht helfen«, sagte der Doktorfisch.

»Aber wieso? Du kennst dich doch aus mit Krankheiten«, erwiderte der Zackenbarsch. »Erkältung fände ich zum Beispiel auch interessant. Dann könnte ich riesige Blasen aushusten, so groß wie Medizinbälle!« Der Zackenbarsch schaute den Doktorfisch erwartungsvoll an. »Oder Fieber! Richtig hohes Fieber, das mich ganz heiß macht. Fieber, das das Wasser zum Kochen bringt, bis es rechts und links von mir zu blubbern anfängt!«

»Tut mir leid«, sagte der Doktorfisch, »ich kann Krankheiten behandeln, aber ich kann keine machen.«

»Ich dachte, du bist Arzt«, sagte der Zackenbarsch enttäuscht. »Hast du denn gar nichts drauf? Nicht mal Warzen? Oder Flossenpilz?«

Der Doktorfisch schüttelte den Kopf.

»Schluckauf?«

»Nein!«

Der Zackenbarsch dachte einen Moment nach. »Dann will ich wenigstens einen Verband«, sagte er schließlich. So einen, wo nur noch meine Zacken und die Augen rausgucken. Das wäre auch nicht schlecht, dann könnte ich alle erschrecken!« Er verdrehte die Augen und paddelte mit steifen Flossen umher wie eine Fischmumie.

»Vielleicht habe ich etwas für dich«, sagte der Doktorfisch.

Er winkte dem Kofferfisch, der sofort angeschwommen kam und sein Maul öffnete. Der Doktorfisch griff hinein und holte ein großes rosa Pflaster hervor.

»Wie wunderschön!«, rief der Zackenbarsch und klatschte vor Begeisterung in die Flossen. »Für mich?«

»Ja«, sagte der Doktorfisch, »für dich ganz allein. Halt mal einen Moment still!« Zusammen mit dem Kofferfisch nahm er das Pflaster und klebte es dem Barsch quer über sein Maul.

»Sieht wirklich toll aus«, bemerkte der Kofferfisch, als sie fertig waren.

»Hmmbmh«, sagte der Zackenbarsch.

»Nichts zu danken«, erwiderte der Doktorfisch. »Gute Besserung!«

Sie reichten sich zum Abschied die Flossen, und der Zackenbarsch schwamm zufrieden davon.

»Mndlich kwnk«, freute er sich. ●

SIGRID HEUCK

Der Esel und der Elefant

Kurz nachdem er die Welt erschaffen hatte, machte der liebe Gott einmal einen Spaziergang durch Afrika. Er wanderte durch die Wüste, den Urwald und über die Steppen, und er war stolz auf das, was er geschaffen hatte. Elefanten begegneten ihm, Löwen, Gazellen, Flamingos und viele andere Tiere.

Doch weil der liebe Gott schon ziemlich alt und ein bisschen kurzsichtig war, fiel es ihm oft schwer, die Tiere voneinander zu unterscheiden. Sie hatten nämlich alle noch keine Farbe.

Deshalb sagte er einmal »Guten Morgen, Leopard!« zur Gazelle und »Fein, dich zu treffen, Giraffe!« zum Flamingo. Dann erklärten ihm die Tiere entrüstet, dass er sich geirrt habe.

So geht das nicht weiter, dachte der liebe Gott. Dagegen muss ich etwas tun.

Er schickte ein paar Vögel in seine Werkstatt, um Farbtöpfe zu holen, und rief alle Tiere zusammen.

»Ich will euch ein bisschen anmalen«, erklärte er ihnen. »Damit man euch besser voneinander unterscheiden kann.«

Niemand wollte der Erste sein. Doch schließlich trat das Zebra vor. »Mir ist's recht«, sagte es. »Mal nur zu!«

Und weil der liebe Gott den anderen Tieren zeigen wollte, was er konnte, gab er sich mit dem Zebra besondere Mühe.

Er malte schwarze Längsstreifen, dann Schrägstreifen und Querstreifen, mal dick und mal dünn, wie es gerade so auf den Körper passte.

»Bravo!«, jubelten die Tiere, als er fertig war und seine Pinsel auswusch.

Da lief das Zebra gleich neugierig zum nächsten Wasserloch, um sich darin zu betrachten.

Jetzt drängte sich der Leopard vor. Er bekam dunkle Flecken auf sein gelbes Fell getupft. Die Giraffe wurde mit einem Netzmuster überzogen und die Gazellen erhielten weiße Bäuche und schwarze Striche an den Seiten.

So arbeitete der liebe Gott und merkte nicht, dass ihm allmählich die Farbe ausging. Am Ende waren nur noch der Esel und der Elefant übrig. Doch die Farbtöpfe waren leer.

»Bitte, bitte!«, schrie und jammerte der Esel. »Mal mir irgendein Zeichen auf den Rücken, sonst verwechseln mich die Leute mit dem Elefanten, weil ich genauso grau bin wie er. Dann fangen sie mich ein und brechen mir die Zähne aus, weil sie es als Elfenbein verkaufen wollen!«

»Ach je!«, klagte der liebe Gott. »Ich hab nichts mehr. Alle meine Farben sind schon verbraucht.«

Da zupfte ihn ein kleiner Vogel an der Kutte.

»An dem Pinsel ist noch etwas schwarze Farbe«, piepste er. »Das könnte reichen.«

Der liebe Gott nahm seinen Pinsel und malte dem Esel ein schwarzes Kreuz auf den Rücken. Den allerletzten Rest strich er auf die Gelenke.

»Bist du jetzt zufrieden?«, fragte er, als er fertig war.

»Iah!«, schrie der Esel und trabte davon.

Nur der Elefant blieb für immer einfarbig grau. Bei seiner Größe hätte der liebe Gott zu viel Farbe verbrauchen müssen. ●

GUDRUN MEBS

Petersilie Katzenkind

Die Nacht ist rabenschwarz um Mitternacht. Der Mann im kleinen Haus kann nicht mehr schlafen. Der Wind hat ihn geweckt. Der tobt ums Haus und rüttelt am Dach, als wolle er hinein.

»Ich geh' hinaus und schau mal nach den Katzen«, flüstert der Mann zur schlafenden Frau. Er greift nach seinen Schlappen. »Die Miezen fürchten sich doch so, wenn's stürmt!«

»Ach was«, gähnt die Frau. »Die haben's warm und gut im Schuppen. Aber wenn du schon in den Garten gehst, bringst du mir Petersilie mit für morgen?«

»Wenn ich sie finde in der Finsternis«, antwortet der Mann.

Und schon ist er draußen im nachtschwarzen Garten. Der Wind zaust ihm die Haare und zerrt an seinem Schlafanzug. Und hätten seine Schlappen-Füße den Weg zum Schuppen nicht von selbst gewusst, dann hätte er ihn nicht gefunden. So finster ist die Nacht.

Im Schuppen macht er Licht. Da liegen sie, die Katzen, Pelz an Pelz, Pfote über Pfote, ein bunter Fellteppich auf dem Feuerholz. Zwei kuscheln in der Schubkarre und drei im alten Mottensessel. Und alle heben die Köpfe und spitzen die Ohren und blinzeln ins Licht. Gibt's etwa schon Frühstück? Und sie fürchten sich kein bisschen. Nicht vor dem Wind und vor dem Mann schon gar nicht.

»Schön weiterschlafen, Miezeschnurrer«, sagt der Mann und knipst das Licht schnell aus. Er schließt die Tür. Den Katzen geht es gut, wie schön!

Er kann beruhigt zurück ins warme, windgeschützte Haus. Mit Petersilie, weil er das versprochen hat. Er will sich bücken, um zu pflücken, seine Hände kennen ja das Beet, da tritt er auf etwas Weiches. Das fühlt sich an wie Pelz und nicht wie Petersilie. Erschrocken hebt der Mann den Fuß ... da ist der Schlappen weg, verschwunden im Beet. Er tastet blind nach seinem Schlappen und erwischt den Pelz. Der Pelz quietscht auf, und er muss lachen. Das ist bestimmt die dicke Miezi, die immer als Erste ihr Frühstück will!

»Husch, husch, zurück ins Schuppenbett. Fürs Frühstück ist's noch viel zu früh, was denkst du denn!«, lacht der Mann und gibt dem Pelzchen einen sanften Schubs. Das Pelzchen sitzt und zittert. Da stutzt der Mann, er tastet mit beiden Händen ... und staunt: Die Miezi ist ja so geschrumpft! Vergessen ist der Schlappen. Er hüpft, so schnell er kann, auf einem Bein ins Haus.

»Schau mal, was ich dir gebracht hab'!«, sagt der Mann und hüpft zu seiner Frau ans Bett.

»Leg sie ins Wasser«, gähnt die Frau, »dann bleibt sie frisch, die Petersilie.« Sie zieht die Decke über ihren Kopf.

»Ich werd' mich hüten«, lächelt der Mann. »Diese Petersilie mag das nicht, da bin ich mir ganz sicher!«

Da ist die Frau mit einemmal hellwach. Sie reißt die Augen auf.

»O Schreck!«, stöhnt sie, »wir haben doch schon elf!«

»Seit eben sind es zwölf!«, lächelt der Mann. »Wir haben Platz genug.«

Das winzigkleine Kätzchen zittert auf seiner Hand.

»Auf keinen Fall!«, sagt die Frau und setzt sich auf. »Und übermorgen sind es dreizehn und überübermorgen vierzehn. Wo führt das hin? Einmal muss Schluss sein mit der Katzenschar. Das musst du einsehen.«

Der Mann seufzt und nickt.

»Die Katz' muss weg, gleich morgen früh!«, sagt die Frau und greift nach dem Kätzchen. »Gib ihn mal her, den Winzling.«

Der Winzling zittert und miaut ganz dünn.

»Er braucht ein Klo und was zum Essen, er ist ja fadendürr«, sagt die Frau. »Heut nacht darf er hier schlafen, aber denk dran, morgen früh ...«

Und sie streichelt das magere Bäuchlein. Der Mann bringt Katzenklo und Essen, und gierig schlappt der rabenschwarze Findling die weiße Milch. Er muss sofort aufs Klo. Und muss schon wieder zittern.

»Kommt jetzt ins Bett!«, sagt die Frau. »Euch wird ja beiden kalt und mir auch!«

Das Kätzchen hopst und hopst, das Bett ist hoch für Babykatzenpfoten. Doch endlich hat's sich hochgehopst, auf den Kopf der

Frau drauf. Da versteckt es sich in ihrem Haar und schnurrt ihr ins Ohr. Es muss gar nicht mehr zittern. Die Frau schläft wenig in dieser Nacht. Der Mann auch, ihm ist so bang vor dem nächsten Morgen ..., wo einer weg soll, der doch bleiben möchte.

Und wenn er nun die Katzen fragt? Schaut her, da ist ein heimatloses Baby, seid gefälligst lieb zu ihm. Sie werden sich freuen, ganz bestimmt, ein neuer Spielkumpan, das ist doch schön. Dann darf das Baby bleiben, das wird die Frau verstehen.

»Wir lassen die Katzen entscheiden«, flüstert der Mann der Frau ins Ohr. Doch die ist eingeschlafen, mit der Katz' im Haar.

Am nächsten Morgen stehen vor dem Haus elf Katzen, die Schwänze hochgestreckt, und rufen nach ihrer Morgenmilch.

»Schaut her, ein heimatloses Baby!«, sagt der Mann und hält den Katzen das Kätzchen entgegen.

Da ist das Kätzchen schon von seiner Hand gesprungen und auf die dicke Miezi zugesaust: Bist du meine Mama? Miezi weicht zurück und faucht und haut, und die anderen Mädchenkatzen fauchen und hauen mit: Ein Kind! Wir wollen hier kein neues Kind! Wir sind eine Familie und du riechst fremd! Geh weg, du fremdes Kind, hau ab, aber schnell, sonst kriegst du was auf die Ohren! Das Kätzchen kneift die Augen zu und hockt ganz still. Und muss schon wieder zittern.

Die Bubenkatzen schleichen näher und schnuppern an dem Fremdling. Was ist denn das? Klein wie eine Maus und riecht wie eine Katze. Ob man mit der spielen kann? Komm her, du Katzenmaus, wir spielen mit dir Katz und Maus! Sie schubsen sie und stupsen mit den Pfoten, und einer packt sie im Genick und wirft sie in die Luft. Schaut, wie das quietscht und zappelt. Ist das nicht lustig? Das Kätzchen landet auf dem Boden und sitzt ganz still und zittert. So eine blöde Katzenmaus! Die Bubenkatzen marschieren ab, die Schwänze stolz erhoben. Einer gähnt. Und einer haut der Kleinen noch rasch auf den Kopf. Wenn du auch nicht spielen willst! Das hast du jetzt davon!

Mann und Frau schauen sich an und gehen zurück ins Haus. Der Mann seufzt tief, und die Frau nickt: »Ich hab' es ja gewusst!«

Die Katz' muss also wirklich weg, da hilft nichts. Aber wohin? Der Mann greift nach dem Pinsel. Er malt an einem Katzenbild.

»Wir bringen sie zu guten Leuten«, sagt er und taucht den Pinsel in die Farbe. Die Katze ohne Schwanz auf seinem Bild ist rot, die Farbe aber grün ...

»Kennst du welche?«, fragt die Frau und schaut aus dem Fenster. Das Kätzchen zittert unterm Busch. »Hier haben alle Leute selber Katzen, die wollen keine mehr.«

Der Mann denkt nach und malt dabei der roten Katze einen grünen Schwanz und merkt es nicht ...

»Ich bringe sie ins Dorf, jetzt gleich!«, sagt er und legt entschlossen den Pinsel weg. »Da gibt es viele menschenlose Katzen, die werden immer gefüttert.«

»Nicht jeden Tag«, sagt die Frau und schaut noch immer aus dem Fenster. »So ein kleines Katzenbaby, das braucht doch jeden Tag sein Futter. Wie soll es denn sonst wachsen?«

»Ich bringe es in den Wald!«, sagt der Mann und will nach seiner Jacke greifen. »Da kann es Mäuse fangen.«

»Ja, und der Fuchs fängt es zuerst!«, sagt die Frau. »Es ist ja winzig wie 'ne Maus!«

Da ist das Kätzchen verschwunden.

»Es hat sich vor den Katzen versteckt, so ein schlaues Kätzchen!«, sagt der Mann und greift wieder nach dem Pinsel.

»Oder vor uns!«, sagt die Frau und schließt das Fenster. »Und wenn es Hunger hat, dann ist es wieder da. Und dann?«

Aber das Kätzchen bleibt verschwunden, den ganzen Tag lang. Am Abend füllt der Mann die Katzenschüsselchen und ruft. Da stürmen sie herbei, die dicke Miezi vorneweg, dann Franz und Suse, die freche Anna, Ida und der dicke Tizio, die Zwillinge Feli und Felo und zum Schluss der wüste Raufebold Nano. Domino sitzt wie immer abseits und Mimi auf einem Baum. Ein nachtschwarzes Kätzchen ist nicht dabei.

»Es ist zurückgelaufen zu seiner Mama!«, sagt der Mann zur Frau. Sie stehen beide und schauen zu, wie die Katzen schmatzen.

»Mach dich nicht lächerlich!«, sagt die Frau und nimmt den Nano auf den Arm, weil der immer die Miezi zwackt. »Die Mama von der Kleinen, die ist bestimmt gestorben. Hätte sie sonst das Kind verlassen?«

Die Frau schläft wieder schlecht in dieser Nacht. Der Mann aber auch. Und dabei ist doch gar kein Wind!

Der nächste Morgen ist wie immer. Elf Katzen wollen ihre Morgenmilch, ein zwölftes Kätzchen ist nicht dabei.

»Gott sei Dank!«, sagt die Frau und geht in den Garten, die Wäsche abhängen. Das tut sie gerne, weil die windfrische Flatterwäsche so fein riecht. Sie schnuppert gerne an den Laken. Doch heute mag sie nicht. Sie schaut nach rechts und links, hoch in die Bäume, tief ins Gras, und immer wieder fallen ihr Wäscheklammern aus der Hand ... Sie schaut auch in den Wäschekorb, da sitzen gerne die Katzen drin und spielen mit den Unterhosen. Der Wäschekorb ist leer. Die Frau seufzt leise, zuckt die Schultern und will nach einem Handtuch greifen. Die Wäsche muss runter, es hilft nichts ... Da ist dem Handtuch ein Schwänzlein gewachsen, ein nachtschwarzes, das wackelt hin und her.

»Petersilie, Lausekatze!«, ruft die Frau und lacht ...

Und Domino kann gar nicht begreifen, warum er heute einen

Klaps bekommt. Handtuchschaukeln ist doch lustig! Das hat er sonst immer gedurft!

Der Mann steht in der Küche, er will kochen. Das macht er gerne, weil Kochen so fein riecht. Und weil er das gut kann. Das finden die Katzen auch und streichen oft um seine Beine. Es könnte ja zufällig ein Happen zu Boden fallen! Heute ist die Küche leer, obwohl der Mann in alle Küchenschränke kriecht. Braucht man zum Kochen so viele Töpfe? Vielleicht nicht grad zum Kochen, aber ... da! Aus der blauen Suppenschüssel, da schaut was raus! Das sind rabenschwarze Katzenohrenspitzen!

»Petersilchen!«, lacht der Mann, »hab keine Angst!«, und streichelt aufgeregt die Suppenschüssel ...

Und Mimi kann gar nicht begreifen, warum sie heute einen Klaps bekommt! In Suppenschüsseln sitzen ist doch lustig! Das hat sie sonst immer gedurft!

Und was machen die anderen Katzen? Die dicke Miezi, Franz und Suse, die freche Anna, Ida und der dicke Kater Tizio? Die Zwillinge Feli und Felo und der Raufbold Nano?

Sie machen, was sie immer machen um diese Zeit. Sie spielen und raufen, schlafen und fangen Schmetterlinge. Dann zanken sie sich um den armen Schmetterling. Der ist längst tot. Die liebe Suse putzt den Nano und beißt ihm dabei ins Ohr. Nano zwickt ihr dafür kräftig in den Bauch, und Suse kreischt laut auf. Es ist wie immer. Katzenfriedlich! Die fremde kleine Katze ist verschwunden, der unwillkommene Fremdling. Was für ein Glück.

»Sie ist verschwunden, ganz von selber. Wir haben noch mal Glück gehabt«, sagt die Frau und stellt das Mittagessen auf den Tisch. »Nun sind wir wieder unter uns.«

»Was für ein Glück«, seufzt der Mann und rührt herum im Rührei.

»Die Petersilie fehlt. Ohne Petersilie schmeckt's mir nicht.« Und er steht auf. »Ich geh' rasch Petersilie holen.«

»Ja, wo denn?«, fragt die Frau, und plötzlich muss sie weinen. Mitten aufs Rührei. Die kleine Babypetersilie ... der Fuchs im Wald ... ein schnelles Auto auf der Straße ... böse Menschen, die kleine Kätzchen quälen ...

»Wenn sie wiederkommt, darf sie bleiben!«, tröstet der Mann und nimmt die Frau in den Arm. »Sie hat doch schon einen Namen!« Denn wenn man einen Namen hat, dann ist man auch willkommen.

»Wir müssen sie suchen!«, schluchzt die Frau. »Jetzt gleich, mir ist der Appetit vergangen.«

Und sofort stürzen die beiden los und suchen. Das Rührei bleibt ungegessen auf dem Tisch zurück.

Die Frau kriecht herum im Garten und durchwühlt jeden Busch und Strauch. Beim Fliederbusch sucht sie besonders, so heftig, dass die Blüten fallen. Der Mann sucht auf der Straße. Und jedes Mal, wenn er ein kleines schwarzes Häuflein liegen sieht am Straßenrand, erschrickt er sehr! Das ist die Petersilie, totgefahren! Nein, es ist bloß ein alter Lappen oder ein Stück Autoreifen.

Petersilie ist nicht im Garten, Petersilie ist nicht auf der Straße. Im Wald vielleicht? Da suchen Mann und Frau gemeinsam. Sie steigen auf Bäume, sie graben in Erdlöchern, sie rufen und locken. Die Frau ist schon ganz heiser. Der Mann hat schwarze Fingernägel und die Frau zerkratzte Beine. Der Mond steigt hoch, es wird bald Nacht, so lange haben sie gesucht. Umsonst.

»Komm, lass uns gehen!«, sagt der Mann. »Die Katzen müssen ihr Abendessen kriegen, sie können ja nichts dafür!«

Die Frau nickt und muss immerzu daran denken, wie nun das kleine Katzenbaby, allein und verloren und hungrig und durstig ...

Und Durchfall hat es auch gehabt. Und Angst. Und niemand hat es gewollt. Sie nicht, die Katzen nicht, der Mann auch bloß ein bisschen. Das darf nicht sein. Das ist aber so. Die Frau weint. Den ganzen Heimweg lang. Der Mann schluckt und muss sich dauernd räuspern.

Und wo sind die Katzen? Im Schuppen natürlich, da kuschelt sich Pelz an Pelz. Wenn die Sonne geht und die kühlen Abendwinde wehen, dann gibt's doch immer das Katzenabendessen. Danach geht's auf die Jagd, den Mäusen hinterher, die halbe Nacht lang. Heute nicht. Die Menschen sind nicht dagewesen, macht nichts, die Bäuche sind trotzdem voll und satt. Die Jagd wird verschoben auf später. Felo schnurrt Feli ins Ohr und hat den Schwanz um Felis Hals gekringelt, Miezi schnauft in der Schubkarre, weil Franz auf ihrem Rücken schläft. Die anderen liegen auf dem Feuerholz und träumen pfotenzuckend vor sich hin. Domino schnarcht.

Und auf dem alten Mottensessel liegt heute ganz allein der dicke Kater Tizio ... ganz allein?

An seinen fetten Bauch gekuschelt ist da was Kleines, Rabenschwarzes, und nuckelt an seiner Pfote!

Ich glaub', du bist meine Mama!

Der fette Kater Tizio schnurrt und schleckt der kleinen Petersilie drei gelbe Bröckchen Rührei von dem schwarzen Köpfchen. •

Von kleinen und großen Aben-teuern

A.A. MILNE

Tieger kommt in den Wald und frühstückt

Winnie-der-Pu wachte plötzlich mitten in der Nacht auf und lauschte. Dann stieg er aus dem Bett und zündete seine Kerze an und stapfte durch das Zimmer, um zu sehen, ob nicht vielleicht jemand versuchte, seinen Honigschrank aufzumachen, aber das hatten sie gar nicht vor, und deshalb stapfte er wieder zurück, blies seine Kerze aus und ging ins Bett. Dann hörte er den Lärm wieder.

»Bist du das, Ferkel?«, sagte er.

Aber Ferkel war es nicht.

»Komm herein, Christopher Robin!«, sagte er.

Aber Christopher Robin kam nicht.

»Sag es mir morgen, I-Ah?«, sagte Pu verschlafen.

Aber der Lärm ging weiter.

»Worraworraworraworraworra«, sagte Was-es-auch-war, und Pu fand, dass er überhaupt nicht schlief.

Was kann es sein?, dachte er. Es gibt jede Menge Geräusche im Wald, aber dies ist anders. Es ist kein Knurren, und es ist kein Schnurren, und es ist kein Bellen, und es ist nicht das Geräuschdas-man-macht-bevor-man-anfängt-zu-dichten, aber irgendein Geräusch ist es, und es wird von einem fremdartigen Tier gemacht. Also werde ich aufstehen und es bitten, es nicht zu machen.

Er stieg aus dem Bett und öffnete die Haustür.

»Hallo!«, sagte Pu für den Fall, dass dort draußen etwas war.

»Hallo!«, sagte Was-es-auch-war.

»Oh!«, sagte Pu. »Hallo!«

»Hallo!«

»Ach, da bist du!«, sagte Pu. »Hallo!«

»Hallo!«, sagte das fremdartige Tier, das sich fragte, wie lange dies wohl noch so weitergehen würde.

Pu wollte gerade zum vierten Mal »Hallo!« sagen, als er dachte, dass er das eigentlich doch nicht wollte, und deshalb sagte er stattdessen: »Wer ist da?«

»Ich«, sagte eine Stimme.

»Ach!«, sagte Pu. »Dann komm doch mal her!«

Also kam Was-es-auch-war her, und im Licht der Kerze sahen Es und Pu einander an.

»Ich bin Pu«, sagte Pu.

»Ich bin Tieger«, sagte Tieger.

»Ach!«, sagte Pu, denn so ein Tier hatte er noch nie gesehen.

»Weiß Christopher Robin, dass du da bist?«

»Natürlich«, sagte Tieger.

»Tja«, sagte Pu, »es ist mitten in der Nacht, und das ist eine gute Zeit zum Schlafengehen. Und morgen früh essen wir dann etwas Honig zum Frühstück. Mögen Tieger Honig?«

»Sie mögen alles «, sagte Tieger vergnügt.

»Wenn sie auch Fußböden mögen und gern drauf schlafen, werde ich wieder ins Bett gehen«, sagte Pu, »und morgen früh

machen wir dann Sachen. Gute Nacht.« Und er ging wieder ins Bett und schlief ganz schnell ein.

Als er am Morgen aufwachte, war Tieger das Erste, was er sah, und Tieger saß vor dem Spiegel und betrachtete sich.

»Hallo!«, sagte Pu.

»Hallo!«, sagte Tieger. »Ich habe jemanden gefunden, der genauso ist wie ich. Ich dachte, ich wäre der Einzige.«

Pu kam aus dem Bett und begann zu erklären, was ein Spiegel ist, aber als er gerade an die interessante Stelle kam, sagte Tieger: »Entschuldige mich einen Augenblick, aber da klettert etwas auf deinen Tisch«, und mit einem lauten Worraworraworraworraworra sprang er das Tischtuch an, zerrte es zu Boden, wickelte sich dreimal darin ein, wälzte sich quer durchs Zimmer und steckte, nach einem schrecklichen Kampf, den Kopf wieder ans Tageslicht und sagte wohlgemut: »Habe ich gesiegt?«

»Das ist mein Tischtuch«, sagte Pu, als er sich daranmachte, Tieger wieder auszuwickeln.

»Ich habe mich schon gefragt, was es war«, sagte Tieger.

»Es gehört auf den Tisch, und man stellt Sachen drauf.«

»Warum hat es dann versucht, mich zu beißen, als ich nicht hingekuckt habe?«

»Ich glaube nicht, dass es das getan hat“, sagte Pu.

»Jedenfalls versucht«, sagte Tieger, »aber ich war ihm zu schnell.«

Pu legte das Tuch wieder auf den Tisch, und auf das Tuch stellte er einen großen Honigtopf, und sie setzten sich hin, um zu frühstücken. Und sobald sie saßen, nahm Tieger einen großen Mundvoll Honig ... Und er legte den Kopf schief und sah mit einem Auge zur Zimmerdecke hinauf und machte forschende Geräusche mit der Zunge und dann nachdenkliche Geräusche und dann Was-haben-wir-denn-hier-Geräusche ... und dann sagte er mit sehr entschiedener Stimme:

»Tieger mögen keinen Honig.«

»Ach«, sagte Pu und versuchte, es so klingen zu lassen, als bedauere er dies zutiefst. »Ich dachte, sie mögen alles.«

»Alles außer Honig«, sagte Tieger.

Darüber war Pu ganz froh, und er sagte, sobald er mit seinem eigenen Frühstück fertig sei, würde er Tieger mit zu Ferkel nehmen, und Tieger könne dort ein paar von Ferkels Heicheln versuchen.

»Ich danke dir, Pu«, sagte Tieger, »denn Heicheln mögen Tieger eigentlich am liebsten.«

Nach dem Frühstück gingen sie also Ferkel besuchen, und auf dem Weg dorthin erklärte Pu, dass Ferkel ein sehr kleines Tier sei, das etwas gegen Ungestüm habe, und er bat Tieger, nicht gleich zu ungestüm zu sein. Und Tieger, der sich hinter Bäumen versteckt und auf Pus Schatten gestürzt hatte, wenn der Schatten gerade nicht hinkuckte, sagte, Tieger seien nur vor dem Frühstück ungestüm und würden, sobald sie ein paar Heicheln

genossen hätten, leise und geziert. Und irgendwann klopften sie dann an Ferkels Haustür.

»Hallo, Pu«, sagte Ferkel.

»Hallo, Ferkel. Das ist Tieger.«

»Ach, wirklich?«, sagte Ferkel und stahl sich auf die andere Seite des Tisches. »Ich dachte, Tieger wären kleiner.«

»Die großen nicht«, sagte Tieger.

»Sie mögen Heicheln«, sagte Pu, »und das ist auch der Grund unseres Besuchs, denn der arme Tieger hat noch nicht gefrühstückt.«

Ferkel schob Tieger den Teller mit den Heicheln hin und sagte: »Greif zu«, und dann rückte es ganz nah an Pu heran und fühlte sich schon viel tapferer und sagte: »Du bist also Tieger? So, so!« mit einer richtig unbekümmerten Stimme. Aber Tieger sagte gar nichts, weil sein Mund voller Heicheln war ...

Nachdem er lange und laut gemampft hatte, sagte er:

»Ie-er ö-e ei-e Ei-hen.«

Und als Pu und Ferkel »Was?« sagten, sagte Tieger: »Schuwigum« und ging kurz nach draußen.

Als er zurückkam, sagte er mit fester Stimme:

»Tieger mögen keine Heicheln.«

»Aber du hast gesagt, sie mögen alles außer Honig«, sagte Pu.

»Alles außer Honig *und* Heicheln«, erklärte Tieger.

Als er dies hörte, sagte Pu: »Ah, verstehe!«, und Ferkel, das eigentlich ganz froh darüber war, dass Tieger keine Heicheln mögen, sagte: »Und wie ist es mit Disteln?«

»Disteln«, sagte Tieger, »mögen Tieger am liebsten«

»Dann gehen wir doch einfach mal I-Ah besuchen«, sagte Ferkel.

Also gingen die drei los; und nachdem sie gegangen und gegangen und gegangen waren, kamen sie in den Teil des Waldes, in dem I-Ah wohnte.

»Hallo, I-Ah!«, sagte Pu. »Das ist Tieger.«

»Was ist?«, sagte I-Ah.

»Das«, erklärten Pu und Ferkel gleichzeitig, und Tieger lächelte sein glücklichstes Lächeln und sagte nichts.

I-Ah ging einmal ganz um Tieger herum, und dann drehte er sich um und ging noch einmal in der anderen Richtung um ihn herum.

»Was, hast du gesagt, ist das?«, fragte er.

»Tieger.«

»Aha!«, sagte I-Ah.

»Er ist gerade angekommen«, erklärte Ferkel.

»Aha!«, sagte I-Ah wieder.

Er dachte längere Zeit nach und sagte dann: »Und wann reist er wieder ab?«

Pu erklärte I-Ah, Tieger sei ein spezieller Freund von Christopher Robin, der für immer in den Wald gekommen sei, und Ferkel erklärte Tieger, er dürfe das, was I-Ah sage, nicht allzu ernst nehmen, denn I-Ah sei immer so düster gestimmt; und I-Ah erklärte Ferkel, er sei, ganz im Gegenteil, heute morgen allerbester Laune; und Tieger erklärte jedem, der es hören wollte, er habe heute morgen noch nicht gefrühstückt.

»Ich wusste doch, da war noch was«, sagte Pu. »Tieger essen immer Disteln; das ist der Grund unseres Besuchs, I-Ah.«

»Schon gut, Pu, keine Ursache.«

»Ach, I-Ah, damit meine ich doch nicht, dass wir dich nicht sowieso besucht hätten ... «

»Geschenkt, geschenkt. Aber euer neuer gestreifter Freund ... Naturgemäß will er ein Frühstück. Wie hieß er noch gleich?«

»Tieger.«

»Dann folge mir bitte, Tieger.«

I-Ah ging voran und führte ihn zu einer Stelle, an der Disteln wuchsen, und diese Stelle sah disteliger aus als jede andere Stelle der Welt, und auf diese Stelle zeigte I-Ah mit dem Huf.

»Eine kleine Stelle, die ich mir für meinen Geburtstag aufgespart habe«, sagte er, »aber was sind, wenn man's bedenkt, schon Geburtstage? Sie währen nur einen Tag und sind morgen schon vergessen. Greif zu, Tieger!«

Tieger dankte ihm und sah etwas besorgt zu Pu hinüber.

»Sind das wirklich Disteln?«, flüsterte er.

»Ja«, sagte Pu.

»Das, was Tieger am liebsten mögen?«

»Stimmt«, sagte Pu.

»Verstehe«, sagte Tieger.

Also nahm er einen großen Mundvoll und biss laut und herzhaft zu. »Au!«, sagte Tieger.

Er setzte sich und steckte die Pfote in den Mund.

»Was ist los?«, fragte Pu.

»Scharf«, murmelte Tieger.

»Dein Bekannter«, sagte I-Ah, »scheint auf eine Biene gebissen zu haben.«

Pus Bekannter hörte auf, den Kopf zu schütteln, um die Stacheln loszuwerden, und erklärte, dass Tieger keine Disteln mögen.

»Du hast aber doch gesagt …«, begann Pu, »gesagt hast du, dass Tieger alles mögen außer Honig und Heicheln.«

»*Und* Disteln«, sagte Tieger, der jetzt im Kreis herumlief, immer wieder herum, mit hängender Zunge.

Pu sah ihn traurig an.

»Was sollen wir bloß machen?«, fragte er Ferkel.

Ferkel wusste die richtige Antwort, und es sagte sofort, sie müssten Christopher Robin besuchen.

»Ihr werdet ihn bei Känga finden«, sagte I-Ah.

Er trat nah an Pu heran und sagte in lautem Flüsterton: »Könntest du deinen Bekannten bitten, seine Turnübungen woanders zu veranstalten? Ich möchte nämlich gleich Mittag essen, und ich mag es nicht, wenn man auf meinen Mahlzeiten herumtrampelt, kurz bevor ich sie zu mir nehmen will. Eine Nebensächlichkeit, und ich sollte auch nicht so viel Aufhebens davon machen, aber wir haben alle unsere kleinen Eigenheiten.«

Pu nickte feierlich und rief nach Tieger.

»Komm, wir gehen hier weg und besuchen Känga. Sie hat bestimmt jede Menge Frühstück für dich.«

Tieger beendete seinen letzten Kreis und kam zu Pu und Ferkel.

»Scharf«, erklärte er strahlend. »Kommt mit!« Und er sauste los.

Pu und Ferkel gingen ihm langsam nach. Und als sie so gingen, sagte Ferkel nichts, weil ihm nichts zum Sagen einfiel, und Pu sagte nichts, weil ihm gerade ein Gedicht einfiel. Und als es ihm eingefallen war, fing er an:

»Was machen wir nur mit dem Tieger-Vieh?
Wenn es nie etwas isst, dann wächst es auch nie.
Disteln, Honig und Heicheln, die mag er nicht,
Teils, weil es nicht schmeckt, und teils, weil es sticht.
Und alles, was einem Tier gut schmeckt,
Hat den falschen Schluck- oder Stacheleffekt.«

»Eigentlich ist er sowieso groß genug«, sagte Ferkel.

»Aber so groß ist er gar nicht.«

»Er kommt einem aber so vor.«

Das stimmte Pu nachdenklich, und dann murmelte er vor sich hin:

»Doch egal, was er wiegt in Pfund, Schilling und Gramm:
Er wirkt größer, denn er macht ständig Tamtam.«

»Und das ist das ganze Gedicht«, sagte er. »Gefällt es dir, Ferkel?«
»Alles bis auf die Schillinge«, sagte Ferkel. »Ich finde, sie haben da nichts zu suchen.«

»Sie wollten nach den Pfunden mit rein«, erklärte Pu, »und da habe ich sie gelassen. Das ist die beste Art, Gedichte zu schreiben, indem man die Sachen einfach kommen lässt.«

»Ach, das wusste ich nicht«, sagte Ferkel.

Tieger war die ganze Zeit vor ihnen hergesprungen und hatte sich hin und wieder umgedreht, um »Ist es hier richtig?« zu fragen, und nun kam allmählich Kängas Haus in Sicht, und dort war auch Christopher Robin. Tieger rannte auf ihn zu.

»Ach, da bist du ja, Tieger!«, rief Christopher Robin. »Ich wusste doch, dass du irgendwo bist.«

»Ich habe Sachen im Wald gefunden«, sagte Tieger gewichtig. »Ich habe einen Pu und ein Ferkel und einen I-Ah gefunden, aber ich kann keinerlei Frühstück finden.«

Pu und Ferkel kamen und umarmten Christopher Robin und erklärten ihm, was geschehen war.

»Weißt du denn nicht, was Tieger mögen?«, fragte Pu.

»Ich nehme an, wenn ich scharf nachdächte, wüsste ich es«, sagte Christopher Robin. »aber ich dachte, Tieger wüsste das.«

»Weiß ich auch«, sagte Tieger. »Alles, was es gibt auf der Welt, außer Honig und Heicheln und ... wie heißen diese scharfen Dinger?«

»Disteln.«

»Genau. Außer denen.«

»Tja, dann kann dir Känga sicher ein Frühstück geben.«

Also gingen sie in Kängas Haus, und als Ruh je einmal »Hallo, Pu!« und »Hallo, Ferkel!« gesagt hatte und »Hallo, Tieger!« zweimal, weil es das noch nie gesagt hatte und weil es sich komisch anhörte, sagten sie Känga, was sie wollten, und Känga sagte sehr freundlich: »Dann sieh doch mal in meinem Schrank nach, lieber Tieger, und such dir aus, was du magst!« Denn sie wusste sofort, dass Tieger, auch wenn er größer wirkte, so viel Freundlichkeit wie Ruh brauchte.

»Soll ich auch mal nachsehen?«, fragte Pu, dem ein wenig nach elf Uhr zumute zu werden begann. Und er fand eine Büchse Dosenmilch, und irgendetwas schien ihm zu sagen, dass Tieger so was nicht mögen, weshalb er sie in eine stille Ecke trug und sich vorsichtshalber dazusetzte, damit sie von niemandem gestört werden konnte.

Aber je mehr Tieger seine Nase in dies und seine Pfote in jenes steckte, desto mehr Sachen fand er, die Tieger nicht mögen. Und als er alles gefunden hatte, was im Schrank war, und als nichts dabei war, was er essen konnte, sagte er zu Känga: »Und was passiert jetzt?«

Aber Känga und Christopher Robin und Ferkel standen alle um Ruh herum und beobachteten, wie es seinen Malzextrakt einnahm. Und Ruh sagte: »Muss ich wirklich?«, und Känga sagte: »Aber Ruh, mein Schatz, du weißt doch, was du mir versprochen hast.«

»Was ist das?«, flüsterte Tieger Ferkel zu.

»Ruhs Stärkungsmedizin«, sagte Ferkel. »Es kann sie nicht leiden.« Also kam Tieger näher, und er beugte sich vor, über Ruhs Stuhllehne, und plötzlich steckte er die Zunge heraus und machte einen großen Hahahaps, und Känga, die vor Überraschung in die Luft gesprungen war, sagte: »Oh!« und hatte den Löffel wieder ganz fest im Griff, als dieser gerade verschwinden wollte, und dann zog sie ihn aus Tiegers Mund heraus und brachte ihn in Sicherheit. Aber der Malzextrakt war weg.

»Aber lieber Tieger!«, sagte Känga.

»Er hat meine Medizin eingenommen, er hat meine Medizin genommen!«, sang Ruh glücklich und fand das alles ungeheuer spaßig.

Dann blickte Tieger zur Zimmerdecke hinauf und schloss die Augen, und seine Zunge wanderte immer wieder über seine Backen, für den Fall, dass er draußen noch etwas vergessen hatte, und ein friedvolles Lächeln kam über sein Gesicht, als er sagte: »Also das mögen Tieger!«

Und das erklärt auch, warum er danach für alle Zeiten bei Känga wohnte und Malzextrakt einnahm, zum Frühstück, zum Mittagessen und zum Tee. Und manchmal, wenn Känga fand, dass er eine kleine Stärkung gebrauchen konnte, nahm er nach den Mahlzeiten noch einen oder zwei Esslöffel Ruhfrühstück als Medizin.

»Aber ich finde«, sagte Ferkel zu Pu »dass er gestärkt genug ist.« ●

SIGRID HEUCK

Wetten wir, Farmer?

Damals, als Jim beschlossen hatte, von Beruf Cowboy zu werden, besaß er zwar ein Lasso und eine Gitarre, aber noch kein Pferd. Er musste sich immer eins ausleihen.

Das gefiel ihm gar nicht. Alle anderen Cowboys protzten vor ihm mit ihren Pferden. Sie lachten ihn oft aus, denn die Farmer, bei denen er arbeitete, liehen ihm nur ihre ältesten Mähren. Darüber ärgerte sich Jim, und er überlegte lange, wie er es anstellen könnte, zu einem eigenen Pferd zu kommen. Eines Tages kam ihm ein Gedanke.

»Willst du mit mir wetten«, fragte er den Farmer, »dass ich es fertigbringe, mit einem einzigen Satz über dreißig nebeneinandergestellte Rinder zu springen?«

»Oho«, lachte der Farmer und klopfte ihm auf den Rücken, »lass das lieber sein, Jim. Das geht schief. Du wirst zu kurz springen, und die Rinder werden dich mit ihren Hörnern stoßen. Und glaub mir, das tut weh!«

Aber Jim bestand auf seinem Angebot.

»Nun gut«, meinte der Farmer, »wenn du unbedingt willst, dann wette ich mit. Du wirst dir zwar deine Hose dabei zerreißen, aber wir werden unseren Spaß haben. Um was soll's denn gehen?«

»Wenn ich gewinne, darf ich mir ein Pferd aus deiner Herde aussuchen. Gewinnst du, dann will ich ein Jahr lang ohne Lohn für dich arbeiten.«

Der Farmer erklärte sich damit einverstanden. In den nächsten Tagen suchte Jim nach einem günstigen Platz für seinen Sprung.

Er betrachtete genau alle in der Nähe stehenden Bäume. Er prüfte den Boden, hob hier und da einen Stein auf und schleuderte ihn weit von sich. Jeder, der ihn dabei beobachtete, musste glauben, er sei übergeschnappt.

Eines Tages rief der Farmer seine Cowboys zusammen und erzählte ihnen von der Wette. »Was«, riefen die Cowboys, »der kleine Jim will über dreißig Rinder springen? Er sollte sich erst einmal eine Pistole kaufen und schießen lernen!«

Der Farmer befahl ihnen, die dreißig Rinder zusammenzutreiben.

»Es ist heiß heute«, sagte Jim, »die Sonne blendet.«

Und die dreißig Rinder mussten sich im Schatten einer jungen Fichte aufstellen.

»Seht, den Kleinen blendet die Sonne«, spotteten die Cowboys.

Aber Jim ließ sich nicht aus der Ruhe bringen. Zuerst ging er langsam um die Tiere herum. Er betrachtete sie von vorn, von hinten und von der Seite. Er prüfte die Spitzen der Hörner und achtete darauf, dass die Reihe schnurgerade war.

»Platz da«, schrie der Farmer, »damit Jim einen Anlauf nehmen kann!«

»Ich brauche keinen Anlauf«, sagte Jim ruhig, »ich springe aus dem Stand.«

»Wa-a-as!«

Die Männer erstarrten vor Schreck.

»Aus dem Stand?«

Die Reihe der dreißig Rinder war ein gewaltiges Hindernis.

»Achtung«, rief Jim, »jetzt geht es gleich los!«

Er nahm sein Lasso, warf es blitzschnell über den Wipfel der Fichte und zog ihn mit einem kräftigen Ruck zu Boden. Weil aber ein Fichtenstamm im Allgemeinen die Eigenschaft hat, immer kerzengerade zum Himmel zu schauen, schnellte er wieder zurück und riss Jim dabei in die Höhe. Jim flog zuerst ein Stück aufwärts, dann wieder abwärts und landete schließlich weit hinter den dreißig aufgestellten Rindern. Ja, er hätte leicht das Doppelte schaffen können.

»Hurra«, schrien die Cowboys, »Jim hat die Wette gewonnen! Hurra!«

Nur der Farmer freute sich nicht.

Genau genommen ärgerte er sich sogar. Aber das half ihm nichts.

Er musste dem Sieger das Pferd geben. So war es ausgemacht, und ein Männerwort war ein Männerwort, überall auf der Welt, auch im Wilden Westen. ●

OTFRIED PREUSSLER

Die kleine Hexe

Wirbelwind

Die kleine Hexe studierte täglich nicht sechs, sondern sieben Stunden im Hexenbuch. Bis zur nächsten Walpurgisnacht wollte sie alles im Kopf haben, was man von einer guten Hexe verlangen kann. Das Lernen machte ihr wenig Mühe, sie war ja noch jung. Bald konnte sie alle wichtigen Hexenkunststücke auswendig hexen.

Zwischendurch ritt sie auch manchmal ein bisschen spazieren. Wenn sie so viele Stunden lang fleißig geübt hatte, brauchte sie eine Abwechslung. Seit sie den neuen Besen besaß, geschah es sogar, dass sie hin und wieder ein Stück zu Fuß durch den Wald ging. Denn laufen *müssen* und laufen *können* ist zweierlei.

Als sie nun wieder einmal mit dem Raben Abraxas im Wald herumstreifte, traf sie drei alte Weiber. Die drei trugen Buckelkörbe und blickten zu Boden, als suchten sie etwas.

»Was sucht ihr denn?«, fragte die kleine Hexe.

Da sagte das eine Weiblein: »Wir suchen nach trockener Rinde und abgebrochenen Ästen.«

»Aber wir haben kein Glück damit«, seufzte das zweite. »Der Wald ist wie ausgefegt.«

»Sucht ihr schon lange?«, fragte die kleine Hexe.

»Seit heute Morgen schon«, sagte das dritte Weiblein. »Wir suchen und suchen, aber wir haben zusammen noch nicht einmal einen halben Korb voll. Wie soll das nur werden, wenn wir im nächsten Winter so wenig zu heizen haben?«

Die kleine Hexe warf einen Blick in die Buckelkörbe. Es lagen nur ein paar dürre Reiser darin.

»Wenn das alles ist«, sagte sie zu den Weibern, »dann kann ich verstehen, warum ihr so lange Gesichter macht. Woran liegt es denn, dass ihr nichts findet?«

»Am Wind liegt's.«

»Am Wind?!«, rief die kleine Hexe, »Wie kann das am Wind liegen?«

»Weil er nicht wehen will«, sagte das eine Weiblein.

»Wenn nämlich kein Wind weht, fällt nichts von den Bäumen herunter.«

»Und wenn keine Äste und Zweige herunterfallen – was sollen wir dann in die Körbe tun?«

»Ach, so ist das!«, sagte die kleine Hexe.

Die Holzweiber nickten; und eines von ihnen meinte: »Was gäbe ich drum, wenn ich hexen könnte! Dann wäre uns gleich geholfen! Ich würde uns einen Wind hexen. Aber ich kann es nicht.«

»Nein«, sprach die kleine Hexe, »*du* kannst das freilich nicht.«

Die drei Weiber beschlossen nun heimzugehen. Sie sagten: »Es hat keinen Zweck, dass wir weitersuchen. Wir finden ja doch nichts, solange kein Wind weht. – Auf Wiedersehen!«

»Auf Wiedersehen!«, sagte die kleine Hexe und wartete, bis sich die drei ein paar Schritte entfernt hatten.

»Könnte man denen nicht helfen?«, fragte Abraxas leise.

Da lachte die kleine Hexe. »Ich bin schon dabei. Aber halte dich fest, sonst verweht es dich!«

Wind machen war für die kleine Hexe ein Kinderspiel. Ein Pfiff durch die Zähne, und augenblicklich erhob sich ein Wirbelwind. Aber was für einer! Er fuhr durch die Wipfel und rüttelte an den Stämmen. Von allen Bäumen riss er die dürren Reiser ab. Rindenstücke und dicke Äste prasselten auf den Boden.

Die Holzweiber kreischten und zogen erschrocken die Köpfe ein. Mit beiden Händen hielten sie ihre Röcke fest. Es fehlte nicht viel, und der Wirbelwind hätte sie umgeblasen. So weit aber ließ es die kleine Hexe nicht kommen. »Genug!«, rief sie. »Aufhören!«

Der Wind gehorchte aufs Wort und verstummte. Die Holzweiber blickten sich ängstlich um. Da sahen sie, dass der Wald voller Knüppel und abgerissener Zweige lag. »Welch ein Glück!«, riefen alle drei. »So viel Klaubholz auf einmal! Das reicht ja für viele Wochen!«

Sie rafften zusammen, was sie gerade erwischen konnten, und stopften es in die Buckelkörbe. Dann zogen sie freudestrahlend nach Hause.

Die kleine Hexe sah ihnen schmunzelnd nach.

Auch der Rabe Abraxas war ausnahmsweise einmal zufrieden. Er pickte ihr auf die Schulter und sagte: »Nicht schlecht für den Anfang! Mir scheint, du hast wirklich das Zeug dazu, eine gute Hexe zu werden.«

Vorwärts, mein Söhnchen!

Die kleine Hexe sorgte von jetzt an dafür, dass die Holzweiber nie mehr mit leeren Körben nach Hause zu gehen brauchten. Nun waren sie allezeit guter Dinge, und wenn sie der kleinen

Hexe begegneten, machten sie frohe Gesichter und sagten: »In diesem Jahr ist das Holzklauben eine wahre Freude! Da lohnt es sich, in den Wald zu gehen!«

Wie staunte die kleine Hexe daher, als die drei eines Tages verheult und mit leeren Buckelkörben des Weges kamen. Sie hatte doch gestern Abend erst einen Wind gehext, und an Reisern und Rinde konnte kein Mangel sein.

»Denke dir, was geschehen ist!«, schluchzten die Weiber. »Der neue Revierförster hat uns das Klaubholzsammeln verboten! Die vollen Körbe hat er uns ausgeschüttet, und nächstes Mal will er uns einsperren lassen!«

»Der hat es ja gut vor!«, sagte die kleine Hexe. »Wie kommt er dazu?«

»Weil er böse ist!«, riefen die Weiber. »Der alte Revierförster hatte ja auch nichts dagegen. Nur dieser neue! Du kannst dir nicht vorstellen, wie er getobt hat! Nun ist es für alle Zeiten vorbei mit dem billigen Brennholz.«

Die Weiber heulten von Neuem los. Die kleine Hexe sprach ihnen Mut zu. »Der neue Revierförster«, sagte sie, »wird es sich überlegen! Ich werde ihn zur Vernunft bringen.«

»Wie denn?«, wollten die Weiber wissen.

»Lasst das nur meine Sorge sein! Geht jetzt nach Hause und ärgert euch nicht. Von morgen an wird euch der neue Revierförster Holz sammeln lassen, so viel ihr schleppen könnt.«

Die drei Holzweiber gingen. Die kleine Hexe hexte sich rasch einen Buckelkorb voller Klaubholz herbei. Den stellte sie an den Wegrand und setzte sich selbst daneben, als sei sie ein Holzweib und ruhe gerade ein wenig aus. Sie brauchte nicht lange zu warten, da nahte der neue Revierförster. Sie erkannte ihn gleich an dem grünen Rock, dem Gewehr und der ledernen Jagdtasche.

»Ha!«, rief der Förster. »Schon wieder so eine! Was machst du da?«

»Ausruhen«, sagte die kleine Hexe. »Der Korb ist so schwer, und ich muss mich ein bisschen verschnaufen.«

»Weißt du denn nicht, dass das Klaubholzsammeln verboten ist?«

»Nein. Woher soll ich das wissen?«

»Jetzt weißt du es!«, schnauzte der Förster. »Schütte den Korb aus und pack dich!«

»Den Korb soll ich ausschütten?«, fragte die kleine Hexe. »Lieber Herr neuer Revierförster, haben Sie Mitleid! Das können Sie einem alten Weiblein nicht antun!«

»Ich werde dir zeigen, was ich dir antun kann!«, schimpfte der Förster. Er packte den Korb, um ihn auszuschütten. Da sagte die kleine Hexe:

»Das werden Sie bleiben lassen!«

Der Förster war wütend. »Ich lasse dich einsperren!«, wollte er loswettern; aber er sagte stattdessen: »Entschuldige vielmals, ich habe nur Spaß gemacht. Selbstverständlich darfst du das Klaubholz behalten.«

Wie kommt es nur, dachte der Förster bestürzt, dass ich plötzlich das Gegenteil von dem gesagt habe, was ich sagen wollte? Er konnte nicht wissen, dass ihn die kleine Hexe verhext hatte.

»Siehst du, mein Söhnchen, das hört sich schon besser an!«, meinte sie. – »Wenn nur der Buckelkorb nicht so schwer wäre!«

»Soll ich dir helfen?«, fragte der Förster. »Ich könnte dir ja das Klaubholz nach Hause tragen.«

Sie kicherte.

»Wirklich, mein Söhnchen? Das ist aber lieb von dir! So ein höflicher junger Mann!«

Ich könnte mich ohrfeigen!, dachte der neue Revierförster. Warum rede ich solchen Unsinn? Ich kenne mich gar nicht wieder! Gegen seinen Willen musste er sich den schweren Buckelkorb aufladen.

»Mütterchen!«, sagte er dann, »wenn du müde bist, kannst du dich gern hinaufsetzen!«

»Ist das dein Ernst?«, rief die kleine Hexe.

Der Förster war am Verzweifeln, er hörte sich freundlich antworten: »Aber gewiss doch! Nur immer hinauf mit dir!«

Das ließ sich die kleine Hexe nicht zweimal sagen. Sie schwang sich mit einem Satz auf den vollen Korb, und der Rabe hüpfte ihr auf die Schulter.

»So, es kann losgehen! Vorwärts!«

Der Förster wünschte den Buckelkorb samt dem Klaubholzweib und dem Raben ins Pfefferland. Aber was half es? Gehorsam musste er ihnen den Packesel machen und antraben.

»Immer geradeaus!«, rief Abraxas. »Und schneller, mein Eselchen, schneller! Sonst muss ich dich leider ins Sitzfleisch picken!«

Dem neuen Revierförster wurde abwechselnd heiß und kalt. Er trabte und trabte. Bald war er in Schweiß gebadet. Die Zunge hing ihm zum Hals heraus. Er verlor seinen grünen Hut, dann die lederne Jagdtasche. Auch das Gewehr ließ er fallen.

So rannte er kreuz und quer durch den Wald. »Nach links!«, kommandierte Abraxas. »Dort hinter dem Graben nach rechts – und dann weiter, den Berg hinauf!«

Als sie endlich beim Hexenhaus anlangten, konnte der Förster nur noch mit knapper Not auf den Füßen stehen. Die kleine Hexe hatte kein Mitleid mit ihm, sondern fragte:

»Wie wäre es, Söhnchen, wenn du das Klaubholz gleich kleinhacken würdest?«

»Ich werde es kleinhacken, bündeln und aufstapeln«, keuchte der Förster.

Das tat er denn auch.

Als er fertig war – und es dauerte lange, bis er die Arbeit geschafft hatte –, sagte die kleine Hexe:

»Jetzt darfst du nach Hause gehen. Ich danke dir, Söhnchen! Einen so freundlichen Förster wie dich gibt es sicher nur einmal! Da werden sich aber die Holzweiber freuen! Ich denke doch, dass du zu allen so hilfreich bist – wie ...?«

Der neue Revierförster wankte davon. Er schleppte sich müde heim in sein Försterhaus. In Zukunft schlug er um jedes Klaubholzweib einen großen Bogen.

Die kleine Hexe lachte noch oft über diesen Streich. Dem Raben gestand sie:

»So will ich es immer halten! Ich helfe den guten Menschen, indem ich ganz einfach den schlechten Böses zufüge. Das gefällt mir!«

Abraxas entgegnete: »Muss das sein? Du könntest doch Gutes auch anders tun. Ohne Schabernack, meine ich.«

»Ach, das ist langweilig!«, sagte sie. ●

MAX KRUSE

Urmel in der See

Auf der Insel Titiwu, wo Professor Habakuk Tibatong und seine sprechenden Tiere wohnten, gab es eine Höhle.

Dort lebte eine große Krabbe. Auch ihr hatte der Professor das Sprechen beigebracht, nämlich die Taubstummensprache.

Sie verständigte sich mit Hilfe ihrer Zangen. In ihrer Kindheit hatte die Krabbe in schönen untergegangenen Schiffen tief, tief im Meer gelebt.

Aber schreckliche und gefährliche, sehr seltene Lebewesen hatten sie daraus vertrieben.

Aus Furcht vor diesen Lebewesen hatte sich die Krabbe aus dem Meer in die Höhle auf der Insel Titiwu zurückgezogen.

Eines Nachts machte Seele-Fant, der See-Elefant, eine merkwürdige Beobachtung: Seltsame Geschöpfe stiegen aus dem Meer. Sie liefen am Strand auf und ab, als ob sie etwas suchten. Sie redeten miteinander und zischten und gluckten dabei. Dann tauchten sie wieder ab.

Seele-Fant waren sie unheimlich. Deshalb robbte er zum Professor und erzählte ihm davon. Der Professor erinnerte sich an das, was die Krabbe ihm erzählt hatte.

Er sprach mit ihr und rief dann seine Freunde zusammen, um sich mit ihnen zu beratschlagen: das Schwein Wutz, den Schuhschnabel Schusch, Wawa, den Waran, Seele-Fant, Ping Pinguin, Tim Tintenklecks und natürlich das Urmel.

Der Professor sagte: »Die Krabbe glaubt, es seien die Seeungeheuer, die sie vor langer Zeit aus ihrem Haus vertrieben haben und jetzt wieder verfolgen.«

»Pfrecklich!«, meinte Ping Pinguin, der statt »sch« immer »pf« sagte.

Der Professor nickte. »Wir müssen der Krabbe helfen. Ihr wisst ja, dass ich Tauchtabletten erfunden habe. Sie ermöglichen es jedem, so lange unter Wasser zu bleiben, wie ihre Wirkung anhält.«

»Und was passiert, wenn sie nicht mehr wirken?«, fragte das Urmel.

»Dann ertrinkt man, wenn man nicht rechtzeitig wieder an die Luft kommt.«

»Ich nicht, ätsch«, sagte das Urmel. »Ich bin beides, ein Landtier und ein Meeresbewohner!«

»Das Urmel ist auch noch stolz darauf, ein halber Fipf zu sein«, flüsterte Ping Pinguin Wawa zu.

Und Wawa zischte zurück: »Es heißt Fisch! Wann lernst du es endlich?«

Das Urmel fuhr fort: »Aber Wutz muss dann ertrinken!«

Wutz schluchzte: »Das scheint dich auch noch zu freuen, öff! Das ist nun der Dank dafür, dass ich dich aufgezogen habe!«

»Nun weine nicht, Wutz«, rief der Professor ungeduldig. »Ich habe beschlossen, die Seeungeheuer in ihrer Stadt bei den Korallenriffen zu besuchen. Ich will sie bitten, die Krabbe in Frieden zu lassen.«

»Ich komme mit!«, rief das Urmel. Niemand wollte den Professor alleine gehen lassen.

Nur Seele-Fant sollte zu Hause bleiben.

Der Vogel Schusch wollte mitkommen, solange sie sich nicht

unter Wasser begaben. So konnte er im Notfall Seele-Fant zu Hilfe holen.

Tim Tintenklecks baute ein Floß aus Baumstämmen. Bald war es fertig, und sie segelten über den Ozean.

Der Professor stand mit dem Fernglas vorne. Tim Tintenklecks steuerte. Wutz wurde in ihrer Schlummertonne hinterhergezogen. Wawa döste in der Sonne. Schusch stand auf einem Bein und klapperte müde mit den Augen. Und das Urmel und Ping Pinguin vergnügten sich oft in den Wellen.

Nach einigen Tagen sagte der Professor: »Ich glaube, wir sind da!«

»Ich sehe aber keine Schiffe. Und keine Korallenriffe. Und keine Seeungeheuer!«, rief das Urmel.

»Natürlich nicht. Die sind alle tief, tief in der See – also in der Tiefsee«, erklärte der Professor.

Sie beschlossen, Ping Pinguin vorauszuschicken. Er sollte herausfinden, wie sie in die Stadt der Seeungeheuer kämen. Ping Pinguin schluckte eine Tauchtablette und verschwand in den Wellen.

Viele Stunden blieb er aus.

Erst als die Sonne sank, kehrte er zurück.

Und dann erzählte er. Er war in der Stadt gewesen! Glücklicherweise hatte ihn keines der Ungeheuer bemerkt.

»Gut gemacht, Ping Pinguin!«, sagte der Professor. »Morgen tauchen wir zusammen hinab.«

Aber nun mussten sie erst einmal schlafen. Nur das Urmel schlief nicht. Es wollte zu den Seeungeheuern.

Ping Pinguin hatte sie so beschrieben, als ob sie ganz ähnlich wie das Urmel aussähen. Waren es etwa seine Verwandten? Ganz leise stand es auf und schrieb auf einen Zettel:

Ich bin schon vorausgeschwommen.
Macht euch keine Sorgen!

Am nächsten Morgen machten sich die anderen aber doch Sorgen.

Wutz weinte. »Mein liebes, dummes Urmel, öff, nun fangen dich die Seeungeheuer!«

»Wir brechen sofort auf. Wir helfen ihm!«, rief der Professor.

Sie banden sich alle mit einem langen Seil zusammen, schluckten jeder eine Tauchtablette und sprangen ins Wasser. Nur Schusch blieb auf dem Floß.

Vor dem Professor und seinen Freunden tat sich eine Welt voller Zauber auf. Die Fische waren gelb und rot und blau und grün. Sie waren lang und kurz und rund und schlank.

Je tiefer unsere Freunde kamen, desto dunkler wurde es. Aber nun begannen – o Wunder! – einige Fische selbst zu leuchten.

Ping Pinguin, der sich hier ja schon auskannte, führte die anderen. So kamen sie zu einer Tür in einem großen Korallenriff. Dahinter wohnten die Seeungeheuer. Ein wenig zögerten unsere Freunde. Würden sie je wieder herauskommen?

Doch Wutz quiekte: »Denkt an das Urmel, öff!«

Als sie sich der Tür näherten, entdeckten sie einen riesengroßen graugrünen Stein. Plötzlich richtete sich dieser auf. Er sah aus wie eine Schildkröte ohne Panzer, mit einem langen Schwanz und einem langen Hals.

»Der Seeungeheuer-Türhüter!«, erklärte Ping Pinguin.

Der Türhüter forderte sie mit einer Verbeugung auf, hineinzuschwimmen. »Leb wohl, geliebtes Titiwu, öff! Ich seh dich nie mehr wieder«, seufzte Wutz.

Sie schwebten hinein. Und wenn vorher alles schon so wunderbar gewesen war, jetzt fühlten sie sich wie in einem Märchen. Auf Balken, Masten, Vorbauten und Schiffsgeländern saßen glimmende Meerestiere. Es gab auch leuchtende Pflanzen. Laternen tragende Fische begleiteten ihren Zug. Es ging durch Straßen und Gassen. Links und rechts erhoben sich die Behausungen der Seeungeheuer. Es waren alles untergegangene Schiffe früherer Zeiten. Die Straßen waren wie ausgestorben. Die Seeungeheuer hockten in ihren Schiffshäusern. Sie drückten sich ihre weichen Nasen an den Fensterscheiben platt.

Unsere Freunde kamen zu einem besonders großen Schiff. Es hatte mehrere Decks. Seine Masten ragten hoch auf.

»Dies könnte ihr Rathaus sein oder das Schloss ihres Herrschers …«, murmelte der Professor.

»Man scheint uns zu erwarten. Also hinein! Es bleibt uns keine andere Wahl!«

Kaum waren sie drinnen, erklang die Schiffsglocke. Und als ob sie nur auf dieses Zeichen gewartet hätten, stießen nun die Seeungeheuer ringsum die Türen und Fenster auf. Sie quollen heraus, mit mächtigen Leibern, Hälsen und Köpfen.

»Ach, Professor«, sagte Wutz ängstlich, »mich verlässt aller Mut, öff!«

»Und vom Urmel ist weit und breit nicht die kleinste Schwanschspitsche zu sehen!«, meinte Wawa, der statt »z« immer »sch« sagte.

Es dauerte nicht lange, da schwamm von hinten eine Gruppe von Seeungeheuern heran. Es waren wohl die Seeungeheuer-Soldaten. Sie umringten den Professor, Tim und die Tiere und drängten sie in einen großen Nebenraum.

An einem Tisch saß eine mächtige Gestalt: der Oberst der Seeungeheuer. Er winkte ihnen mit einer schwabbeligen Hand.

Sie sollten näher kommen.

Der Professor verbeugte sich. Er stammelte: »Gut Nass, Verehrtester! Oder wie begrüßen Sie sich hier? Ich hörte, dass Sie unsere Sprache sprechen. Wir wünschen uns, dass wir Freunde werden!«

Der Riese am Tisch öffnete sein breites Maul. Er sagte pfeifend und gurgelnd: »So, so – pitsch, püh! Dass wir sprechen können, habt ihr auch schon gehört! Sehr – pitsch – schlecht!« Das riesengroße Geschöpf sah den Professor mit großen Augen an.

»Schau mal, wie das Seeungeheuer glotscht!«, flüsterte Wawa Ping Pinguin zu.

»Wir sind – pitsch – keine Seeungeheuer«, sagte dieses böse. »Wir sind Homo-Saurier, püh. Menschenähnliche Saurier. Und ihr müsst – pitsch – sterben, damit niemand erfährt, dass es uns gibt, püh!«

»O du geschabte Rübe«, flüsterte Wutz. »Die Wirkung der Tauchtablette lässt nach! Hast du noch eine, Professor, öff?«

»Nein«, sagte der Professor verlegen. »Ich habe die Tauchtabletten in der Eile auf dem Floß vergessen!«

»Ach«, seufzte Wutz, »mein liebes Urmel, öff, wir sehen dich nie mehr wieder!«

Ping Pinguin und Wawa blickten einander ganz erschrocken an.

Der Oberst der Homo-Saurier hatte interessiert zugehört. Nun sagte er: »Ach, ihr müsst von ganz alleine sterben, wenn ihr nur lange genug unter Wasser seid, pitsch? Aber das ist ja – püh – vortrefflich! Wir Homo-Saurier töten nicht gern. Sterben aber müsst ihr alle, pitsch!«

»Aber warum denn?«, rief der Professor. Auch er bekam Angst. »Das ist sicher ein Missverständnis! Lasst uns sofort wieder an die Luft, dann werde ich alles aufklären.«

»O nein!«, rief der Homo-Saurier. »Ihr werdet in diesem Schiff unter Wasser eingesperrt, pitsch, bis ihr – püh – ertrunken seid.

Sterben müsst ihr, pitsch, weil ihr unser Geheimnis kennt und wisst, püh, wo wir leben. Denn alle seltenen Lebewesen werden von den Menschen ausgerottet, pitsch. Die Krabbe hat euch unser Versteck verraten, püh, daher werden wir auch sie umbringen. Leider, leider, pitsch, denn wir haben eigentlich ein weiches – püh – Herz und können keinem Fliegenfisch etwas antun, pitsch!«

Wutz wurde die Luft knapp. Sie quiekte laut und durchdringend: »Urmel öff! O Urmel, öfföff, Hilfe! Hiiilfeee, Hiiiilfeee ... öff ... öff ...«

»Oje, Wutsch stirbt!«, jammerte Wawa leise. »Und ich bin auch bald so weit.«

Im Hintergrund der Kajüte standen viele Homo-Saurier neugierig herum. Jetzt kam Bewegung in die Gruppe. Jemand drängte sich durch – das Urmel!

Unter seinem rechten Arm trug es ein kleines Homo-Saurier-Kind. Das Urmel erkannte sofort, dass seine Freunde in Gefahr waren. Es sprang auf den Tisch, hinter dem der Oberst der Homo-Saurier saß.

»Du bist mir ja ein schöner Onkel!«, rief es. »Erst freuen wir uns, dass wir miteinander verwandt sind, weil die Homo-Saurier irgendwie von den Urmeln abstammen! Und jetzt willst du meine Freunde sterben lassen? Wenn du sie nicht gleich wieder an die Luft lässt, dann ... dann ... Ich weiß noch nicht, was ich dann mache, Onkel Pitsch, aber es wird furchtbar sein!«

Und das Homo-Saurier-Kind unter seinem Arm quietschte: »Papa! Das Urmel ist mein Freund und seine Freunde – pitsch – sind auch meine Freunde, püh! Alle!«

»Aber ich muss sie doch umbringen, pitsch!«, jammerte der Herr der Homo-Saurier.

»Gar nichts musst du!«, rief das Urmel. »Keiner von ihnen wird euch jemals verraten. Schließlich bin ich ja der lebende Beweis! Ich bin noch viel seltener als ihr. Mich gibt es nur ein einziges Mal und mich hat noch nie jemand verraten. Ganz geheim werde ich gehalten!«

»Professor, öfföff, es ist aus«, röchelte Wutz und sank zu Boden.

»Ich schwöre, nie etwas zu verraten!«, rief der Professor. »Aber jetzt hilf uns schnell hier heraus, mir wird auch langsam schwindlig!«

»Nun denn – pitsch, püh! Ich kann nichts gegen mein gutes Herz tun! Homo-Saurier! Wachen! Professor Tibatong und seine Tiere sind von jetzt an – pitsch – unsere Freunde! Bringt sie hinauf – püh – an die frische Luft!«

Jeweils zwei Wachen packten den Professor und Tim Tintenklecks. Sie schnappten sich Wutz, sie ergriffen Ping Pinguin und Wawa. Blitzschnell schwammen sie mit unseren Freunden durch die Stadt der untergegangenen Schiffe zur Meeresoberfläche hinauf.

Der Herr der Homo-Saurier und viele Angehörige seines Volkes folgten ihnen.

Kaum waren die Freunde an der frischen Luft, erholten sich alle sehr schnell.

Am Rand des Floßes lag Seele-Fant neben Schusch. »Ach, gut, dass ähr kommt!«, plapperte Schusch, der statt »i« immer »ä« sagte. »Äch habe Seele-Fant zu Hälfe geholt, weil ähr gar nächt wäderkamt. Gerade wollte er zu euch hänabtauchen und den Seeungeheuern seine Meinung sagen!«

»Es sind keine Seeungeheuer, es sind meine Freunde!«, rief das Urmel fröhlich. »Und ich habe alle gerettet, den Professor und Tim und Ping Pinguin und Wawa. Und natürlich Wutz! Ich bin ein Lebensretter!«

»Ja, das bist du, öff!«, seufzte Wutz, noch immer etwas ermattet. Doch ihre rosige Farbe kehrte langsam wieder zurück.

Der Professor und der Oberst der Homo-Saurier schüttelten sich zum Zeichen ewiger Freundschaft die Hände.

Die Homo-Saurier versprachen, jetzt auch die Krabbe in Frieden zu lassen.

Nur Seele-Fant war traurig. Erst holte man ihn zu Hilfe und dann brauchte man ihn nicht. Deshalb begann er zu singen:

»Öch weuß nöcht, was soll ös bödeutön, dass öch so traurög bön ...«

Und zu seiner großen Verwunderung und Freude fielen die Homo-Saurier mehrstimmig in seinen Gesang ein: »Ich weiß nicht, pitsch, was soll es – püh – bedeuten, dass ich so, pitsch, traurig bin, pitsch, püh ...«

Es klang schauerlich schön.

Das Urmel klatschte in die Händchen und rief: »Fein, jetzt hat Seele-Fant einen Pitschpüh-Chor!« Und dann drehte das Urmel den Kopf zu dem Homo-Saurier-Kind, das es immer noch unter dem Arm hielt, und sagte zu ihm: »Weißt du was, die brauchen mich jetzt alle hier nicht. Wir schwimmen wieder hinunter und spielen weiter Murmeln mit den Schiffskanonenkugeln. Das wird toll!« ●

SIGRID HEUCK

Büffelmann und Adlerkönig

Weit hinten in der Prärie, am Fuß der grünen Hügel, lebte einst ein Indianer. Er hieß Adlerkönig, und er war sehr stolz auf diesen Namen. Sechs Tage in der Woche ging er auf die Jagd. Wenn aber die Sonne zum siebenten Mal hinter den Bergen auftauchte, legte er seinen schönsten Adlerfederschmuck an, steckte seine Friedenspfeife ein und wanderte hügelwärts.

Dort, in den Hügeln, wohnte ein weißer Jäger. Vor langer Zeit hatte er einmal einen Büffel erlegt. Seitdem nannte er sich Büffelmann. Sechs Tage in der Woche ging er auf die Jagd. Am siebenten Tag fegte er seine Hütte sauber, schürte das Feuer und wartete auf Adlerkönig, der sein Freund war.

Wenn der Indianer eingetroffen war, begrüßten sie sich herzlich, wie es unter Freunden üblich ist. Dann hockten sie sich vor das Feuer und aßen gemeinsam, was Büffelmann zubereitet hatte. Manchmal sangen sie auch oder rauchten die Friedenspfeife. Dabei erzählten sie sich viele unglaubliche Geschichten, die vom fliegenden Bären zum Beispiel oder jene vom Fuchs mit dem grünen Fell. Das ging schon viele Jahre so, und keiner konnte sich erinnern, wann es begonnen hatte. Ihre Freundschaft wurde stark und groß wie der Baum hinter Büffelmanns Hütte.

Eines Tages saßen sie wieder einmal vor dem Feuer. Und weil sie beide müde waren, schliefen sie ein.

»Ich träumte von einem Pferd«, erzählte Adlerkönig, nachdem sie wieder aufgewacht waren. »Es war so rot wie die untergehende Sonne und so schnell wie der Wind. Ich ritt mit ihm auf die Jagd. Das war sehr schön. Und was hast du geträumt, Bruder?«

»Auch ich sah ein feuerrotes Pferd im Traum«, antwortete Büffelmann. »Es war zäh und stark wie ein Berglöwe, und es sprang mit mir über Bäche und Felsen.«

»Komm«, schlug Adlerkönig vor, »lass uns das rote Pferd suchen!«

Und so rüsteten sie sich und suchten es. Sie stiegen auf die Hügel und durchstreiften den Wald. Sie schauten hinter jeden Strauch, unter jede Baumwurzel und in jede Höhle. Sie durchquerten tiefe Schluchten und wanderten über die weite Prärie. Und dort entdeckten sie das Pferd. Sein Fell war wirklich rot wie die untergehende Sonne, und die Erde dröhnte unter seinen Hufen, als es, schnell wie der Wind, an ihnen vorbeijagte.

»Da ist mein Pferd!«, riefen Büffelmann und Adlerkönig gleichzeitig. Sie schauten sich an. Langsam wurden ihre Mienen finster.

»Es ist mein Pferd!«, sagte der Indianer.

»Nein«, erwiderte Büffelmann, »es ist meines! Ich habe es deutlich im Traum gesehen.«

»Aber ich habe es auch im Traum gesehen. Es gehört mir.«

Adlerkönig wurde böse auf Büffelmann, und Büffelmann wurde böse auf Adlerkönig. Sie stritten eine Weile miteinander, dann drehten sie sich um und gingen in verschiedene Richtungen davon.

Büffelmann beschloss, das Pferd zu fangen. Er steckte sich etwas zum Essen ein und machte sich an die Verfolgung. Er jagte es einen und noch einen Tag. Aber das Pferd lief schnell, viel schneller, als ein weißer Jäger laufen kann. Doch am dritten Tag bekam es Hunger. An einer Stelle, wo besonders schönes junges Gras wuchs, vergaß es das Laufen und begann zu fressen.

Büffelmann hatte es beinahe eingeholt. Es fehlten nur noch ein paar kleine, leise Schritte. Da stolperte er über einen Stein und fiel hin. Das Pferd erschrak und lief weg.

Auch Adlerkönig hatte beschlossen, das Pferd zu fangen. Als er sah, dass es hügelwärts flüchtete, nahm er sofort die Verfolgung auf. Er rannte, so schnell er konnte, hinter dem Pferd den Berg hinauf. Er quälte sich durch Dornengestrüpp und über große Steine. Plötzlich kamen sie an einen reißenden Bergbach. »Jippie«, frohlockte Adlerkönig, »jetzt habe ich dich, rotes Pferd!«

Aber das Pferd war nicht nur schnell wie der Wind, sondern auch stark wie ein Berglöwe. Es duckte sich ein bisschen und sprang dann mit einem riesigen Satz an das andere Ufer.

Adlerkönig versuchte dasselbe. Ein Indianer ist aber kein Pferd, und wenn er auch sehr klug ist, so hat er doch nur zwei Beine. Adlerkönig rutschte aus und fiel ins Wasser. Das war schlimm und ging gegen seine Ehre. Bis er mühsam wieder an Land kriechen konnte, war das Pferd längst über alle Berge.

So hatten weder Büffelmann noch Adlerkönig das rote Pferd fangen können. Beschämt schlichen sie heim: Büffelmann von der Prärie zurück in die Berge und Adlerkönig von den Bergen in die Prärie. Auf halbem Weg begegneten sie sich.

»Hast du das Pferd gefangen, Bruder?«, fragte der Indianer.

»Nein. Aber wenn mir jemand geholfen hätte, hätte ich eine Falle gebaut«, antwortete Büffelmann.

»Und wenn mir jemand geholfen hätte«, meinte Adlerkönig, »hätte ich es überlistet.«

Überrascht schauten sie sich an. Langsam hellten sich ihre Mienen auf, und sie beschlossen, zuerst eine Falle zu bauen und dann das Pferd zu überlisten, damit es in die Falle lief.

Büffelmann fällte Bäume. Adlerkönig hieb die Äste ab und zersägte die Stämme. Büffelmann schlug Pfosten in die Erde. Adlerkönig verband sie miteinander durch Zweige, bis ein dichter Zaun entstanden war. Büffelmann verknotete das Ende einer Schnur am Tor der Einfriedung und legte sich mit dem anderen Ende in der Hand hinter einem Busch auf die Lauer. Adlerkönig kletterte auf einen Baum und schaute nach dem Pferd aus. Es graste friedlich hinter einer kleinen Bodenerhebung.

Jetzt schnitt Adlerkönig Zweige von den Bäumen und behängte sich damit, bis er aussah wie ein wandelnder Strauch. So schlich er sich an das Pferd heran und hockte sich nieder. Er holte tief Luft und wieherte. Indianer können das. Das Pferd hörte das Wiehern und dachte, da wäre noch ein Pferd, und weil es neugierig war, tat es ein paar Schritte auf Adlerkönig zu. Langsamer, als eine Schnecke kriechen kann, bewegte sich der Indianer rückwärts. Immer noch ein Stückchen, und noch eines. Ab und zu wieherte er. Und allmählich kamen sie so zur Einfriedung. Adlerkönig immer voraus und das Pferd hinterher, bis sie drin waren.

Jetzt zog Büffelmann an der Schnur. Das Tor fiel zu. Die Jagd war zu Ende. Büffelmann und Adlerkönig tanzten und sangen drei Tage lang.

Mit großer Geduld zähmten sie gemeinsam ihr Pferd. Nach einer Woche fraß es ihnen aus der Hand, nach zwei Wochen ließ es sich führen. Nach vier Wochen konnten sie es reiten und nach acht Wochen kam es, wenn sie es riefen. Sie ließen es aus der Einfriedung heraus, und es lief nicht mehr weg. Der Indianer holte sein Zelt und baute es gleich neben Büffelmanns Hütte unter dem alten Baum auf. So waren sie beide zufrieden. Einmal ritt Büffelmann mit dem Pferd auf die Jagd und ein anderes Mal Adlerkönig.

An jedem siebenten Tag aber fegte Büffelmann die Hütte sauber und schürte das Feuer, während der Indianer seinen schönsten Adlerfederschmuck anlegte. Sie putzten miteinander das Pferd, bis sein Fell spiegelblank war. Dann sangen sie oder rauchten die Friedenspfeife. Und dabei erzählten sie sich viele unglaubliche Geschichten, die vom fliegenden Bären zum Beispiel oder jene vom Fuchs mit dem grünen Fell. Ganz zum Schluss aber erinnerten sie sich gegenseitig daran, wie sie gemeinsam das rote Pferd gefangen hatten, obwohl es so schnell wie der Wind und so stark wie ein Berglöwe war. Sie erinnerten sich daran, wie sie es überlistet und wie sie es gezähmt hatten. Und darüber freuten sie sich am meisten, denn das war keine unglaubliche, das war eine wahre Geschichte. ●

CORNELIA FUNKE

Die geraubten Prinzen

Es war einmal eine schreckliche Riesin namens Grauseldis, die sammelte schöne Prinzen. Sie raubte sie aus ihren Schlössern und grapschte sie von ihren Pferden. Sie stopfte sie in ihre riesige Handtasche und schleppte sie dann in ihr Schloss, hoch auf dem Gipfel eines Berges.

Manche Prinzen schafften sich bissige Hunde an. Einige ließen ihr Schloss von hundert Rittern bewachen, andere verkleideten sich als arme Bauern, aber Grauseldis schnappte sie alle.

In ihrem Schloss hatte die Riesin ein Puppenhaus mit vielen kleinen Zimmern. Dort steckte sie die Prinzen hinein. Die schönsten bekamen die größten Zimmer und die klügsten benutzte Grauseldis als Schachfiguren. Sie kochte ihnen köstliche Mahlzeiten und spielte ihnen auf der Laute vor, aber das Puppenhaus durften sie erst wieder verlassen, wenn sie der Riesin nicht mehr gefielen …

Jahrelang ging das so.

Bis Grauseldis eines Tages den schönen Prinzen von Kleinpistazien raubte. Er bewunderte sich gerade im Spiegel, als

Grauseldis mit ihren Riesenfingern durchs Fenster griff und ihn in ihre Handtasche stopfte.

Seine Mutter, Königin Adelheit, war verzweifelt. Eine Million Goldstücke bot sie dem, der ihren Sohn befreien würde.

Es meldeten sich viele Ritter, aber nicht einer kehrte vom Schloss der furchtbaren Riesin zurück. Grauseldis warf sie alle in einen dunklen, feuchten Kerker.

Königin Adelheits Verzweiflung war grenzenlos und tränenreich. Aber eines Morgens wurde ihr wieder ein Ritter gemeldet. In roter Rüstung trat er vor ihren Thron.

»Ich werde Euren Sohn befreien«, sagte er, ohne seinen Helm zu öffnen. »Aber nur unter einer Bedingung. Dass Ihr ihn mir zum Mann gebt.«

»Wie bitte?«, rief die Königin.

Da nahm der blutrote Ritter seinen Helm ab, und zum Vorschein kam eine wunderschöne Frau. »Ich bin die Ritterin Frieda Ohnefurcht«, sagte sie. »Unbesiegt in vielen Kämpfen. Ich werde Euren Sohn befreien, wenn Ihr mir versprecht, was ich verlange.«

»Aber ja!«, rief die Königin. »Aber ja doch, alles, was Ihr wollt, meine Teure, nur bringt ihn zurück!«

Da schwang sich Frieda Ohnefurcht auf ihr schwarzes Pferd. Sie ritt drei Tage und drei Nächte, bis sie zu dem Berg kam, auf dem das Schloss der Riesin stand. Bleich stand der Mond über den spitzen Türmen. Das Schnarchen von Grauseldis war bis zum Fuß des Berges zu hören. Schnell wie der Wind ritt Frieda Ohnefurcht zum Schloss hinauf. Vor dem Tor sprang ihr knurrend der fünfköpfige Wachhund der Riesin entgegen. Aber die rote Ritterin knotete ganz einfach seine fünf Hälse zusammen und ließ ihn den steilen Berg hinunterrollen. Dann ritt sie in den großen Schlosssaal.

»Grauseldis!«, rief sie. »Komm her!«

»Wer brüllt so frech in meinem Schloss herum?«, knurrte die Riesin. Sie rollte aus ihrem Bett und polterte die Treppe hinunter.

»Rück die Prinzen raus, Grauseldis!«, rief die Ritterin. »Oder du wirst die Sonne nicht aufgehen sehen.«

»Hahaaa!«, lachte die Riesin und klatschte in die Hände. »Ich glaube, ich werde dich auch behalten. Du bringst mich zum Lachen!“

Frieda streifte sich einen Handschuh von der Hand. Aus ihrem Ärmel kroch eine kleine Spinne.

Die Riesin wurde bleicher als der Mond. »Nimm sie weg!«, schrie sie und kletterte ängstlich auf einen Stuhl. »Nimm sie weg!«

Frieda Ohnefurcht flüsterte der Spinne etwas zu und setzte sie zu Boden. Das kleine Tier krabbelte auf die Riesin zu. Grauseldis sprang wild von einem Bein aufs andere und versuchte, die Spinne zu zertreten. Immer wilder stampfte die Riesin. Das Schloss bebte. Alle Kronleuchter fielen von der Decke, und die Prinzen im Puppenhaus plumpsten aus ihren Betten.

Die kleine Spinne krabbelte der Riesin ungerührt auf den Fuß und kletterte ihr Bein hinauf.

»Aaaah!«, kreischte Grauseldis.

Und dann passierte es: Stück für Stück erstarrte die furchtbare Riesin zu Stein, bis sie grau und reglos in der Schlosshalle stand.

»Geschafft!«, sagte Frieda Ohnefurcht. Sie zog ihren Handschuh wieder an und klemmte sich den roten Helm unter den Arm. Dann befreite sie die Prinzen aus dem Puppenhaus und die Ritter aus dem Kerker.

Und den schönen Prinzen von Kleinpistazien? Den hat sie doch nicht geheiratet, denn einer der Ritter gefiel ihr noch viel besser. Friedas Spinne blieb im Schloss und baute sich ein wunderschönes Netz. Direkt hinter dem Ohr der versteinerten Grauseldis. ●

UTE KRAUSE

Minus Drei wünscht sich ein Haustier

Der Wunsch

»Ein Haustier?!«, rief Mama Drei. »Das kommt mir ganz bestimmt nicht in die Höhle!«

»Bitte«, bettelte Minus. »Bitte, bitte. BITTE!«

»Auf keinen Fall!«

»Nur ein winziger Bronto? Oder ein klitzekleiner Flugsaurier?«

»Und wer, bitte schön, macht den Käfig für deinen Flugsaurier sauber? Und wer geht mit deinem Bronto spazieren? Hm?«, schimpfte Mama. »Das bleibt dann wieder alles an mir hängen. Schau dir doch nur dein Zimmer an. Wer räumt das denn auf?«

»Das hat doch damit nichts zu tun!«, rief Minus. Manchmal war Mama völlig unlogisch.

»Kein Haustier, und damit basta«, sagte Mama.

Minus seufzte. Wie konnte Mama nur so gemein sein? Dabei wünschte er sich doch nur eines im Leben – ein Haustier.

Sogar mit einem Urfisch wäre er zufrieden.

»Ich werde euch beweisen, dass ich mich sehr wohl um ein Tier kümmern kann«, murmelte Minus wütend. Und schon bald hatte er einen Plan ...

Im Urwald pflückte er Blätter von den Urbäumen und schrieb in seiner schönsten Schrift auf jedes Blatt:

Minus macht iren Saurier glüklich.
washen, flegen, spazirn geen.

Darunter schrieb er seine Adresse.

Bald hingen überall seine Zettel. Neugierige blieben stehen und lasen, was Minus geschrieben hatte.

Einige nahmen die Blätter sogar mit. Minus war gespannt. Ob sein Plan klappen würde?

Der erste Auftrag

Am nächsten Morgen klingelte es. Herr Fossil stand vor der Tür.

»Minus?«, fragte er.

Minus nickte aufgeregt.

»Das ist T.R.«, sagte Herr Fossil. »Er riecht leider etwas streng. Aber er gehorcht aufs Wort. Ob du ihn baden könntest?«

»Kein Problem«, antwortete Minus.

Herr Fossil reichte Minus die Leine.

»Ich hole ihn in einer Stunde ab.«

Minus zog an der Leine … und zog noch etwas mehr … Er zog so kräftig, dass er ins Schwitzen kam. Doch die Leine bewegte sich nicht.

T.R. ist sehr stark, dachte Minus. Und er stinkt! Zum Glück fiel Minus in dem Moment ein, dass Herr Fossil gesagt hatte, dass T.R. aufs Wort gehorchte.

»Komm, T.R.!«, rief er.

Da kam er auch schon.

Minus schluckte.

So einen großen Saurier hatte er noch nie gesehen.

Wie sollte er den bloß in die Wanne bekommen?

»Sitz!«, sagte Minus.

T.R. setzte sich auf die Fußmatte und wedelte mit dem Schwanz. Er war wirklich gut erzogen. Das machte die Sache leichter.

»Komm!«, rief Minus noch mal, und T.R. folgte ihm artig ins Badezimmer.

Minus ließ Wasser in die Wanne laufen. Plötzlich jaulte T.R. laut auf und sprang ins Wohnzimmer.

Wahrscheinlich mag T.R. nicht baden, dachte Minus. Deswegen stinkt er auch so.

Minus versuchte, ihn unter dem Tisch hervorzulocken. Aber T.R. wollte nicht.

Vielleicht war er wasserscheu?

Da hatte Minus eine Idee. Er ging ins Bad und kippte die Flasche mit Badezusatz ins Wasser. Bald wuchs dort eine sehr schöne Schneelandschaft.

Dann blätterte Minus in seinem Saurierbuch. Dort stand, was ein Tyrannosaurus Rex besonders gerne frisst: Fleisch!

Minus holte eine Wurst aus dem Schrank und warf sie in die schöne Schneelandschaft. T.R. freute sich über die Wurst und sprang ihr hinterher.

Das Wasser unter der Schneehaube bemerkte er nicht einmal. Dafür wollte er noch mehr Wurst haben.

»Sitz!«, sagte Minus und holte noch mehr Würste. Während T.R. die zweite und dann die dritte Wurst kaute, baute Minus einen Schaumsaurier mit einer Schaumkrone.

T.R. wollte auch eine Schaumkrone haben.

Als Herr Fossil klingelte, war T.R. frisch gebadet und duftete nach Fichtennadeln. Herr Fossil war sehr zufrieden.

»Bravo«, sagte er zu Minus. »Bei mir badet T.R. überhaupt nicht gerne. Wie hast du das geschafft?«

Minus lächelte nur geheimnisvoll und bekam fünf Muscheln für seine Mühe.

Der zweite Auftrag

Kaum waren Herr Fossil und T.R. fort, da klingelte es schon wieder, aber nicht an der Haustür.

»Hallo, Minus«, sagte die Stimme am anderen Ende. »Hier spricht Frau Meso. Mein Topsilein braucht dringend Auslauf. Hast du Zeit?«

»Bin gleich da«, sagte Minus.

Die Erde bebte ein wenig, als er vor Frau Mesos Höhle ankam. Von innen hörte er lautes Gebrüll. Vorsichtig trat Minus ein ...

Topsi, der Triceratops, freute sich SEHR über Minus' Besuch.

»Er liebt Kinder über alles«, sagte Frau Meso und gab Minus die Leine. »Bis später dann und viel Spaß!«

Minus legte Topsi an die Leine, und dann ging Topsi mit Minus spazieren.

Topsi hatte es sehr eilig.

Wo will Topsi nur hin?, dachte Minus.

Und da wusste er es auch schon.

»Ich hatte vergessen, dir zu sagen, dass der Sudel-Sumpf sein Lieblingsplatz ist«, sagte Frau Meso. Sie gab Minus zwei Muscheln.

»Du darfst Topsilein auch schrubben, wenn du magst. Dafür bekommst du sogar fünf Muscheln«, fügte sie hinzu.

»Heute kann ich leider nicht«, sagte Minus schnell. »Zu viele Hausaufgaben.« Das war doch alles ganz schön anstrengend.

Und noch ein Auftrag
Doch zu Hause wartete schon die nächste Kundin.

»Das ist Stigi, mein süßer, süßer Stegosaurus«, sagte Frau Urgestein. »Er braucht dringend eine Stachel- und Krallenpflege. Und ich bin so lange beim Friseur.«

»Aber ...!«, rief Minus.

Doch da war die Dame schon davongeeilt.

Stigi schob Minus beiseite und sprang ins Wohnzimmer. Neben dem Tisch lag noch die kaputte Vase, die T.R. zerbrochen hatte.

Stigi mochte Blumen.

»Nein, nicht, Stigi!«, rief Minus.

Doch da waren die Blumen schon in Stigis Bauch.

Und dann entdeckte Stigi das Kinderzimmer.

»Raus da!«, rief Minus.

Stigi galoppierte ins Bad. Er sah jetzt aus wie ein Weihnachtsbaum.

»Nein, warte!«, rief Minus.

Zu spät. Stigi war schon in die Wanne gesprungen.

Minus hörte ein lautes Knirschen. Dann lief das Wasser aus der Wanne.

Stigis Stacheln hatten Löcher gebohrt. Nun saß Stigi fest.

Da soll er auch bleiben, dachte Minus.

Minus fischte seine Spielsachen aus der Wanne und wischte den Boden trocken. Als er fertig war, war Stigi eingeschlafen. Er schnarchte laut.

Minus holte Mamas Krallenfeile und feilte; erst Stigis Stacheln und dann seine Krallen. Kaum war die letzte Kralle fertiggefeilt, klingelte es an der Tür.

Stigi war sofort wach. Er stürmte mit der Wanne auf dem Rücken zur Tür.

Sein Frauchen hatte jetzt eine neue Frisur.

Für Stigi hatte sie dazu passende Schleifen mitgebracht. Frau Urgestein freute sich sehr, Stigi zu sehen. Nur über die Badewanne freute sie sich nicht.

Stigi schüttelte sich, und die Wanne flog davon. Minus bekam vier Muscheln, und Frau Urgestein versprach, bald wiederzukommen.

Minus räumte auf. Dann ging er einkaufen. Die Muscheln reichten genau für einen Blumenstrauß, eine neue Vase und eine Flasche Badesalz.

Bald sah alles so aus wie vorher. Na ja, bis auf die Badewanne ...

Erschöpft sank Minus auf sein Bett und schloss die Augen. So ein Haustier ist ganz schön viel Arbeit, dachte er. Viel zu viel Arbeit.

Ein Glück, dass seine Eltern ihm keins erlaubten. Mama würde sich bestimmt freuen, weil Minus jetzt so vernünftig war.

Später sagte Mama Drei: »Frau Meso und Herr Fossil haben mir erzählt, wie gut du dich um ihre Haustiere gekümmert hast.«

»Frau Urgestein auch«, sagte Papa. »Stigi war ganz begeistert.«

»Und ich habe mich in dir getäuscht«, sagte Mama. »Du kannst dich sehr wohl um ein Tier kümmern.«

Papa strahlte. »Und deswegen haben wir eine Überraschung für dich. Du bekommst ein Haustier.«

»Aber – das ist doch nicht nötig!«, rief Minus.

»Es ist schon da«, sagte Mama.

Minus wurde blass.

»Ist es etwa ein Tyrannosaurus Rex?«, flüsterte er.

»Nein«, sagte Mama.

»Viel kleiner.«

»Oder ein Tri... Triceratops?«

»Viel langsamer«, sagte Papa.

Minus kam ein noch schlimmerer Gedanke.

»Etwa ein Stegosaurus?!«, hauchte er.

»Es hat keine Stacheln«, sagte Mama und nickte Papa zu.

Papa holte etwas aus seiner Tasche …

Es war so klein, dass Minus es nicht gleich erkannte.

»Das ist Lucy«, sagte Papa. »Ich glaube, ihr werdet euch gut verstehen.«

»Ein Urmensch! Wie niedlich!«, rief Minus begeistert. »Das ist ja viel, VIEL besser als ein Saurier!«

Und so war es auch! Minus und Lucy wurden schon bald die allerbesten Freunde. ●

URSULA FUCHS

Der kleine grüne Drache

Der kleine grüne Drache saß auf dem Ziegeldach von Großmutters Haus.

Morris entdeckte ihn am Morgen.

»He, wer bist du?«, rief er.

»Is sein ein kleiner Drase«, rief der kleine grüne Drache. Er sagte »Drase«, weil er kein »ch« sprechen konnte.

»Was machst du da oben?«, fragte Morris.

»Is sitzt hier«, sagte der Drache.

»Komm runter!«, sagte Morris.

»Is hab Angst«, sagte der Drache. Er hielt sich mit seinen Pfoten am Schornstein fest.

»Ich tu dir nichts«, sagte Morris.

Der Drache rutschte auf seinem grünen Bauch bis zur Dachrinne. Und er sprang in den Garten zu Morris auf die Wiese.

»Wo kommst du her?«, fragte Morris.

»Is komme vom grünen Berg der Drasen«, sagte der kleine grüne Drache.

Aus seinen Augen fielen Tränen auf die Wiese.

»Du weinst ja«, sagte Morris.

»Mis haben sie weggesickt von dem grünen Berg der Drasen.« Der kleine Drache schluchzte.

»Warum haben sie dich weggeschickt?«, fragte Morris.

»Is kann nist Feuer spucken. Alle Drasen können Feuer spucken. Nur is nist.« Jetzt heulte der kleine Drache noch mehr.

Morris wischte ihm mit der Hand die Tränen weg.

»Kann is bei dir bleiben?«, fragte der kleine grüne Drache.

»Nur, wenn du nützlich bist«, sagte Morris.

»Was ist das, nützlis?«, fragte der Drache.

»Ich weiß das auch nicht richtig«, sagte Morris. »Auf jeden Fall kann Großmutter nur nützliche Tiere leiden.«

Morris ging mit dem kleinen Drachen in den Stall. Der Stall stand neben dem Haus. Im Stall saß das Huhn Henriette auf ihrem Nest.

»Henriette kann Eier legen«, sagte Morris. »Eier schmecken gut. Darum ist Henriette nützlich.«

»Is kann aber keine Eier legen«, sagte der kleine Drache.

»Kannst du Milch geben wie unsere Ziege Genoveva?«, fragte Morris.

Der kleine grüne Drache schüttelte den Kopf. Er konnte auch keine Milch geben.

»Das ist gut«, sagte Morris. Er konnte Ziegenmilch nicht ausstehen.

»Is kann Qualm masen«, sagte der Drache.

Er riss sein Maul auf, ganz weit. Morris konnte die grünen Zähne sehen. Der Drache hustete, einmal, zweimal, dreimal. Da kam dicker, grüner Qualm aus seinem Maul, ganz viel Qualm.

Jetzt hustete Morris. »Hör auf!«, schrie er.

Der Drache hörte auf. »Ist Qualmen nützlis?«, fragte er.

»Ich weiß nicht«, sagte Morris. »Komm, wir fragen die Großmutter.«

Der hungrige Drache

Großmutter stand in der Küche am Herd. Sie rollte Pflaumenknödel. Es roch nach Vanille und Zimt.

»Hier riest es aber sehr gut«, sagte der Drache.

»Morris, du sprichst ja so komisch«, sagte Großmutter. Sie drehte sich um, sah den Drachen und ließ vor Schreck den Pflaumenknödel fallen.

»Wer ist denn das?«, schrie sie.

»Ein kleiner grüner Drache«, sagte Morris.

»Ein hungriger Drase«, sagte der kleine Drache. Und fraß den Pflaumenknödel auf.

»Wo kommt er her?«, fragte Großmutter.

Sie musste sich auf den Küchenstuhl setzen, weil ihr die Beine zitterten.

»Er war auf dem Dach«, sagte Morris.

»Bring ihn weg«, sagte Großmutter.

»Er will bei uns bleiben.«

»Morris«, sagte Großmutter, »ich dulde nur nützliche Tiere im Haus. Und so ein Drache ist unnütz.«

»Woher weißt du das?«

»Was kann der Drache denn?«, wollte Großmutter wissen.

»Sön grün qualmen kann is.« Und der Drache, der kleine grüne, machte Qualm. Die ganze Küche machte er voll mit Qualm.

»Aufhören! Aufhören!« Großmutter riss das Küchenfenster auf. Und sagte, dass sie Qualmen sehr unnütz fände.

»Is kann aus ganz sön klappern und Kras masen«, sagte der kleine grüne Drache.

Und er klapperte mit den Augendeckeln, dass die Becher auf dem Küchenbord mitklapperten.

Das Klappern fand Großmutter auch sehr unnütz.

»Is kann aus ein Karussell sein.« Der kleine Drache stellte sich auf den Kopf, drehte seinen Schwanz, rundherum, schnell, schneller, ganz schnell.

»Ich will Karussell fahren!«, schrie Morris.

Da hielt der kleine Drache seinen Schwanz an. Morris setzte sich darauf und fuhr Karussell.

Morris lachte, denn das gefiel ihm sehr.

Großmutter lachte auch. Ihr gefiel das Karussellfahren auch.

»Morris«, sagte Großmutter. »Er ist zwar kein nützlicher Drache, aber er kann trotzdem bei uns bleiben.«

Und sie stellte für den kleinen grünen Drachen einen Teller mit auf den Küchentisch. ●

WOLFRAM HÄNEL

Ein Pferd für Runder Mond

Runder Mond braucht ein Pferd. Schließlich ist er ja schon fast zehn. Und wenn einer schon fast zehn ist, braucht er ein Pferd. Ganz klar. Außerdem braucht Runder Mond auch noch einen neuen Namen. Denn er sieht schon lange nicht mehr aus wie ein Vollmond. Und gestern beim Wettrennen war er fast der Schnellste! Natürlich nicht so schnell wie Schwarze Feder. Aber auch nicht der Letzte, wie sonst.

Runder Mond sitzt vor dem Zelt und denkt nach. Am besten wäre ein Name wie Schneller Hirsch. Oder noch besser Starke Hand oder Der keine Angst hat. Obwohl Runder Mond manchmal ganz schön viel Angst hat. Wenn im Winter der Wind mit den Kojoten um die Wette heult zum Beispiel. Der Name geht also nicht. Denn ein richtiger Name muss auch stimmen. Oder an etwas erinnern, was einem passiert ist. Aber ihm passiert ja nie etwas. Nichts Aufregendes jedenfalls. Egal, was er macht.

»Nenn dich doch Der ein Pferd braucht«, schlägt Schwarze Feder vor.

»Das ist Quatsch«, sagt Runder Mond. »Denn wenn ich ein

Pferd habe, müsste ich mir ja schon wieder einen neuen Namen suchen.«

»Und wenn du kein Pferd findest?«, fragt Schwarze Feder und grinst.

Blödmann, denkt Runder Mond, gib bloß nicht so an! Du hast dein Pferd ja auch gerade erst bekommen. Und richtig reiten kannst du auch noch nicht. Aber Schwarze Feder hat wenigstens ein Pferd. Und außerdem auch noch einen guten Namen: Schwarze Feder. Weil er ein Schneehuhn gefangen hat, mit einer einzigen schwarzen Schwanzfeder. Runder Mond hat gar nichts gefangen, sondern nur die Knochen von einem toten Kaninchen gefunden. Die hat er jetzt in seinem Lederbeutel. Aber das hilft ihm auch nicht weiter. Oder soll er sich etwa Der mit Kaninchenknochen spielt nennen? Na, da hätte Schwarze Feder aber was zu lachen!

Runder Mond steht auf. Bald werden die Wildpferde aus den Bergen herunterkommen, hat sein Vater gesagt, und vielleicht ...

»Kommst du mit, Anschleichen üben?«, fragt Schwarze Feder.

»Klar«, sagt Runder Mond und rennt hinter Schwarze Feder her zum Fluss. Das Wasser gurgelt und rauscht zwischen den flachen Steinen und schießt dann weiter bis zum großen Wasserfall. Einmal rutscht Runder Mond auf dem glitschigen Felsen aus. Aber Schwarze Feder hat nichts gemerkt.

Dann sind sie im Wald. Ganz flach pressen sie sich auf den Boden und kriechen wie Schlangen durch das Farnkraut. Schwarze Feder tut so, als würde er einen Bogen spannen und ... Knack! Runder Mond ist auf einen trockenen Ast getreten.

»Mist!«, zischt Schwarze Feder. »Jetzt ist er weg, der Hirsch. Kannst du nicht besser aufpassen? Es war ein Prachtkerl, mindestens zwei Meter hoch!«

Oben auf dem Berg kriecht Schwarze Feder bis an den Rand der Felskuppe. Um nach unten zu gucken. Und Runder Mond hält ihn an den Beinen fest, damit er nicht abstürzt.

»Siehst du was?«, fragt er. »He, was ist los, warum sagst du nichts? Nun sag schon, was du siehst!«

»Zieh mich zurück«, flüstert Schwarze Feder, »aber ganz, ganz leise ...«

»Was hast du gesehen?«, fragt Runder Mond. »Ein Adlernest?«

»Viel besser«, flüstert Schwarze Feder.

»Einen toten Adler und noch alle Federn dran?«, fragt Runder Mond aufgeregt.

»Unsinn, ich sag's dir: eine Herde Wildpferde! Da unten sind mindestens ...«

»Waaas? Wildpferde?«, ruft Runder Mond.

»Pscht«, macht Schwarze Feder und presst Runder Mond die Hand auf den Mund.

»Nicht so laut! Wir müssen den anderen Bescheid sagen. Ich renne runter ins Dorf, und du ...«

»Ich komme mit!«, ruft Runder Mond.

»Du bleibst hier und passt auf, wohin die Herde zieht. Falls sie weiterzieht, kapierst du?«

»Klar«, sagt Runder Mond. »Ich bleibe hier und passe auf. Und rühre mich nicht von der Stelle. Und wenn ...« Aber da ist Schwarze Feder schon im Wald verschwunden.

Runder Mond sitzt auf der Bergkuppe und wartet. Langsam wird ihm kalt, aber Runder Mond rührt sich nicht. Wenn nur die Ameisen nicht wären, die ihm über die Beine und Arme krabbeln! Ob er vielleicht doch mal aufsteht? Ganz kurz nur? Und auch nur, um die Ameisen schnell abzuschütteln und vielleicht ein bisschen hin und her zu hüpfen, bis ihm wieder warm ist?

Oder sollte er besser nach vorne zur Felskante kriechen, um zu gucken, ob die Pferde überhaupt noch da sind? Aber was ist, wenn er dann wieder auf einen trockenen Zweig kommt und – knack! – sind die Pferde verschwunden?

Mann, das ist ja eine ganze Ameisenstraße, die da über ihn hinwegführt! Und jetzt krabbeln sie ihm auch noch am Rücken hinauf und über den Hals und mitten durchs Gesicht!

»Alles in Ordnung? Ist die Herde noch da?«, hört er plötzlich eine Stimme neben sich. Schwarze Feder ist zurück. Und bei ihm sind die Männer, die jetzt vorsichtig die Herde einkreisen.

»Nur einen Moment noch«, flüstert sein Vater. »Du hast es gleich geschafft.«

Und Runder Mond sitzt kerzengerade und stumm. Fast könnte man denken, er ist ein abgestorbener Baum. Was die Ameisen ja wohl auch glauben. Denn jetzt krabbeln ihm zwei, drei über den Mund und genau in die Nase.

»Hatschi!«, macht Runder Mond, dass es von den Felsen widerhallt, und gleich noch einmal: »Hatschi!«

Aufgeschreckt werfen die Wildpferde die Köpfe in den Nacken, und der Leithengst bäumt sich hoch auf. Hufe trommeln über den harten Boden. Doch die Männer stehen schon bereit. Und Minuten später sind die Pferde im schmalen Felsental zusammengetrieben. Schnaubend und zitternd drängen sie sich dicht aneinander.

»Yippiiie!«, schreit Runder Mond und rennt und springt den schmalen Pfad ins Tal hinunter. »Yippiiie!« Ohne ein einziges Mal zu stolpern und so schnell, dass Schwarze Feder hinter ihm keucht: »Warte! So schnell kann ich nicht!«

Aber da ist Runder Mond schon bei den Männern, und sein Vater legt ihm lachend den Arm um die Schulter: »Ich glaube, das gescheckte Pony da wäre genau richtig für dich«, sagt er. Und die anderen nicken ihm zu und sagen: »Das hat Der im Ameisenhaufen sitzt wirklich gut gemacht.« ●

VERZEICHNIS DER AUTORINNEN UND AUTOREN UND RECHTENACHWEISE

Andresen, Ute: Mitten in der Nacht. Aus: Ute Andresen: Mama findet alles. dtv, 2000. Rechte bei der Autorin.

Aoki, Hisako: Die Weihnachtsgeschichte, erzählt vom Weihnachtsmann. Deutsche Textfassung von Edgar Breuss. Michael Neugebauer Edition GmbH, Bargteheide 2018. © 2018 minedition; Text © 1982 Hisako Aoki

Boie, Kirsten: Juli und das Monster. Aus: Kirsten Boie / Jutta Bauer: Juli! © 2005, 2008 Beltz & Gelberg in der Verlagsgruppe Beltz, Weinheim Basel

Boie, Kirsten: Mama ist krank. Aus: Kirsten Boie: Jenny ist meistens schön friedlich. © 2003 Verlag Friedrich Oetinger GmbH

Cannon, Janell: Stellaluna. Aus dem Englischen von Till Martin. Für die Übersetzung © Carlsen Verlag GmbH, Hamburg 1993. Text from STELLALUNA © 1993 used with permission of Janell Cannon. All rights reserved.

Das Rübchen (nach einem russ. Volksmärchen). Eulenspiegel Kinderbuchverlag Berlin, 2009.

Englert, Sylvia: Fleischbällchenernte. Aus: Sylvia Englert und Sabine Dully (Ill.): Der Warumwolf. Verrückte Vorlesegeschichte von Sylvia Englert. © 2016 Knesebeck Verlag

Fuchs, Ursula: Der kleine grüne Drache. Ursula Fuchs: »Der kleine grüne Drache« und »Der hungrige Drache«. Aus: Ursula Fuchs: Das große Buch vom kleinen grünen Drachen. © 1980, 2004 Beltz & Gelberg in der Verlagsgruppe Beltz, Weinheim Basel

Fuchshuber, Annegert: Zwei und mehr. © Annette Betz in der Ueberreuter Verlag GmbH, Berlin 2018

Funke, Cornelia: Die geraubten Prinzen. Aus: Cornelia Funke: Leselöwen-Rittergeschichten. © 1994 Loewe Verlag GmbH, Bindlach

Hänel, Wolfram: Ein Pferd für Runder Mond. Aus: Wolfram Hänel: Ein Pferd für Runder Mond und andere Indianergeschichten. Arena Verlag, 1996. Rechte beim Autor.

Hannover, Heinrich: Das Pferd Huppdiwupp. Aus: Heinrich Hannover: Das Pferd Huppdiwupp und andere lustige Geschichten. © 1968 Heinrich Hannover; 2002 Rowohlt Taschenbuch Verlag GmbH, Reinbek bei Hamburg (TB 21786)

Herzog, Annette: Schüsse auf dem Eis. Aus: Annette Herzog, Ingrid und Dieter Schubert (Ill.): Frühling mit Freund. Vorlesegeschichten. © 2017 Moritz Verlag, Frankfurt am Main

Heuck, Sigrid: Sarotti. Aus: Sigrid Heuck: Ponygeschichten. Loewe Leselöwen, 1998. Abdruck mit freundlicher Genehmigung von Brigitte Klemm-Neumann.

Heuck, Sigrid: Wetten wir, Farmer? Aus: Sigrid Heuck: Cowboy Jim. cbj, 2006. Abdruck mit freundlicher Genehmigung von Brigitte Klemm-Neumann.

Heuck, Sigrid: Der Esel und der Elefant. Aus: Kristin Weigandt (Hg.): 100 und eine Geschichte zum Vorlesen. Carlsen Verlag, 2010. Abdruck mit freundlicher Genehmigung von Brigitte Klemm-Neumann.

Heuck, Sigrid: Büffelmann und Adlerkönig. Thienemann Verlag, 1994. Abdruck mit freundlicher Genehmigung von Brigitte Klemm-Neumann.

Inkiow, Dimiter: Der Zahn. Aus: Dimiter Inkiow: Ich und meine Schwester Klara. © Ellermann im Dressler Verlag GmbH, 1989

Janosch: Kaspers falscher Geburtstag. Aus: Sabine Brügel-Fritzen (Hg.): Selbst Riesen sind am Anfang klein. Ellermann Verlag, 1993. © Janosch film & medien AG, Berlin

Korschunow, Irina: Findefuchs. © 2017 dtv Verlagsgesellschaft mbH & Co. KG, München

Krause, Ute: Minus Drei wünscht sich ein Haustier. © 2014 cbj Verlag, München, in der Verlagsgruppe Random House GmbH

Kruse, Max: Urmel in der See. Aus: Das neue große Vorlesebuch. Thienemann Verlag 2002. © Nachlass Max Kruse, Penzberg, vertreten durch: AVA international GmbH Autoren- und Verlagsagentur

Kulot, Daniela: Tausche kleine Schwester gegen ... Thienemann Verlag, 2001. Rechte bei der Autorin.

Kunze, Reiner: Der Löwe Leopold. Textauszug aus: Reiner Kunze: Der Löwe Leopold. © S. Fischer Verlag GmbH, Frankfurt am Main 1970

Lambeck, Silke: Moritz lernt Herrn Röslein kennen. Aus: Silke Lambeck: Herr Röslein. © Silke Lambeck. Erstmals erschienen 2007 bei Bloomsbury Kinderbücher & Jugendbücher Berlin.

Lidbeck, Petter: Vinni macht Ferien. Textauszug aus: Petter Lidbeck: Vinni macht Ferien. Aus dem Schwedischen von Kathrin Hägele. Originaltitel: Pappa på söndag. Text © 2001 Petter Lidbeck. First published by Bonnier Carlsen, Stockholm, Sweden, Reproduced by permission of Bonnier Rights, Sweden. Für die deutsche Übersetzung: © S. Fischer Verlag GmbH, Frankfurt am Main 2005

Lindgren, Astrid: Lotta ist eigensinnig wie ein alte Ziege. Aus: Astrid Lindgren: Wir Kinder aus der Krachmacherstraße. Übersetzt von Thyra Dohrenburg. © 1992 Verlag Friedrich Oetinger GmbH

Lobel, Arnold: Der Garten. Aus: Arnold Lobel: Das große Buch von Frosch und Kröte. Aus dem amerikanischen Englisch von Tilde Michels. dtv Verlagsgesellschaft, 2018. © 1970, 1971, 1972, 1976, 1979 Arnold Lobel © der deutschsprachigen Ausgaben: 1995, 1996, 1998 dtv Verlagsgesellschaft mbH & Co. KG, München. Abdruck der Übersetzung mit freundlicher Genehmigung von Stephan Michels.

Maar, Anne und Paul: Die Erfindungsmaschine. Aus: Anne und Paul Maar: Mehr Affen als Giraffen. © 2009 Verlag Friedrich Oetinger GmbH

Mebs, Gudrun: Vertauschte Rollen. Aus: Gudrun Mebs: »Oma!«, schreit der Frieder. © Fischer Kinder- und Jugendbuch Verlag GmbH, Frankfurt am Main 2018. Erstmals erschienen 1984 im Sauerländer Verlag.

Mebs, Gudrun: Petersilie Katzenkind. Verlag Nagel & Kimche 1996. Rechte bei der Autorin.

Melchior, Siri: Rita und Kroko suchen Kastanien. Textauszug aus: Siri Melchior: Rita und Kroko suchen Kastanien. Aus dem Dänischen von Maike Dörries. © 2015 Beltz & Gelberg in der Verlagsgruppe Beltz, Weinheim Basel

Michels, Tilde: Von den Maikäfern. Aus: Tilde Michels: Frühlingszeit – Osterzeit. dtv, 1998. Abdruck mit freundlicher Genehmigung von Stephan Michels.

Michels, Tilde: Igel, komm, ich nehm dich mit. dtv, 2017. Abdruck mit freundlicher Genehmigung von Stephan Michels.

Michels, Tilde: Unser Gustav Bär. Tilde Michels: »Drei Wanderbären tauchen auf«. Aus: Gustav Bär erzählt Gute-Nacht-Geschichten, in: Gustav Bär erzählt Geschichten. © 1994/2009 Arena Verlag GmbH, Würzburg

Milne, Alan Alexander: Tieger kommt in den Wald und frühstückt. Alan Alexander Milne: »Zweites Kapitel. In welchem Tieger in den Wald kommt und frühstückt.« In: Pu baut ein Haus. Aus dem Englischen von Harry Rowohlt. Für die Übersetzung: © Atrium Verlag AG, Zürich 1988. © Text von A. A. Milne

Moeyaert, Bart: Afrika hinter dem Zaun. Aus dem Niederländischen von Mirjam Pressler. Carlsen Verlag, 1999. Originaltitel: Afrika achter het hek. © Bart Moeyaert, Em. Querido's Uitgeverij. Abdruck der deutschen Übersetzung mit freundlicher Genehmigung von Mirjam Pressler.

Nilsson, Frida: Hedvig! Das erste Schuljahr. Textauszug aus Frida Nilsson: Hedvig! Das erste Schuljahr. Übersetzt aus dem Schwedischen von Friederike Buchinger. © Gerstenberg 2012

Nöstlinger, Christine: Eine glückliche Familie. Aus: 9. Jahrbuch der Kinderliteratur: Was für ein Glück. Hrsg. von Hans-Joachim Gelberg. Beltz & Gelberg, 1993. Abdruck mit freundlicher Genehmigung von Barbara Waldschütz und Christiana Nöstlinger.

Parvela, Timo: Ella in der Schule. Textauszug aus Timo Parvela: Ella in der Schule. Aus dem Finnischen von Anu Stohner und Nina Stohner. Mit Illustrationen von Sabine Wilharm. © 2007 Carl Hanser Verlag GmbH & Co. KG, München

Pehnt, Annette: Frühjahrsputz. Aus: Annette Pehnt, Jutta Bauer (Ill.): Der Bärbeiß – Herrlich miese Tage. © 2015 Carl Hanser Verlag GmbH & Co. KG, München

Postma, Lidia: Ich weiß doch, dass ihr da seid. Aus dem Niederländischen von Irina Korschunow. Verlag Sauerländer, 1980. Originaltitel: De heksentuin © 1978 by Lemniscaat, Rotterdam

Preußler, Otfried: Die kleine Hexe. © 1957, 2018 Thienemann in der Thienemann-Esslinger Verlag GmbH, Stuttgart

Rassmus, Jens: Ein Pflaster für den Zackenbarsch. Aus: Jens Rassmus: Ein Pflaster für den Zackenbarsch, Geschichten vom Doktorfisch. © 2014 G&G Verlagsgesellschaft mbH, Wien

Rettich, Margret: Drei kleine Kätzchen. Aus: Margret Rettich: Kleine Märchen, neu erzählt. Ravensburger Verlag 1990. Abdruck mit freundlicher Genehmigung von Matthias Bernau.

Schultheis, Ole: Der Zirkus auf dem Bauernhof. arsEdition, 1990. Rechte beim Autor.

Schultheis, Ulrike: Maximilian, das Gespensterkind. Thienemann Verlag, 2002. Rechte bei der Autorin.

Schultheis, Ulrike: Mit Jule durch den Tag. Thienemann Verlag, 1999. Rechte bei der Autorin.

Schultheis, Ulrike: Wie lange ist ein Jahr. Thienemann Verlag, 1996. Rechte bei der Autorin.

Schweiggert, Alfons: Die Geschichte vom beschenkten Nikolaus. Aus: Sabine Brügel-Fritzen (Hg.): Geschichten aus dem Weihnachtswald: Mein erstes Weihnachtsbilderbuch. Heinrich Ellermann Verlag, 1996. Rechte beim Autor.

Stiemert, Elisabeth: Der Osterdonner. Aus: Ulrike Schultheis (Hg.): Ich hör' so gern Geschichten. Kleine Geschichten zum Vorlesen. dtv, 1997. Rechte bei der Autorin.

Stiemert, Elisabeth: Von dem Jungen, der das Fahrrad nicht anhalten konnte. Aus: Elisabeth Stiemert: Die Sammelsuse. dtv, 1978. Rechte bei der Autorin.

van den Speulhof, Barbara: Ginpuin. Auf der Suche nach dem großen Glück. © 2012 Coppenrath Verlag GmbH & Co. KG, Münster

Versteeg, Isabel: Kuh und Hase – Mit Schwung. Textauszug aus: Isabel Versteeg: Kuh und Hase. Kleine Geschichten einer großen Freundschaft. Aus dem Niederländischen von Verena Kiefer. © Gerstenberg 2015

Werner, Brigitte: Kotzmotz, der Zauberer. Textauszug aus: Brigitte Werner: Kotzmotz, der Zauberer. Mit Illustrationen von Birte Müller. © Verlag Freies Geistesleben 2008 (12. Auflage 2017)

Wippersberg, Walter: Max, der Unglücksrabe. Berechtigter teilweiser Abdruck aus Walter Wippersberg: Max, der Unglücksrabe. © 1990 Obelisk Verlag, Innsbruck-Wien

Wölfel, Ursula: Die Geschichte von den beiden Heuhüpfern. Aus: Ursula Wölfel: Siebenundzwanzig Lachgeschichten. © 2010 Thienemann in der Thienemann-Esslinger Verlag GmbH, Stuttgart

Zöller, Elisabeth: Oma und der wilde Wolf. Aus: Elisabeth Zöller: Kleine Omageschichten, arsEdition, 1996. © Rechte bei der Autorin.

Wir danken allen Rechteinhabern für die Abdruckgenehmigung.
In wenigen Fällen konnten wir die Rechtegeber trotz intensiver Bemühungen nicht ausfindig machen. Diejenigen, deren Rechte ggf. berührt sind, werden freundlich gebeten, sich mit der Büchergilde Gutenberg in Verbindung zu setzen.

Der Illustrator

•

Leonard Erlbruch wurde 1984 in Wuppertal geboren. Noch als Schüler illustrierte er sein erstes Buch *Großvater und die Wölfe* (Hanser Verlag). Nach dem Abitur zog er nach Leipzig, um sein Studium der Illustration an der Hochschule für Grafik und Buchkunst zu beginnen. Seit seinem Diplom im Februar 2013 arbeitet er für verschiedene Kinderbuchverlage als freischaffender Illustrator.

Die Herausgeberin

•

Ulrike Schultheis ist Buchhändlerin aus Leidenschaft. Ihre Kinderbuchabteilung wurde 2007 als beste im deutschsprachigen Raum ausgezeichnet. Außerdem schreibt sie Rezensionen (*Süddeutsche Zeitung*), ist Referentin für Kinder- und Jugendliteratur (»Die 100 Besten«) sowie Kinderbuchautorin und war oft Mitglied in Literatur-Jurys. Weil sie eigentlich Schauspielerin werden wollte, liebt sie es, Lesungen und Buchvorstellungen für Kinder und Jugendliche zu veranstalten. Denn dabei kann sie beides vereinen – ihre Liebe zu Kinderbüchern und die für das Vorlesen.

Originalausgabe für die Mitglieder der Büchergilde Gutenberg

1. Auflage 2019

Illustrationen: Leonard Erlbruch
Herausgeberin: Ulrike Schultheis
Redaktion: Angelika Winnen
Gestaltung und Satz: Marion Blomeyer / Lowlypaper
Herstellung: Cosima Schneider
Druck und Bindung: CPI-books, Ulm

Printed in Germany
ISBN 978-3-7632-7044-6

Büchergilde Gutenberg
Stuttgarter Straße 25–29, 60329 Frankfurt am Main, Tel 069-273908–0,
service@buechergilde.de, www.buechergilde.de,
Facebook: Büchergilde, Instagram: buechergilde